Carsten Storm

# Lausitz

## Wandern für die Seele

20 Wohlfühlwege

# Alle Touren auf einen Blick

## AUSZEITEN


1 **Gestaltete Natur** 7
**Um die Rakotzbrücke**
7,9 km | 10 Hm | 2 Std. | Rundweg

2 **Plauschwege** 17
**Über Jonsberg und Hochwald**
12,7 km | 490 Hm | 4,5 Std. | Rundweg

3 **Biber und Krieger** 27
**Durch die Königsbrücker Heide**
13,2 / 10,4 km | 50 / 45 Hm | 3,5 / 2,5 Std. | Rundweg

4 **Groß gedacht** 37
**Die Calauer Schweiz**
8,8 km | 95 Hm | 2,5 Std. | Rundweg


## WEITBLICKE


5 **Grenzerfahrungen** 45
**Von Jonsdorf zur Lausche**
12,1 km | 570 Hm | 5 Std. | Rundweg

6 **Gebilde in Stein** 55
**Um Oybin**
10,0 km | 510 Hm | 4,5 Std. | Rundweg

7 **Alleenblicke** 65
**Oberlichtenau und Keulenberg**
12,8 km | 250 Hm | 3,5 Std. | Rundweg

8 **Quellen und Sagen** 75
**Um den Kottmar**
12,2 km | 385 Hm | 4 Std. | Rundweg


## GENUSS


9 **Wolf und Ziege** 85
**Durch Zelz und Pusack**
8,3 km | 45 Hm | 2,5 Std. | Rundweg

10 **Wandlungen** 95
**Felixsee und Friedrichshain**
13,6 km | 30 Hm | 4 Std. | Rundweg

11 **Flaschengeister** 105
**Vom Valtenberg nach Neukirch**
12,4 km | 380 Hm | 4 Std. | Strecke

12 **Altes und Reifes** 115
**Um Wehrsdorf**
9,9 km | 300 Hm | 3,5 Std. | Rundweg

## ENTSCHLEUNIGUNG

13 **Birkenschimmer** 125
**Durch den Loben**
12,6 km | 66 Hm | 3,5 Std. | Rundweg

14 **Des Moores Anmut** 133
**Durch das Dubringer Moor**
15,0 km | 16 Hm | 4 Std. | Rundweg

15 **Seelenheil** 141
**Herrnhut und Großhennersdorf**
14,0 km | 160 Hm | 4 Std. | Rundweg

16 **Des Teufels Weg** 149
**Um den Czorneboh**
16,5 km | 390 Hm | 4,5 Std. | Rundweg

## ERFRISCHUNG

17 **Teichpfade** 157
**Durch Mücka und Kreba**
16,2 km | 11 Hm | 4 Std. | Rundweg

18 **Steinwelten** 165
**Die Königshainer Berge**
11,9 km | 320 Hm | 4 Std. | Rundweg

19 **Flanierzeit** 173
**Um den Mochowsee**
13,0 km | 12 Hm | 3,5 Std. | Rundweg

20 **Zwischenwelten** 183
**Die Niederspreer Teichanlagen**
9,0 km | 2 Hm | 2,5 Std. | Rundweg

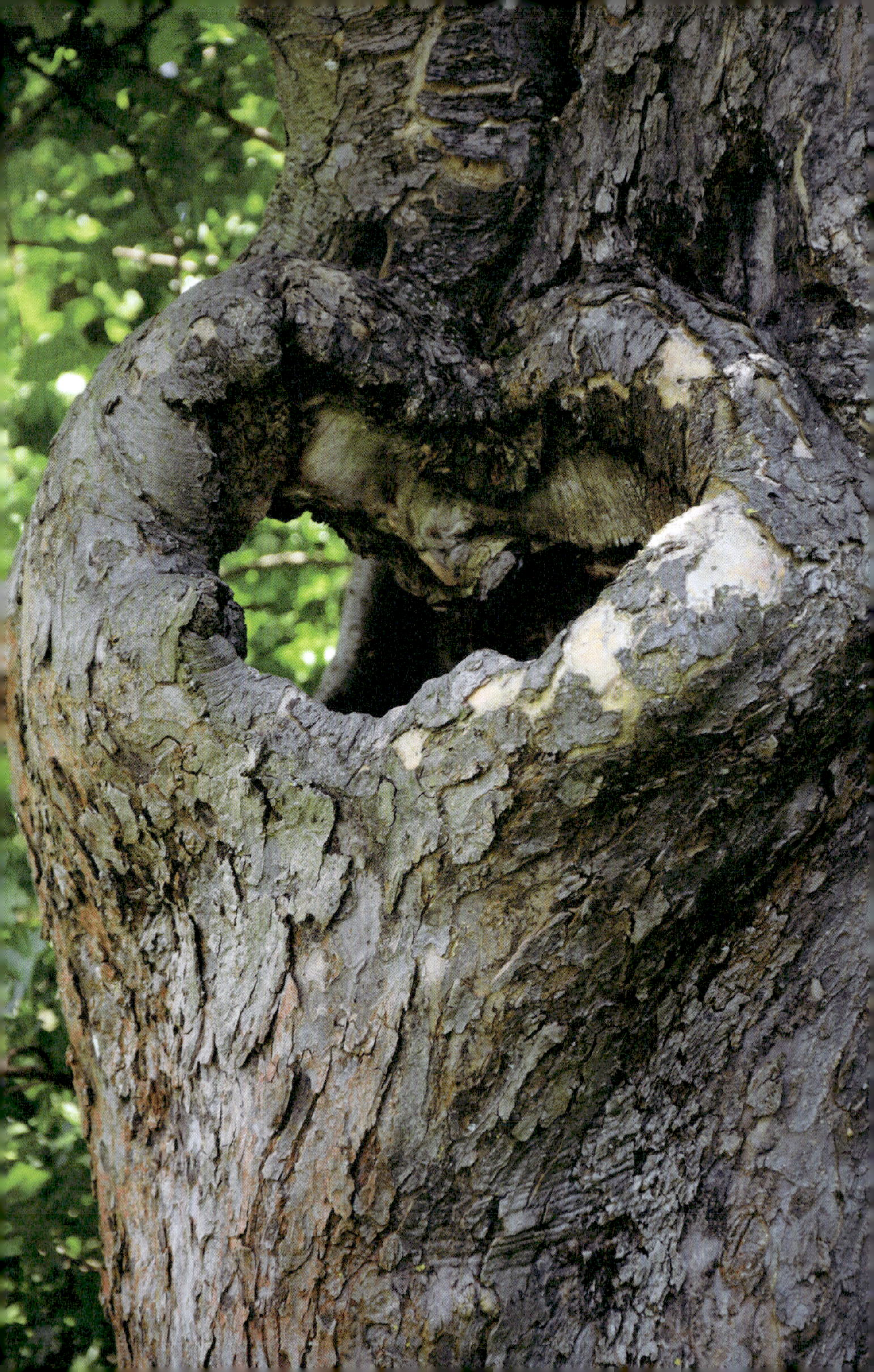

# Liebe Wanderfreunde,

wer bei dem Wort *Terraforming* zuerst an Science-Fiction-Filme denkt, übersieht die Lausitz. Durch die Zeiten entstand und entsteht eine **Seenlandschaft,** die uns mit glitzernden Wasserflächen, verträumten Uferpfaden und schmalen Dämmen in ihren Bann schlägt. Wozu einst Eiszeiten Jahrtausende brauchten, das erledigt der Mensch schneller, aber nicht weniger tiefgreifend: zuerst noch zaghaft mit der Anlage von Fischteichen ab dem 16. Jahrhundert, dann durch den Abbau von Sandstein, Ton und vor allem Braunkohle. Heute wird die Landschaft durch umfangreiche Renaturierungsmaßnahmen umgeformt, die neue Berge, Seen und Flussläufe entstehen lassen.

So wandern wir durch neues Land, das uns gleichwohl alt und natürlich erscheint, das Raum für Vögel, Amphibien, Insekten und Wölfe bietet. **Sanfte Hügel** und flache Pfade, die zum Schlendern einladen und auf denen uns stundenlang niemand begegnet, hält diese Seenlandschaft bereit. Aber auch anspruchsvolle Aufstiege finden wir in der Lausitz, die uns im Zittauer Gebirge hinaufführen zu **filigranen Felsgebilden,** über steile Stiegen und zu **anmutigen Aussichten.**

Die Lausitz ist auch das Siedlungsgebiet der **Sorben,** deren kulturelle Spuren wir überall finden, nicht zuletzt bei den zweisprachigen Ortsschildern.

**NATUR**

**KULTUR**

**GENUSS**

**TOUR**

**GPS-Tracks zum Download**

Viel Freude beim Unterwegssein wünscht

Ihr Carsten Storm

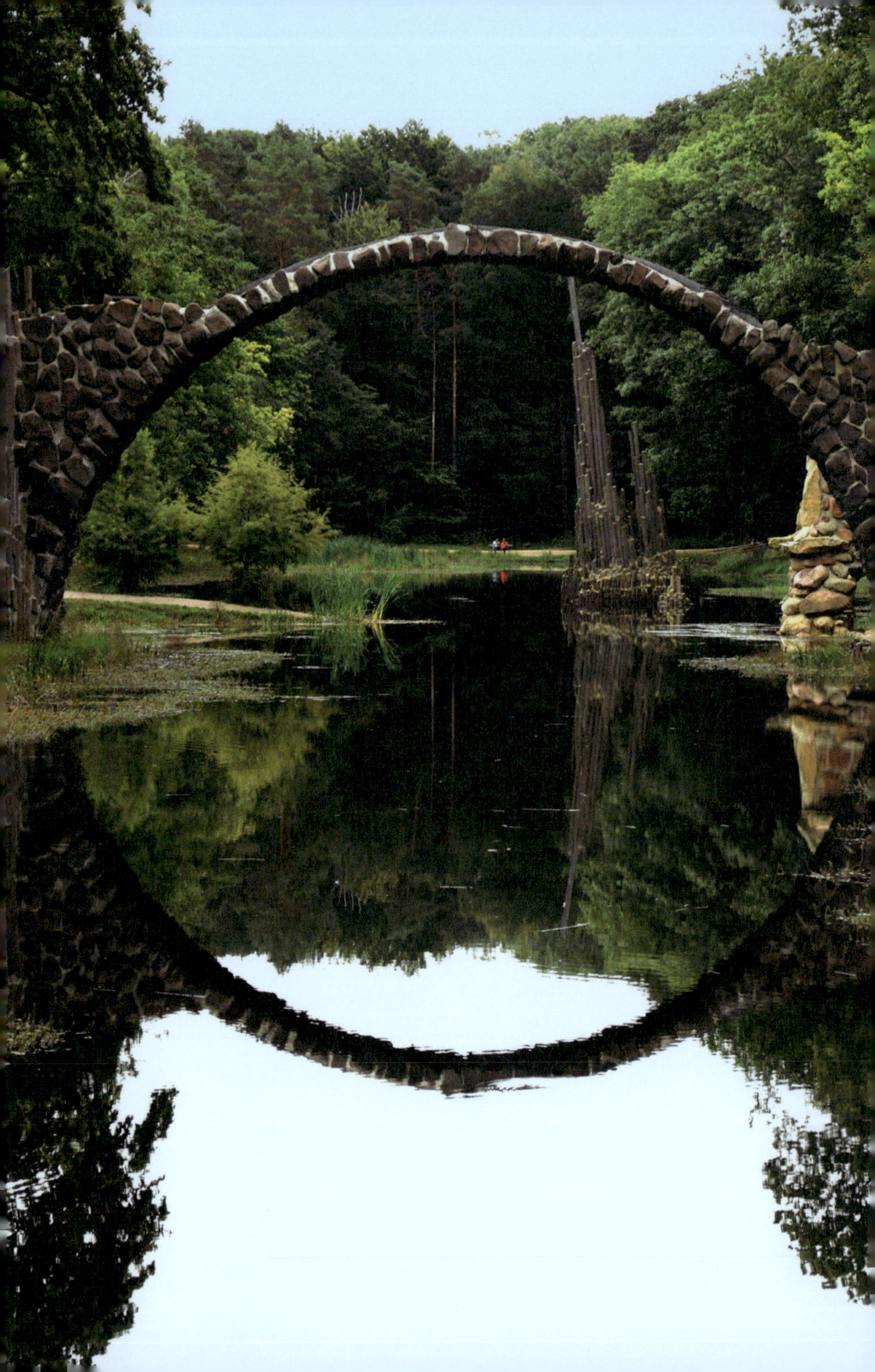

# Gestaltete Natur

## Um die Rakotzbrücke

Beim Info-Häuschen am Parkplatz überqueren wir die **Halbendorfer Straße,** folgen dem Sandweg in den **Kromlauer Park** nach rechts Richtung **Kavalierhaus** und befinden uns sogleich in einer englischen Parklandschaft mit ihrem typischen Arrangement aus Flächen und Hainen. Beim Wegestern, etwa 200 Meter weiter, folgen wir halbrechts der Auszeichnung **Himmel und Hölle,** bis wir einen Graben überschreiten, und biegen dahinter rechts ab. Kurz darauf stoßen wir auf einen Asphaltweg, den wir 10 Meter nach rechts versetzt queren, um auf dem nächsten Sandweg direkt zum **❶ Grottenhaus Himmel und Hölle** geführt zu werden. Spätestens hier wird deutlich, dass der Park als ein von der Romantik inspiriertes, allegorisches Gesamtkunstwerk zu verstehen ist. Vor dem Grottenhaus biegen wir links ein, umrunden den östlichen Ausläufer des **Inselteiches** und überqueren die kleine **Rundbrücke,** die ein wenig auf die bekanntere Rakotzbrücke einstimmt, bei der unsere Wanderung enden wird. Dahinter folgen wir links dem Uferpfad, der uns um den Inselteich herumführt. Am westlichen Ende des anmutigen Sees treffen wir auf Basaltformationen, deren Säulenstruktur im Garten mehrfach Verwendung gefunden hat. Ein kleiner Abstecher nach rechts führt uns zur **❷ Kanzel,** respektive zum **Richterstuhl,** auf dem man sich prächtig Bedeutsamkeit einbilden kann.

**Kilometer: 7,9**
**Höhenmeter: 10**
**Stunden: 2**
**RUNDWEG**

Wir setzen die Umrundung des Inselteiches fort, passieren den Abgang zur Rundbrücke, nehmen die flachen Treppen rechts aufwärts, biegen danach links zur Asphalt-

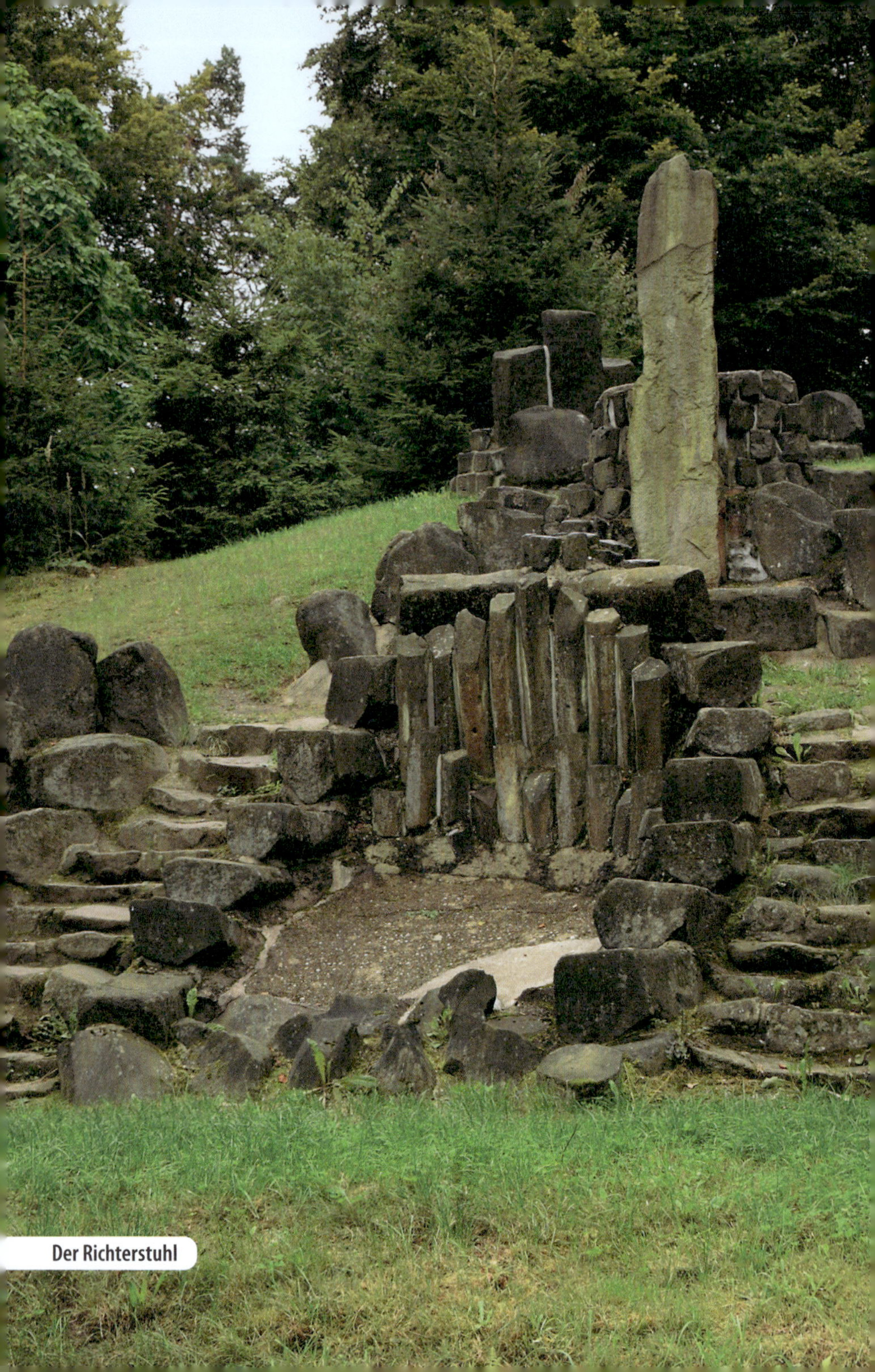

Der Richterstuhl

straße und überqueren diese Richtung **Rakotzbrücke.** Bald erreichen wir den Graben, den wir schon zuvor überquert haben, und biegen dahinter nach rechts auf einen Waldweg. Durch Eichen und Buchen erreichen wir eine T-Kreuzung und wenden uns nach rechts. 50 Meter weiter an der Gabelung nehmen wir den rechten Weg. Auf einem Stein wird unser nächstes Ziel **Nixenteich** angegeben. Hinter einem scharfen Rechtsknick biegen wir links ab, durchschreiten eine Senke und erreichen 100 Meter weiter die mit Seerosen bewachsenen **3 Nixenteiche.** Diese sind ein Abstecher. Deshalb gehen wir ein kurzes Stück zurück und wenden uns vor der Senke nach links Richtung **Waldeisenbahn.** Wir passieren ein Rondell, biegen hinter einer Statue, von der nur noch der Unterleib erhalten ist, links ab, bei der nächsten Gabelung rechts und erreichen durch eine Schranke das Gelände des Jugendclubs Kromlau, an den sich der Endbahnhof der **Waldeisenbahn** anschließt. 300 Meter müssen wir nun nach links dem Asphaltweg entlang der Schmalspurbahn folgen, ehe wir vor einer Schranke, wenige Meter nach rechts versetzt, einen Forstweg nehmen können, der angenehmer zu gehen ist, parallel zur Bahn verläuft und uns bald am **4 ersten einer ganzen Reihe von Seen** vorbeiführt. Dieser schimmert grün durch das Unterholz. Bald endet der Forstweg, und wir müssen linker Hand zurück auf den Asphaltweg, der uns nun wieder direkt an den Schienen und an weiteren Seen im Gebiet der ehemaligen **Grube Hermann** vorbeiführt. Hier wurde schon früh *Terraforming* betrieben.

**Für die Seele**

**Wir wandeln entlang an alten Grubenseen und durch einen Landschaftspark voll romantischer Allegorien.**

*Die **Grube Hermann** wurde 1868 durch Hermann Graf von Arnim gegründet. Mit 300 Hektar ist die Braunkohlegrube die größte im Muskauer Faltenbogen. Nach der Schließung 1959 entstand durch Flutung die heutige verschiedenfarbige Seenlandschaft.*

Zügig erreichen wir ein Gleisdreieck mit einer Reihe von Infotafeln. Linker Hand liegt eine Weiche und wenige Meter rechts von ihr führt ein Waldweg ab. Nach einem kurzen Stück durch den Mischwald öffnet sich nach rechts eine Wiesenfläche. Im nächsten Hain nehmen wir an der Gabelung den rechten Weg und

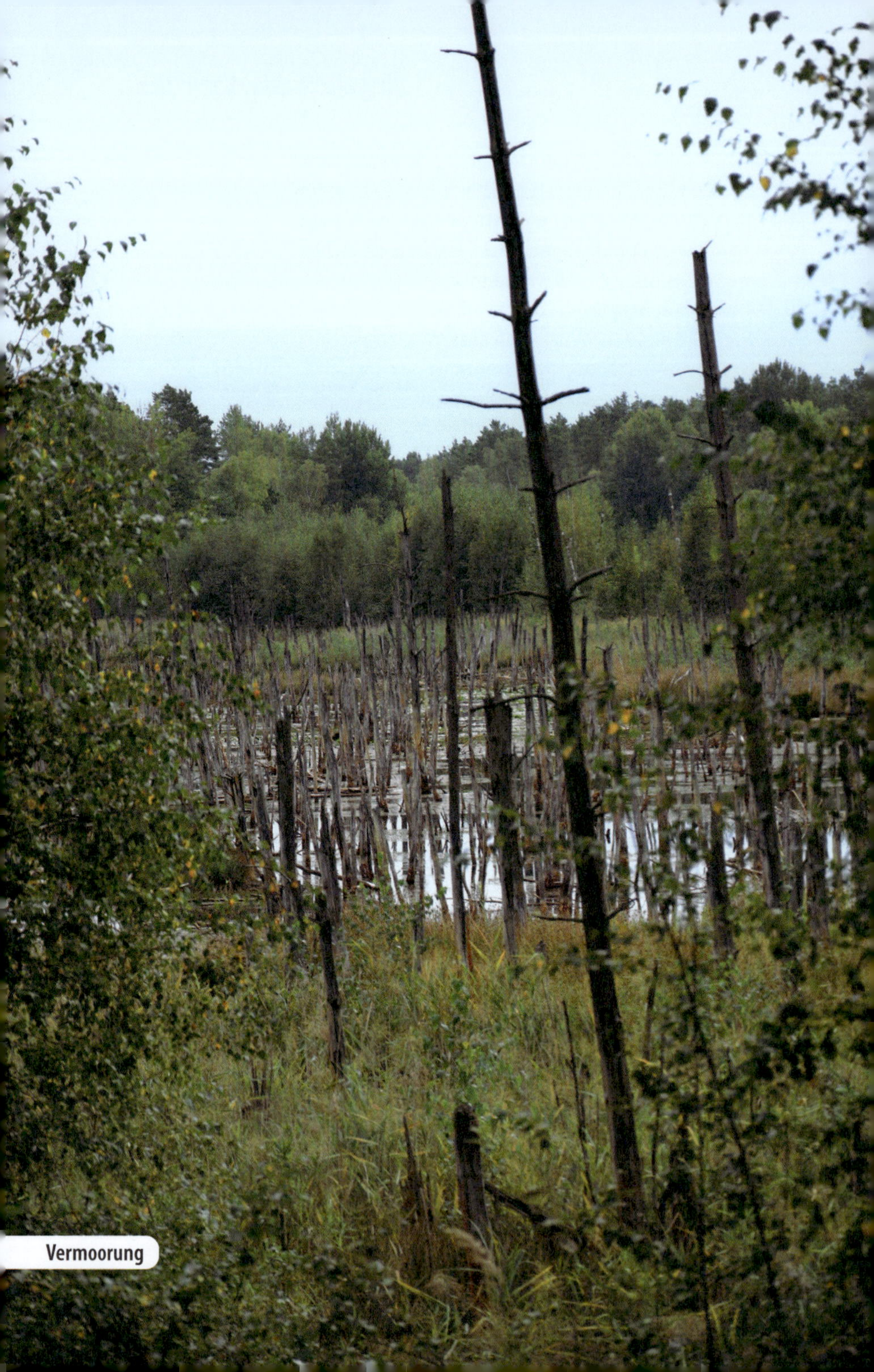
Vermoorung

passieren einen weiteren grünblauen See. Der Weg beschreibt dahinter einen Knick nach links und stößt nach einiger Zeit beim Ortsschild von **Weißwasser** auf das Ende eines Asphaltweges. Wir biegen links ab, erreichen auf Schotter zügig wieder die **Schmalspurbahn** und queren am Übergang die Schienen. Sofort umfängt uns wieder junger Mischwald. Wir lassen uns bei Sonne vom Geruch des Waldbodens bezirzen und passieren bald die nächsten, wie Finger nach dem Weg greifenden Seen. Die früher durch die besondere Geologie des **Muskauer Faltenbogens** leicht zugänglichen Erdschätze beflügelten die Brikettproduktion ebenso wie frühe, energieintensive Keramik- und Glasmanufakturen.

*Der **Muskauer Faltenbogen** entstand während der Elstereiszeit. Mächtige Gletscher schoben eine bis zu 180 Meter hohe Moräne auf. So gelangten Ton-, Sand- und Braunkohleschichten nah an die Oberfläche und konnten früh industriell abgebaut werden.*

Einen Kilometer wandern wir nun entlang mal gut zu sehender, mal hinter Gebüsch halb verborgener Seen, unser **5 zweites Seenfeld,** ehe wir eine Kreuzung erreichen und geradeaus weitergehen. Nach ca. 50 Metern stoßen wir auf eine Verzweigung und wenden uns nach rechts. Bald findet sich auch ein grüner Punkt. Gute 100 Meter weiter zweigt links ein schmaler Pfad ab. Wir entdecken nun die Markierungen weiß-blau-weiß und weiß-grün-weiß und folgen dem Pfad, der uns nach erneut 100 Metern zu einem leicht verwitter-

Grüner See

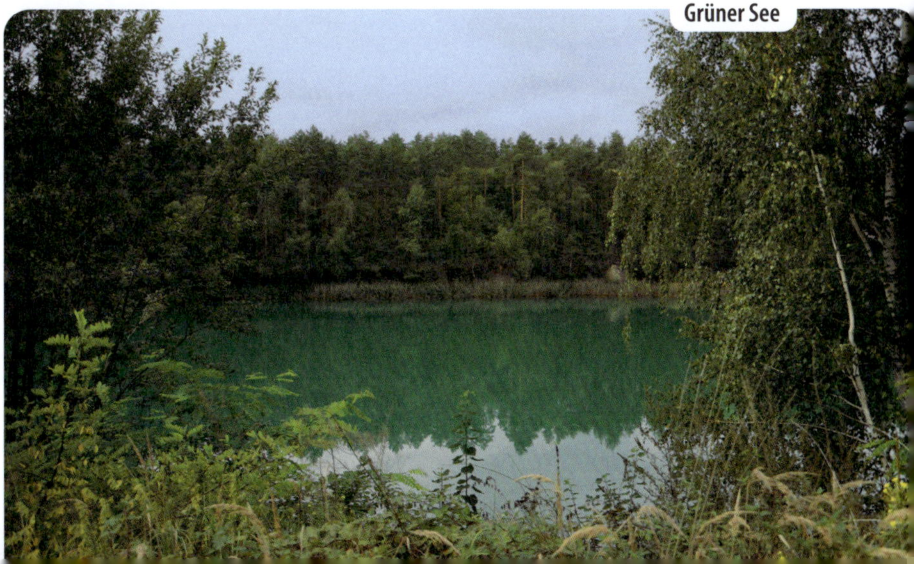

ten Eingangsschild zum **Landschaftspark Kromlau** führt. An der nun folgenden Abzweigung gehen wir nach rechts durch die Senke und erreichen bald den ❻ **Seerosenteich.** Wieder bewegen wir uns in gestalteter Natur, wie bereits vorher zwischen den Grubenseen. Kurz hinter dem Seerosenteich biegen wir an der T-Kreuzung nach rechts und folgen der Ausschilderung ❼ **Eichenhügel,** der sich 300 Meter vor uns erhebt. Oben findet sich eine Sitzgruppe. Auf der Hügelrückseite geht es hinunter, wo wir vor der Senke eines Giesers nach links schwenken. Bald sehen wir rechter Hand die ersten Rhododendrenbüsche. Bei der nächsten Abzweigung geht es rechts direkt durch die **Rhododendrenschlucht** und über ein kleines Brückchen, danach geradeaus weiter zur ❽ **Rakotzbrücke,** dem berühmtesten Bauwerk im Park. Wir wenden uns rechts und umrunden den See gegen den Uhrzeigersinn, vorbei an den Basaltformationen der **Orgel** und am **Herkulesdenkmal.** Von der kleinen Landzunge ge-

Herkules

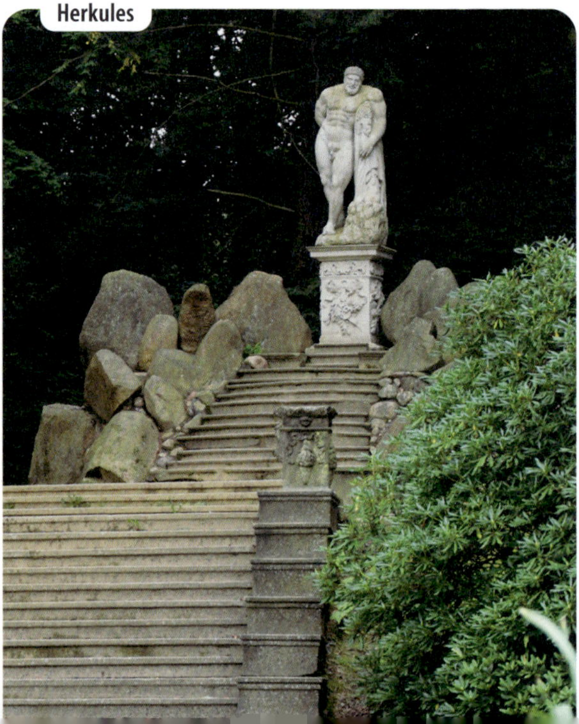

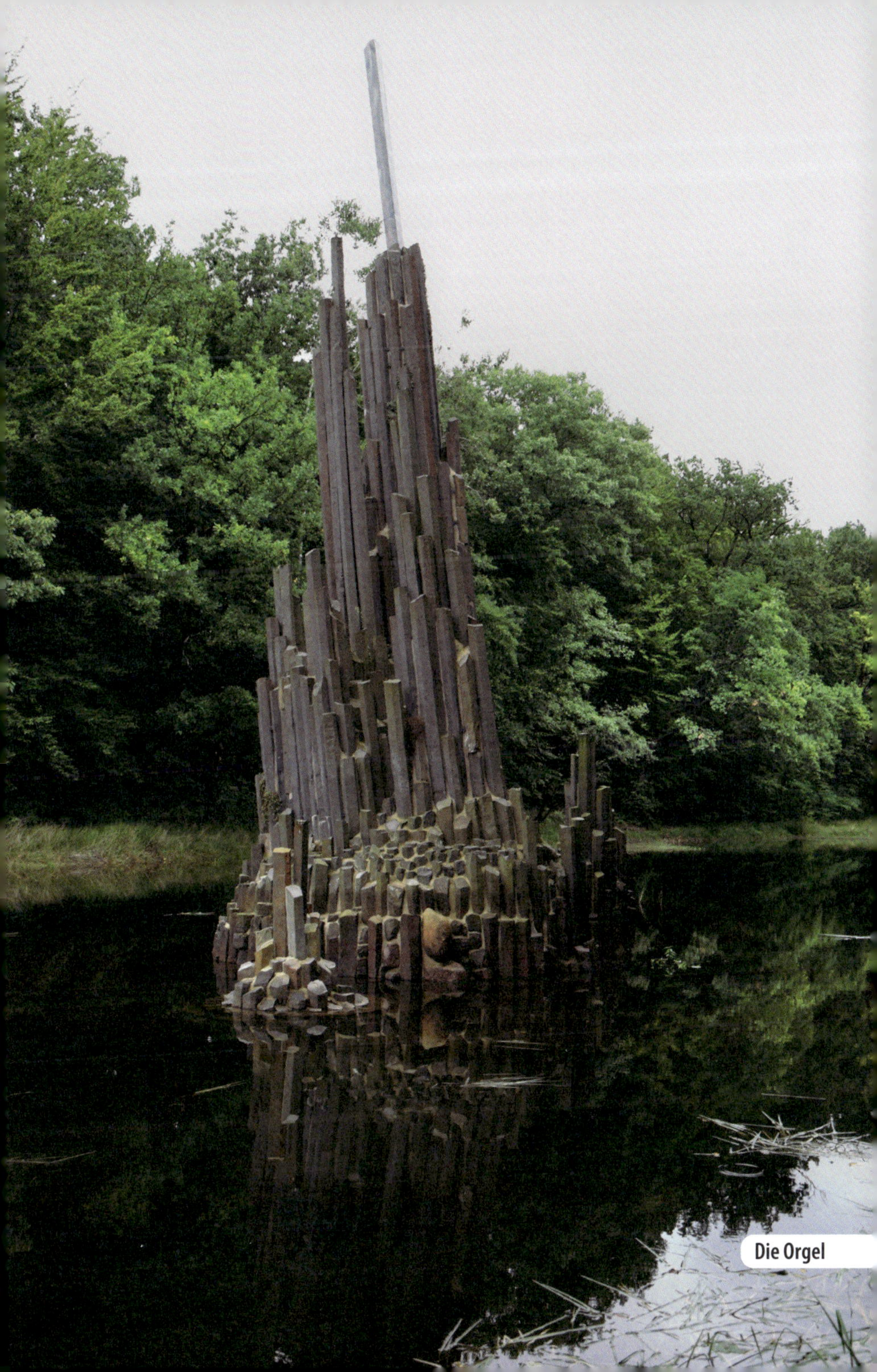

Die Orgel

> *1842 erwarb **Friedrich H. Rötschke** das Gut Kromlau und begann, beeinflusst von Fürst von Pückler-Muskau, mit der Gestaltung des Parks. Ab 1889 im Besitz von Graf von und zu Egloffstein-Arklitten erhielt der Park seine Rhododendren- und Azaleenanlagen.*

genüber dem Herkules lassen sich die ersten ikonographischen Bilder der Rakotzbrücke, die eigentlich ein Bogen ist, fotografieren. Am westlichen Zipfel, nach drei Viertel der Umrundung, kann man nun das bekannte Foto machen: Der Brückenbogen wird durch die Spiegelung zum Kreis vollendet, die Orgelpfeifen in seiner Mitte scheinen sci-fi-haft aus dem Boden zu wachsen. Hier haben **Friedrich Rötschke** und sein Gartenbauingenieur Georg Eichler bei der Gestaltung ganze Arbeit geleistet.

Vom westlichen Fotopunkt führt der Weg geradewegs zum ca. 100 Meter entfernten Parkplatz zurück. 350 Meter weiter können wir im **9 Café Azalee** die Wanderung ausklingen lassen.

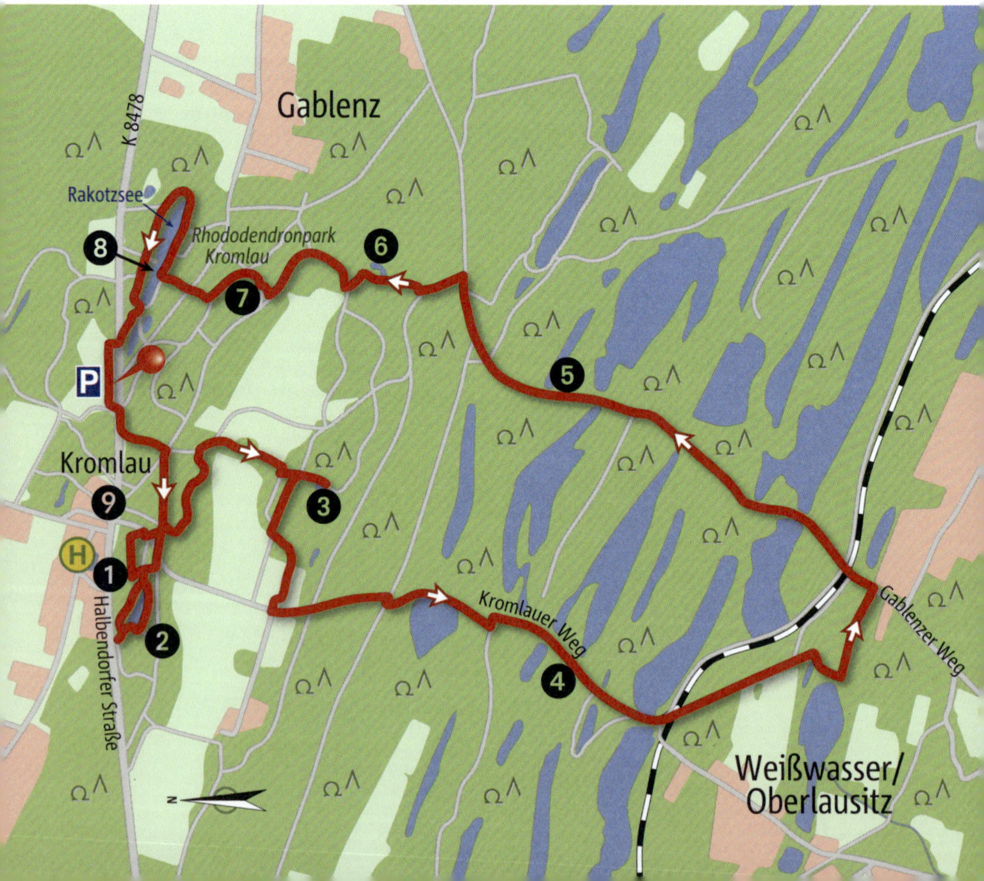

# ALLES AUF EINEN BLICK

Entspannung ●●●●○
Abenteuer ●●○○○
Vielfalt ●●●●○

## WIE & WANN

**Meist Forst- und Waldwege, 900 Meter Asphalt, aber kein Autoverkehr. Kaum Wandermarkierungen. Ganzjährig möglich, zur Blütezeit besonders an Wochenenden im Parkbereich recht voll.**

## HIN & WEG

**Auto:** Parkplatz Rhododendronpark, Halbendorfer Straße, 02953 Gablenz
**ÖPNV:** Bushaltestelle Kromlau (ca. 450 Meter über Dorfstraße, Jämlitzer Weg und Halbendorfer Straße bis zum Start)

## ESSEN & ENTSPANNEN

9 **Café Azalee,** Halbendorfer Straße 7, 02953 Gablenz, Tel. (0 35 76) 22 29 28, www.cafe-azalee-kromlau.de

## ENTDECKEN & ERLEBEN

1 Grottenhaus Himmel und Hölle
2 Kanzel (Richterstuhl)
3 Nixenteiche
4 Erste Reihe von Seen
5 Zweites Seenfeld
6 Seerosenteich
7 Eichenhügel
8 Rakotzbrücke mit Orgel und Herkules

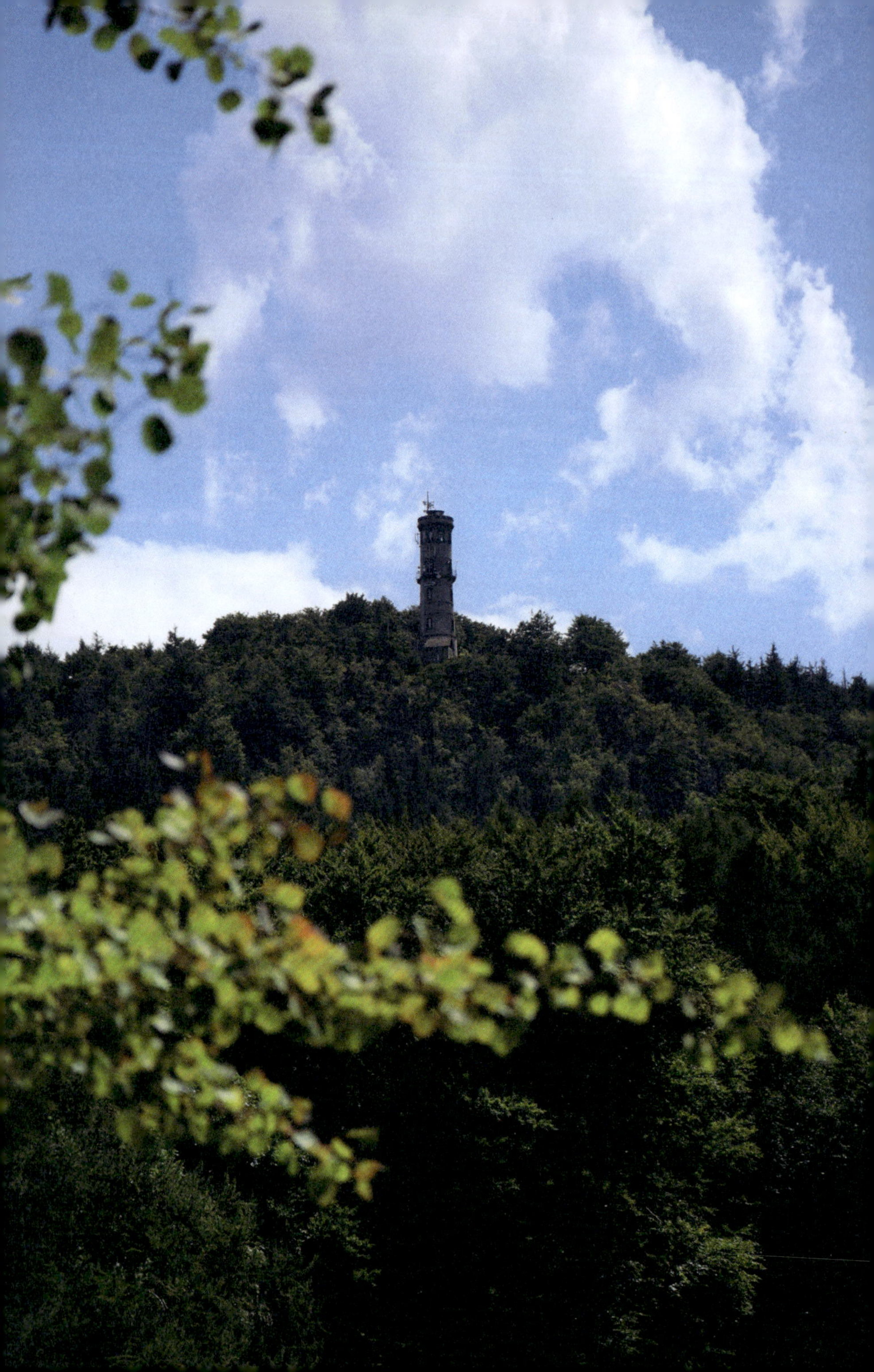

# Plauschwege

## Über Jonsberg und Hochwald

Die trotz einiger Anstiege für das Zittauer Gebirge einfache und nicht allzu anstrengende Tour startet vom Parkplatz nordwärts über die **Hauptstraße** und führt an der nächsten Ecke nach rechts in den **Hölleweg.** An der nächsten Gabelung nehmen wir den rechten Weg und passieren die letzten Ausläufer von Oybin. Etwa 200 Meter weiter knickt die Straße links ab; geradeaus führt uns ein nicht markierter Pfad über ein paar Holzbohlen in den Wald hinein. Auch dieser ansteigende Waldweg, der bald an aufragenden Sandsteingebilden, der Höllenkanzel und dem Bergwachtsmassiv vorbeiführt, heißt **❶ Hölleweg.** Der Ortsbezeichnung Hölle begegnet man öfter. Es mögen historisch unwegsame, gefährliche oder unheimliche Passagen gewesen sein. Heutzutage ist diese Hölle gut erschlossen, äußerst lieblich und eine Augenweide. Der Hölleweg quert den weiß-rot-weiß markierten **Thomasweg** und trifft nach knappen 400 Metern auf eine Kreuzung mehrerer Wege. Wir gehen nahezu geradeaus weiter, nun auf dem weiß-gelb-weiß markierten **Kuhsteig** Richtung **Bf Jonsdorf.** Der Forstweg zieht sich relativ eben an der Ostseite des Jonsberges dahin, erst auf leichtem Schotter, dann auf Sand, dann auf Gras, immer wieder den Blick nach rechts öffnend über Wiesen, Fichten- und Kiefernbestände bis hinüber nach Olbersdorf. Wir queren die **Alte Leipaer Straße;** der Weg beginnt sich ein wenig zu winden, und bald stoßen wir auf einen weiß-grün-weiß gezeichneten Querweg, dem wir nach links Richtung **Jonsberg** und **Stern** folgen.

**Kilometer:** 12,7
**Höhenmeter:** 490
**Stunden:** 4,5
**RUNDWEG**

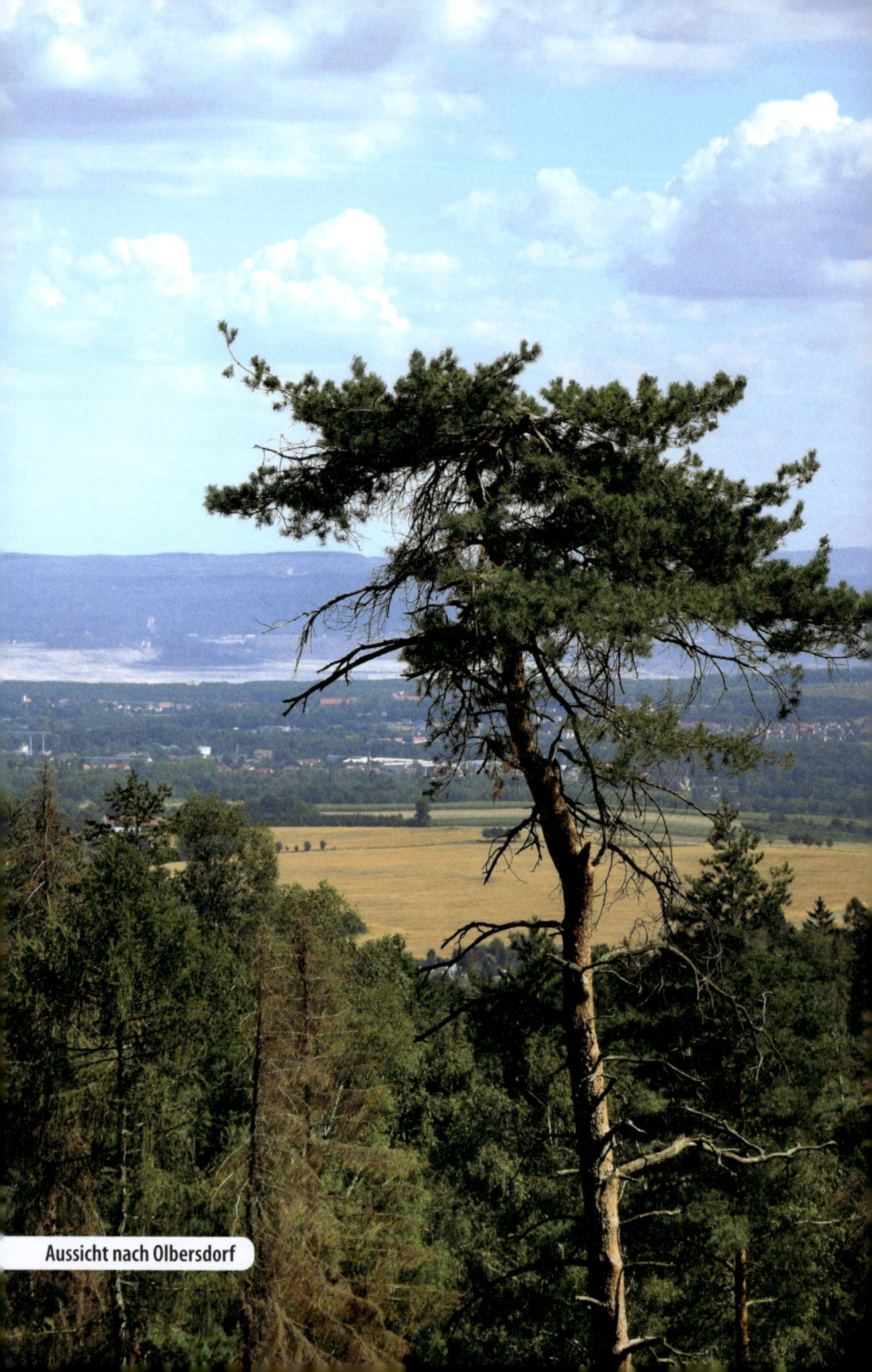

Aussicht nach Olbersdorf

Es geht nun auf weicherem Waldweg wieder vernehmlich hinauf durch befarnten Buchen- und Birkenwald. Weiß-Grün-Weiß leitet uns bis zum ❷ **Jonsberggipfel** auf 653 Meter Höhe. Der Gipfel ist bewaldet und bietet daher keine Aussicht; nach dem Aufstieg laden aber eine Hütte und Bänke zu wohlig beschatteter Pause. Weiß-Grün Weiß führt uns nun auch vom Gipfel hinab; wir biegen einmal scharf links ab Richtung **Stern** und ignorieren ansonsten alle Wege, die rechts oder links abzweigen. Der teils grasige, teils auf Waldboden sich dahinziehende Forstweg bietet Muße für Geschichten und Unterhaltung ebenso wie für allerlei Beobachtungen zu beiden Seiten und bringt uns entspannt bis zum Parkplatz am **Stern.** Dort treffen wir auf Infotafeln des **EU-Projektes INTERKLIM,** das sich mit Klimaveränderungen im sächsisch-tschechischen Grenzgebiet beschäftigt hat.

**Für die Seele**

**Auf anmutigen Waldwegen mit herrlichem Blick plauschen wir über alte Geschichten und neue Eindrücke.**

Am anderen Ende des Parkplatzes biegen wir mit Weiß-Rot-Weiß nach links auf dic **Alte Leipaer Straße** ein, eine breite Forstpiste, über die im 13. und 14. Jahrhundert der Handel zwischen Böhmen und Zittau abgewickelt wurde. 300 Meter weiter folgen wir Weiß-Rot-Weiß nach rechts in den **Thomasweg,** der schon etwas schmaler ist, um nach weiteren 300 Metern mit dem gelben Punkt erneut nach rechts in den ❸ **Zschaukensteinweg** einzubiegen. Dieser Weg schlängelt sich vor den gleichnamigen Steinen entlang, immer oberhalb der tief abfallenden Einschnitte im Sandstein. Einzelne Abstecher linker Hand führen uns jeweils bis zum Abgrund und gewähren eindrucksvolle Blicke. Allerdings sind sie ungesichert, erfordern also Augenmaß und Vorsicht. Nach einiger Zeit entspannten Gehens auf schmalem Pfad erreichen wir einen Waldrand und biegen bei nächster Gelegenheit nach rechts Richtung **Hain** ab, unter anderem mit Weiß-Blau-Weiß. Wir nehmen noch den kurzen Abstecher zur

*Auch im Zittauer Gebirge ändert sich das Klima. In dem vom **EU-Projekt INTERKLIM** untersuchten Zeitraum 1991–2010 hat sich im Vergleich zu 1961–1990 die Durchschnitstemperatur um 0,7°C erhöht. Mittlerweile dürfte sie noch höher sein.*

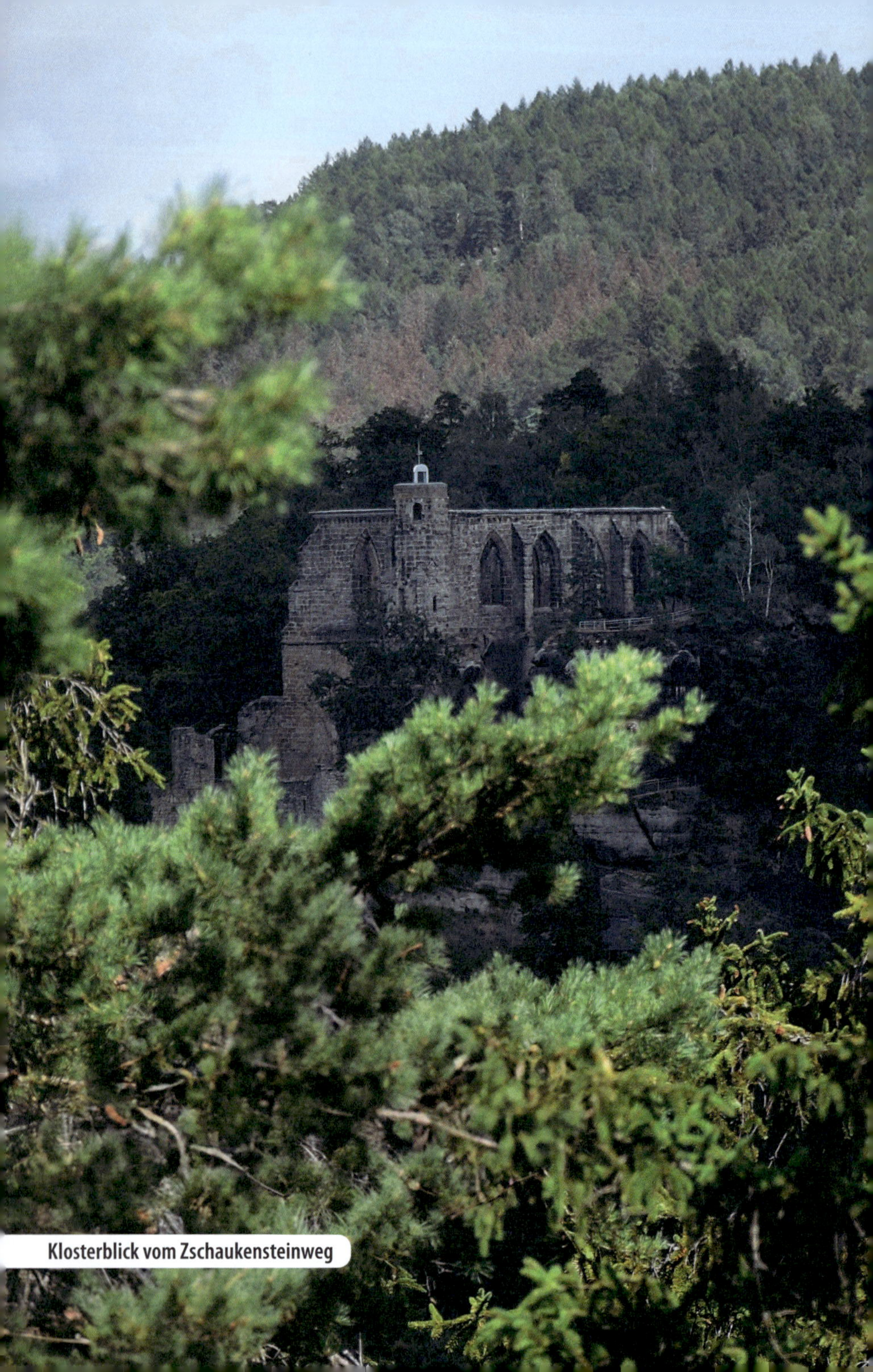

Klosterblick vom Zschaukensteinweg

**Ludwigsaussicht,** die den Extraweg lohnt, ignorieren ansonsten weitere Abzweigungen und kommen zügig in den Ortsteil **Hain** zur **Jonsdorfer Straße** gegenüber der Pension und Café Abendröte.

Leicht nach rechts versetzt führt der Weg weiter, links am **Forsthaus Hain** vorbei Richtung Hochwald, allerdings nur für knappe 100 Meter. Bei der ersten Kreuzung biegen wir rechts ab und gehen zwischen einer Hütte links und einem Bolzplatz rechts aufwärts. Schnell trifft der Weg auf einen Asphaltweg, den wir für ca. 50 Meter nach links aufwärts nehmen, ehe unsere Tour uns bei der nächsten Kreuzung erneut nach rechts auf den geschotterten **Ankohrweg** bringt, der sich nach weiteren 100 Metern beim ersten Haus in drei Pfade gabelt. Wir nehmen den nicht ausgeschilderten ganz links und gehen weiter auf überwachsenem Schotter, bis wir nach ca. 400 Metern auf den **Hochwaldweg** stoßen, der uns – nun wieder mit gelbem Punkt – nach links Richtung Hochwald führt, welcher noch etwa 150 Meter höher liegt. Der Untergrund wird wieder weicher, und trotz der Steigung lässt sich hier behände ausschreiten. Nach einiger Zeit im beim Aufstieg angenehm schattigen Wald stoßen wir auf eine Kreuzung, bei der weiß-blau-weiße Markierungen geradeaus und nach links weisen. Wir wenden uns nach rechts und treffen wenige Schritte weiter auf den **Fernwanderweg E 3** und folgen ihm mit Weiß-Rot-Weiß nach links, weiter bergauf. Sofort fallen einige weiße Steine ins Auge, die rechts ein C, links ein D aufweisen. Wir laufen hier direkt auf der ❹ **Staatsgrenze** zwischen Deutschland und der Tschechischen Republik, oft genug mit den Füßen in zwei Ländern.

Bald zweigt Weiß-Rot-Weiß links ab Richtung **Hvozd,** so die tschechische Bezeichnung für Hochwald; denn das Schild steht in Tschechien! Nach kurzem, aber steilem Aufstieg über Felstreppen und Steine erreichen wir den ❺ **Gipfel des Hochwaldes mit der Hochwaldbaude** auf 749 Metern. Eine Erfrischung und Stärkung haben wir uns jetzt verdient. Außerdem genießt man neben Speis und Trank von der Terrasse eine beeindruckende Fernsicht. Die obere Terrasse bietet den Panoramablick nach Süden über Spitzkegel und runde Kuppen, den Jeschken (Ještěd), Bösig (Bezděz), Kleis (Klič) oder die Lausche (Luž). Gegenüber sieht man den Hochwaldturm aus den Wipfeln ragen – unser nächstes Ziel, sobald wir uns von den Mühen des Aufstiegs erholt haben.

*1852 erfolgte die erste Genehmigung für eine **Baude auf dem Hochwald,** damals ausgestellt von einem Bezirkshauptmann der K.-u.-k.-Monarchie für die böhmische Seite. Nach einem Brand beginnt die Geschichte von Turm und Baude auf sächsischer Seite.*

Weiß-Rot-Weiß leitet uns hinüber zum Turm, knickt allerdings kurz vorher nach rechts ab. Uns ficht das nicht an. Wir gehen stracks weiter und passieren auf den wenigen Metern bis zum Turm noch einen Pfad, der nach rechts abzweigt und auf dem wir später den Abstieg in Angriff nehmen werden. Zunächst aber erreichen wir den ❻ **Hochwaldturm mit der Turmbaude,** wo ebenfalls Gelegenheit für eine Einkehr besteht. Am Imbiss ist auch der Obolus für die Besteigung des 25 Meter hohen Turms zu entrichten, der den besten Blick nordwärts über Oybin hinweg bietet.

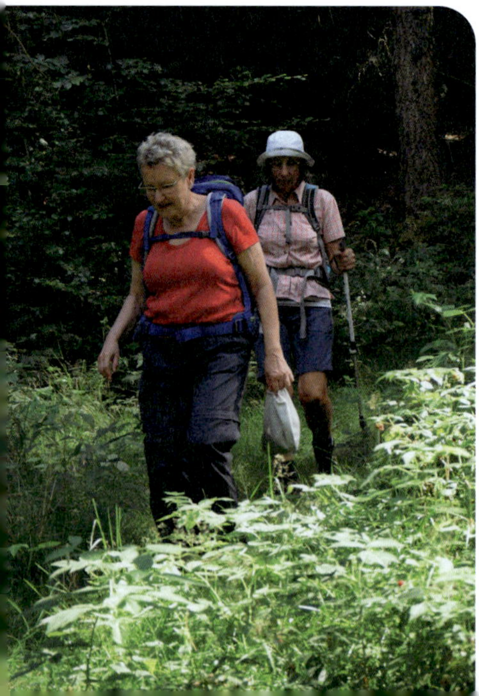

Wir gehen dann die wenigen Meter zurück bis zum zwar schmalen, aber deutlich sichtbaren Pfad, der mit dem Turm im Rücken nach links abzweigt. Der Pfad hat zwar keine Wandermarkierung, aber dafür einen Namen, der sich indes nur auf Karten findet: ❼ **Krummer Tannenweg.** Ein paar Tannen mag es auch geben, vornehmlich führt uns dieser Graspfad aber durch Mischwald zügig bergab – teils sogar mit ein paar Serpentinen. Wir passieren einen grasigen Querweg, es wird etwas flacher, und bald gabelt sich der Pfad. Weiter vorne sieht man schon einen Schotterweg durchschimmern. Es ist egal, welche Zinke der Gabel wir wählen: Beide en-

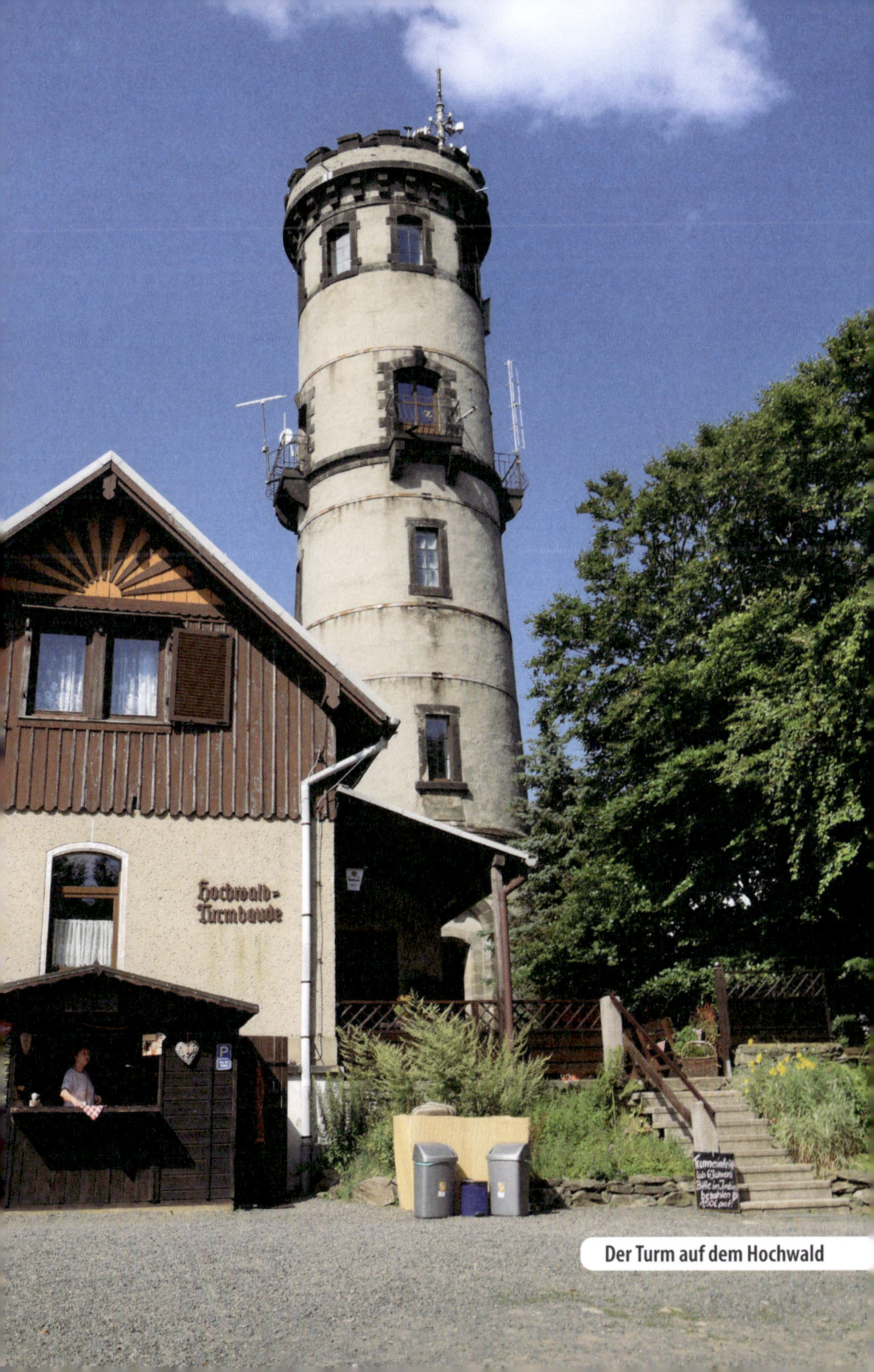

Der Turm auf dem Hochwald

den auf dem geschotterten **Weberweg,** auf dem wir uns nach links wenden und mal wieder geradewegs ausschreiten können. An der nächsten Kreuzung gehen wir mit Weiß-Grün-Weiß scharf nach rechts Richtung **Kelchstein,** danach scharf links mit einem roten Punkt Richtung **Hain** auf dem **Floßbergweg.** Wilde Himbeeren wachsen an den Seiten, der Weg ist auch weicher im Untergrund, und so erreichen wir bald beschwingt erneut die **Jonsdorfer Straße** in **Hain,** nur wenige Meter unterhalb der Stelle, an der wir sie zuvor überquert hatten. Rechts gegenüber führt ein breiter Wanderweg mit Weiß-Gelb-Weiß zum Haus Hubertus. Der Weg führt uns Richtung **Bahnhof Oybin** über die **Hainstraße** bis zurück zum Parkplatz am Parkhotel.

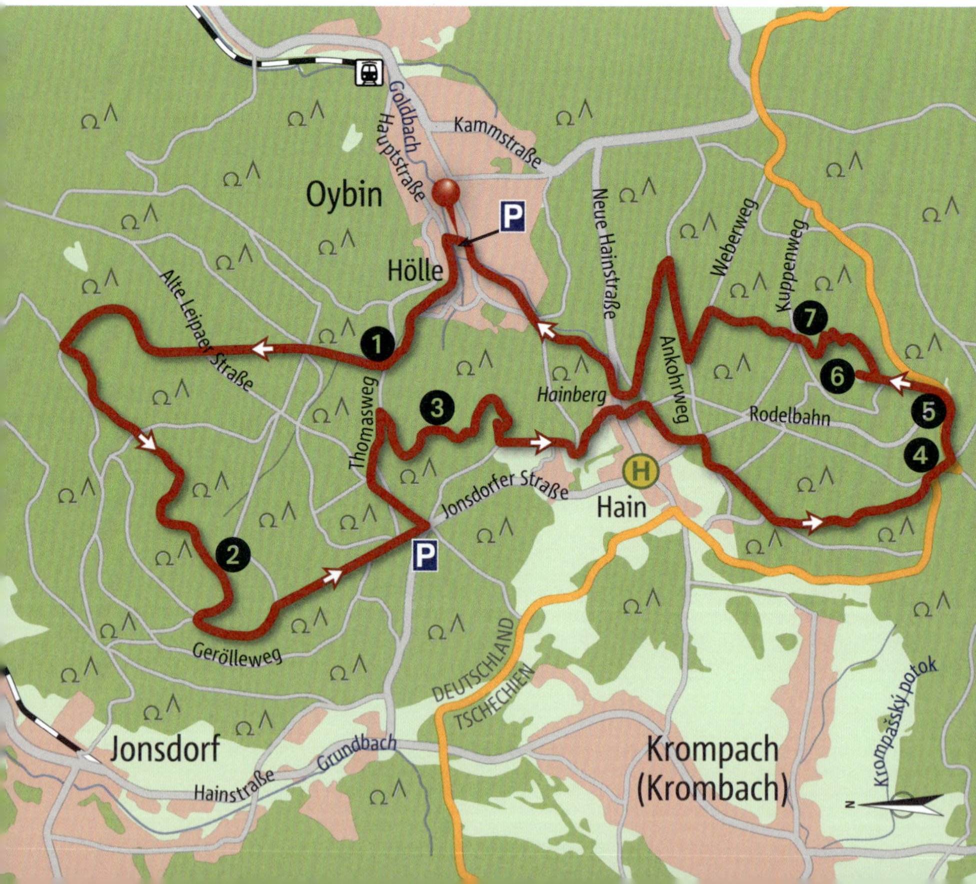

# ALLES AUF EINEN BLICK

**Entspannung**

**Abenteuer**

**Vielfalt**

## WIE & WANN

**Enge, weiche Pfade und breitere Wege im Wald, teils geschotterte Waldpisten, in den Dörfern kurz Straße. Ganzjährig möglich, bei Schnee in den steileren Passagen schwierig.**

## HIN & WEG

**Auto:** Parkplatz Ecke Hauptstraße/Straße der Jugend, gegenüber dem Parkhotel, 02797 Oybin; alternativ: Parkplatz Stern, Jonsdorfer Straße, 02797 Oybin
**ÖPNV:** Bushaltestelle Oybin Ortsteil Hain (ca. 270 Meter zurück über Jonsdorfer Straße bis zur Nr. 3, Forsthaus Hain. Die Tour beginnt und endet dann dort.)

## ESSEN & ENTSPANNEN

5 **Hochwaldbaude,** Hochwaldweg 6, 02797 Oybin, Tel. (03 58 44) 7 02 32, www.hochwaldbaude.de

6 **Hochwald-Turmbaude,** Hochwaldweg 5, 02797 Oybin, Tel. (03 58 44) 7 02 22, www.hochwald-turmbaude.de

## ENTDECKEN & ERLEBEN

1 **Hölleweg**
2 **Jonsberggipfel**
3 **Zschaukensteinweg**
4 **Weg auf der Staatsgrenze**
5 **Gipfel des Hochwaldes mit der Hochwaldbaude**
6 **Hochwaldturm mit der Turmbaude**
7 **Krummer Tannenweg**

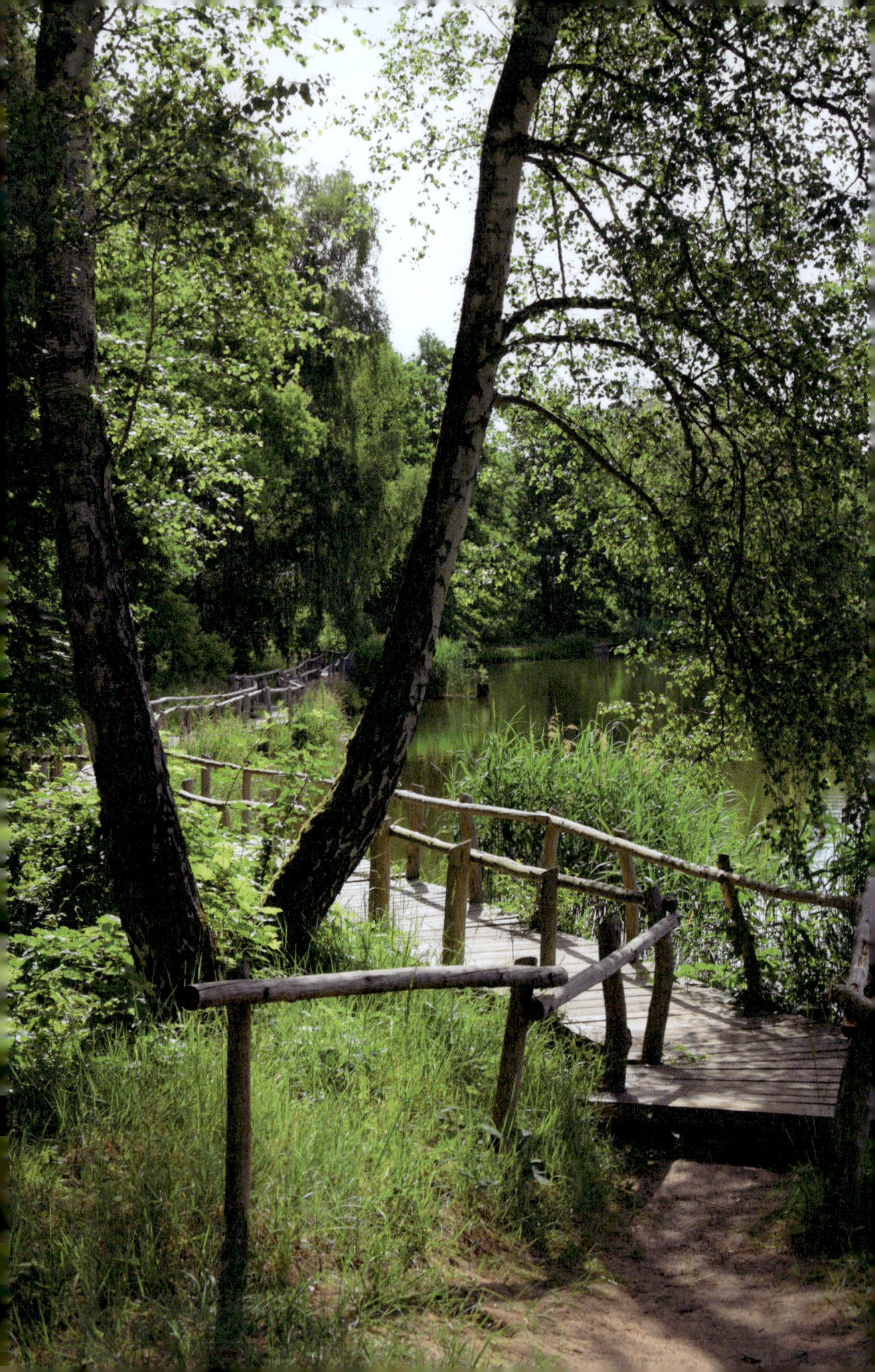

# Biber und Krieger

## Durch die Königsbrücker Heide

Vom Parkplatz nehmen wir den **Biberpfad** nordwärts, der mit einem Biberbild an halbhohen Holzstämmen gekennzeichnet ist und sogleich in den schattigen Mischwald hineinführt. Nach knapp 200 Metern kommt von rechts ein schmaler Pfad auf den Forstweg, der auch mit dem Biberzeichen markiert ist. Hier werden wir am Ende der Wanderung herauskommen. Zunächst aber geht es den Forstweg weiter nordwärts. Zügig erreichen wir zwei ❶ **Biberteiche.** Sie sind das Resultat der eifrigen Arbeit der hier siedelnden Elbebiber, die man tagsüber leider selten zu Gesicht bekommt. Libellen schwirren, Schmetterlinge flattern, Amphibien krauchen, allerlei Vögel tirilieren.

*In den 1970er-Jahren siedelten sich erste Biber an, und seit den 1990ern sind sie mit zunehmendem Bestand hier wieder heimisch. Mit ihren Burgen und Dämmen am Bohraer Wasser formen sie eine neue Landschaft und können mit Glück am **Biberpfad** beobachtet werden.*

Kurz hinter den Biberteichen verweisen linker Hand Schilder auf die einstige militärische Nutzung der Königsbrücker Heide und die weiter bestehende Gefahr, die davon ausgeht. Gute 1,5 Kilometer wandern wir mal unter Eichen, Birken oder Kiefern, mal unter Fichten.

Bald schimmert rechts der ❷ **See der Freundschaft** durch das Unterholz. Wir nehmen einen Pfad zum Ufer hinab und stoßen dort auf einen Holzplankensteg, der links am Ufer entlangführt. Er leitet uns zu einem Aussichtsturm zur Biberbeobachtung und am Ende des Sees zur Biberhütte. Hinter dem See weist ein Schild diesen als DAV-Pachtgewässer aus. Dort zweigt ein Pfad nach rechts, dem Ufer folgend, ab, den wir auf dem Rückweg nehmen werden. Zunächst gehen wir an der **Biberhütte** vorbei zu einem kleinen Parkplatz

**Kilometer: 13,2**
**Höhenmeter: 50**
**Stunden: 3,5**
**RUNDWEG**

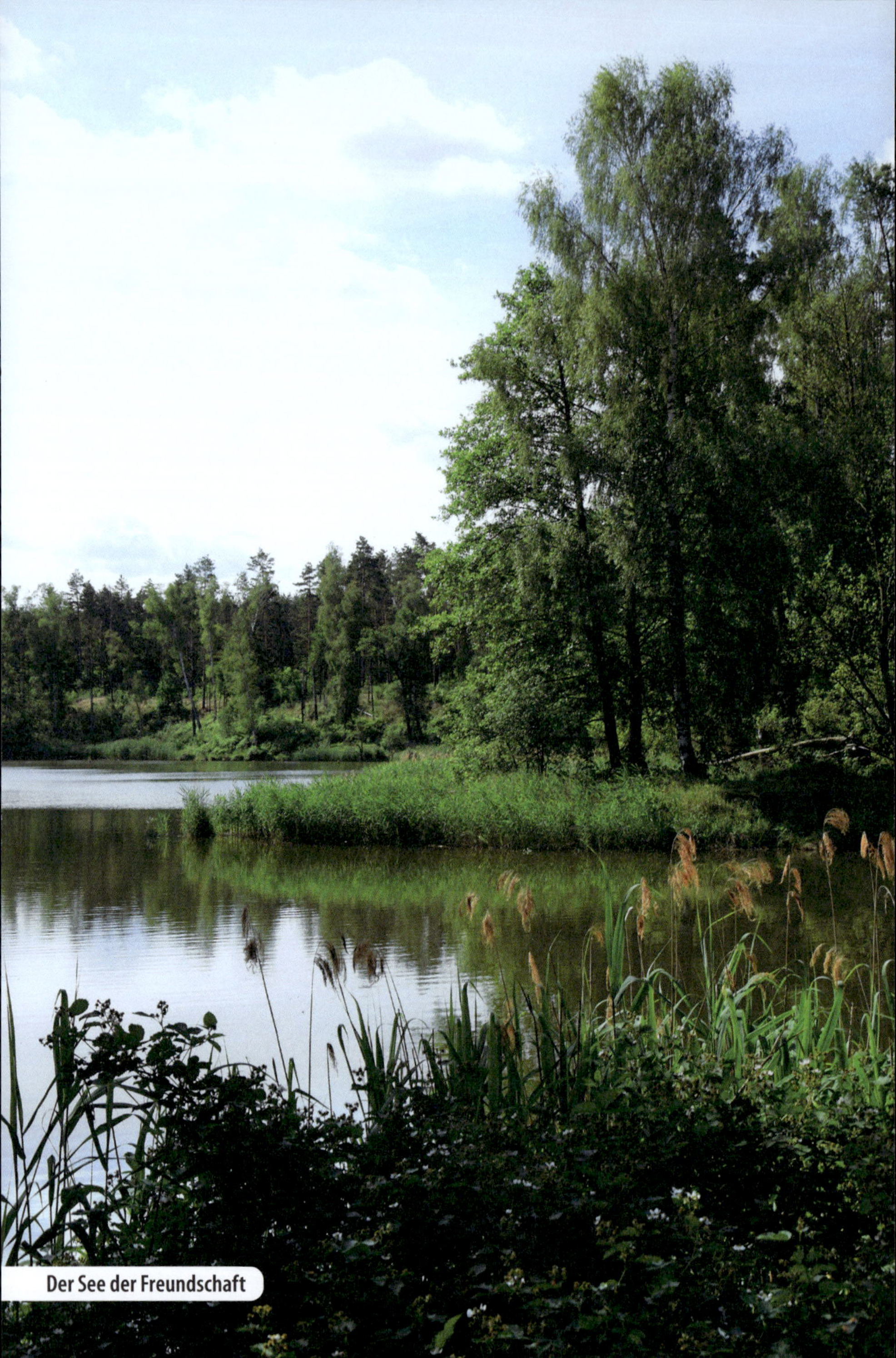

Der See der Freundschaft

und orientieren uns an der Ausschilderung **Turmpfad,** bis wir hinter einer Brücke über den Zulauf zum See zur **ehemaligen ❸ Grünmetzmühle** kommen, an die eine Steinstele erinnert.

Wir bleiben auf dem **Turmpfad** und halten uns immer links. Der geschotterte, breite Forstweg dient gelegentlich einer Blindschleiche zum Aufwärmen in der Sonne. Ein Stück gehen wir nun innerhalb des Naturschutzgebietes, respektive des ehemaligen Truppenübungsplatzes. Erstaunlicherweise fehlen hier die Warnschilder. Aber nach kurzem Wandern werden wir erneut an die Vergangenheit erinnert. Links kommt ein Ziegelhäuschen in den Blick, an dem ein Weg abzweigt, der zum **❹ ehemaligen Kernwaffenlager** der 119. Raketenbrigade der Gruppe der Sowjetischen Streitkräfte in Deutschland führt. Eine Tafel in dem Ziegelhäuschen erinnert an die atomare Konfrontation. Gegenüber steht ein Einmannbunker, in den man mit ein paar Verrenkungen hineinkrabbeln kann.

**Für die Seele**
**Wie ein Phönix aus der Asche erhebt sich im Nationalpark neues Leben aus der Vergangenheit des Ortes.**

Wir folgen weiter dem Turmpfad, bis wir nach einem guten Kilometer den **❺ Haselbergturm** erreichen. Von der Aussichtsplattform in 32 Meter Höhe gewinnt man einen beeindruckenden Überblick über das **Naturschutzgebiet Königsbrücker Heide.** Von der militärischen Nutzung ist von hier oben nichts mehr zu sehen. Nach Nordosten schweift der Blick über neue Wälder und Heide, die die einstige Nutzung gnädig überdecken; in andere Richtungen kann man den Keulenberg ausmachen und sogar den Dresdner Fernsehturm. Ein paar Bänke laden vor dem Turm zum Verweilen ein.

*Die **Grünmetzmühle** wurde zuerst 1579 beurkundet. Ab Ende des 19. Jahrhunderts kam eine Bäckerei hinzu, die auch die Kaserne versorgte, ab den 1930er Jahren ein Gasthaus mit Gondelbetrieb, ehe Anfang 2000 die letzten Ruinen vollständig abgerissen wurden.*

Wer eine kürzere Tour von 10,4 Kilometern vorzieht, geht von hier direkt zurück zum See der Freundschaft. Alle anderen setzen den Weg weitere 1,5 Kilometer fort, bis rechts der **❻ Kriegsgefangenenfriedhof** des Ersten Weltkriegs in den Blick kommt, der heute ein Ehrenmal ist. Wir schwenken nach rechts in die

*In der **Königsbrücker Heide** entstand 1906 der größte Königlich-Sächsische Truppenübungsplatz. Bis 1992 von der Sowjetarmee genutzt, ist sie heute mit fast 7000 Hektar das größte **Naturschutzgebiet** Sachsens und seit 2023 das erste deutsche IUCN-Wildnisgebiet.*

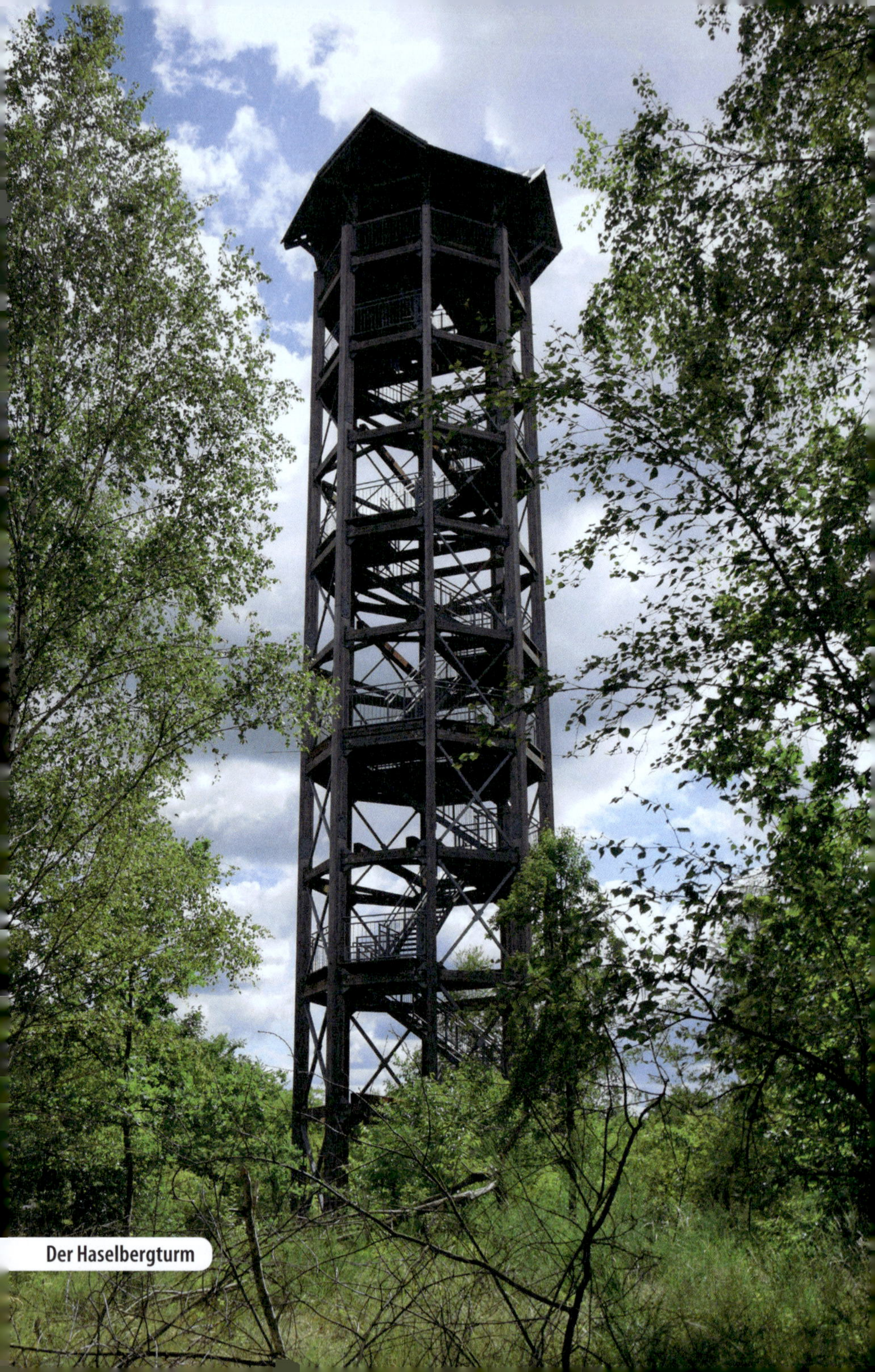

Der Haselbergturm

Anlage hinein und folgen der Mittelachse, auf der insgesamt fünf Denkmäler angeordnet sind. Ursprünglich wurden die verstorbenen Kriegsgefangenen namentlich beigesetzt. Bei der 1959 beschlossenen Umgestaltung in einen Ehrenhain wurden die Holzkreuze entfernt und die Gräber eingeebnet.

Am Stein der serbischen Gefangenen zweigen rechts und links zwei kurze Stichwege ab. Wir nehmen den linken und folgen an dessen Ende dem Trampelpfad durch den Gebüschstreifen, über die Lichtung und durch die gegenüberliegende Lücke im Bewuchs bis zur **Hoyerswerdaer Straße,** wo wir uns nach rechts wenden. Leider geht es nun für 1,1 Kilometer die größtenteils gepflasterte Straße entlang. Die ersten 400 Meter können wir angenehmer gestalten, indem wir den Gebüschstreifen links durchqueren und am Feldrand bis zum Beginn des Waldsaumes gehen. Auch dann liegen noch 700 Meter Straße vor uns, ehe wir einen Parkplatz erreichen, an dem in einem Pavillon umfangreiche Informationen zur Geschichte des Ortes zu finden sind. Wir biegen von der **Hoyerswerdaer Straße** rechts ab und folgen der Ausschilderung **Aussichtsturm**

*Zwei Monate nach dem Eintritt Deutschlands in den Ersten Weltkrieg am 1. August 1914 waren hier bereits über 14.500 **Kriegsgefangene** untergebracht. Die Gedenksteine wurden zwischen 1915 und 1917 von den Gefangenen selbst errichtet.*

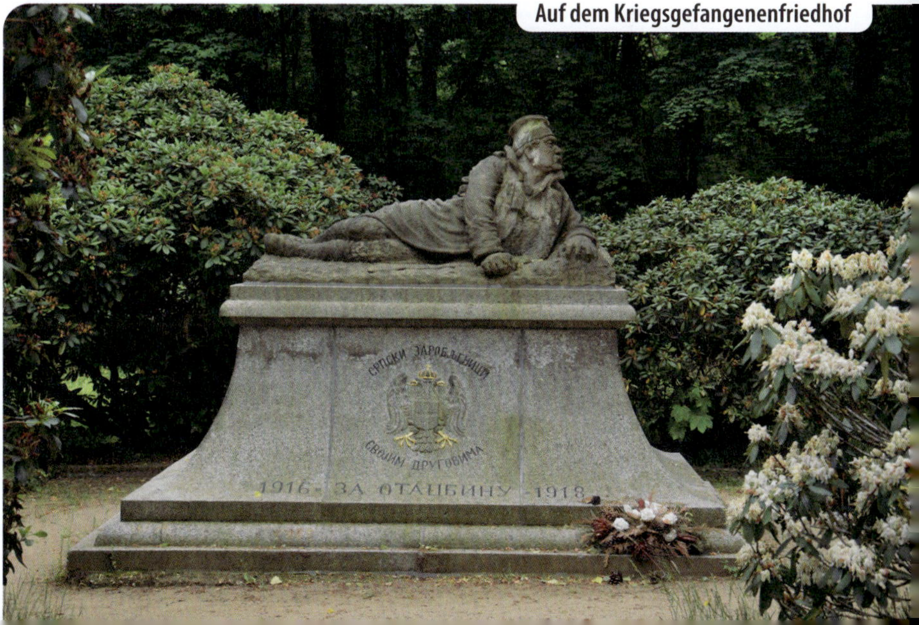


Auf dem Kriegsgefangenenfriedhof

und – nun ja: – **Kläranlage.** Nach weiteren 200 Metern geht es rechts ab, und wir sehen schon die Rückseite des ehemaligen **7 Offizierskasinos** im **Neuen Lager** mit einem Propagandagemälde: ein heldenhafter Soldat mit Schwert und moderner Kleidung, der ein Mädchen trägt. Das Gebäude befindet sich in einem beklagenswerten Zustand. Dennoch ist es architektonisch interessant, vor allem von vorne. Die Vorderseite des Kasinos im Rücken, wenden wir uns links und erreichen zügig eine riesige Photovoltaikanlage, durch die wir auf dem gepflasterten Weg mitten hindurch und danach weiter geradeaus gehen. Bald weist ein Schild die **Kläranlage** nach links aus. Wir aber wenden uns nach rechts und schwenken gleich wieder halblinks in einen Waldpfad, auf dem wir das Emblem des **Turmpfades** wiederfinden. An der nächsten Gabelung, nur 100 Meter weiter, nehmen wir die linke Abzweigung und treffen nach knappen 100 Metern auf den Weg, den wir zuvor Richtung Haselbergturm gegangen sind. Wir halten uns erneut links, passieren kurz darauf die **Grünmetzmühle** und gehen noch einmal zum **See der Freundschaft,** an dem nun Zeit für eine genussvolle Imbisspause ist: Ausreichend Bänke mit Seeblick gibt es dazu. An einem der Biberdämme mag ein Reiher auf Fischfang hoffen.

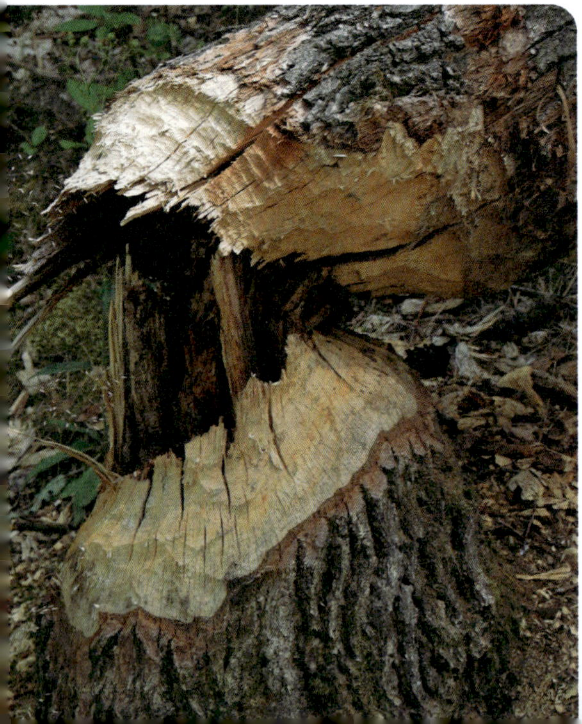

Am DAV-Schild nahe der Biberhütte folgen wir nun dem schmalen Pfad am Ufer entlang, der sich bald gabelt. Wir gehen die Böschung hinauf und stoßen auf einen Forstweg, auf den wir nach rechts einbiegen. Wir befin-

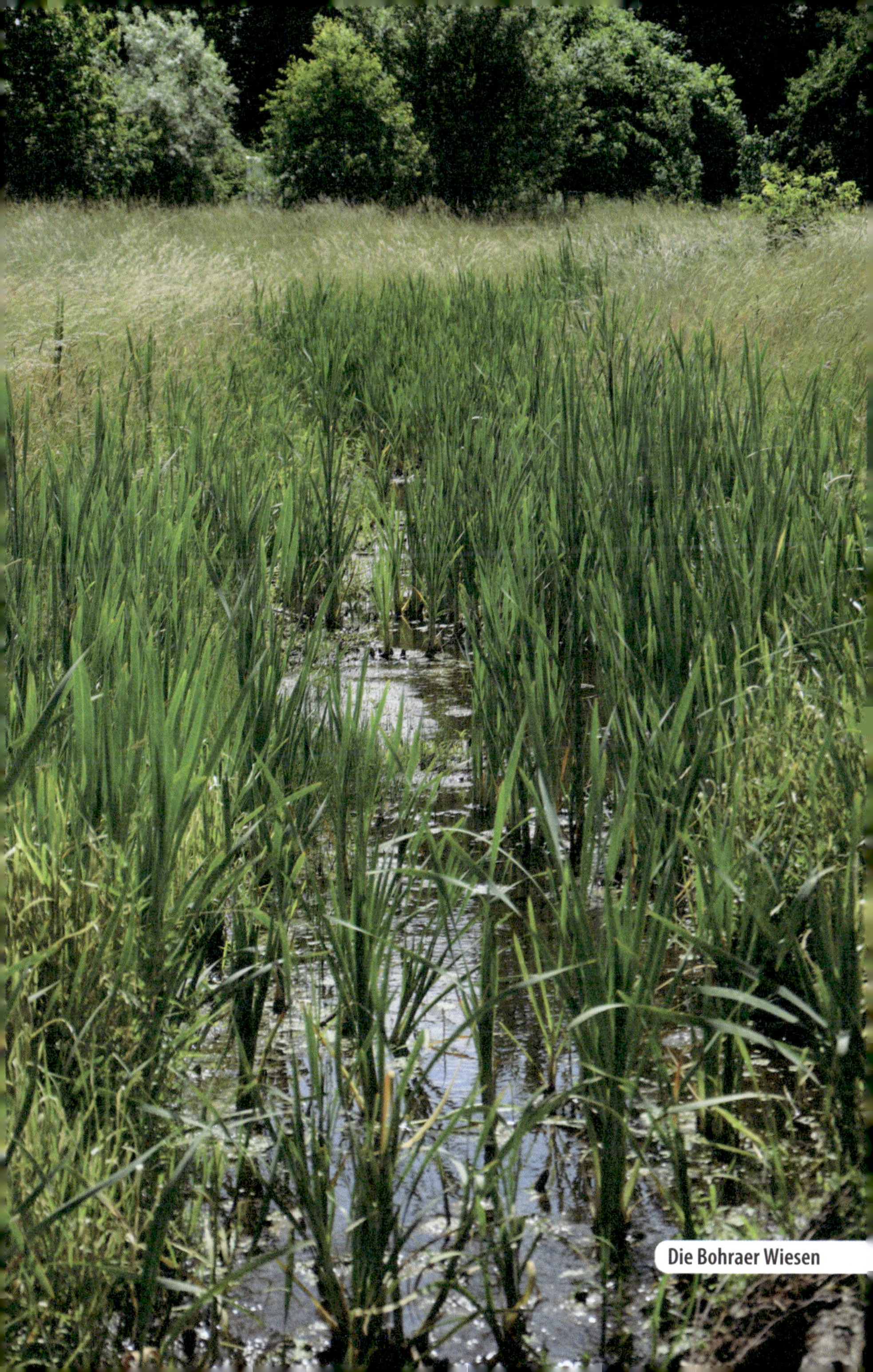
Die Bohraer Wiesen

den uns bis zum Parkplatz wieder auf dem gut markierten **Biberpfad,** wandern an einem Anwesen vorbei in gedämpftem Licht durch Laubwald, bis uns hinter einer Schranke der Biberpfad nach rechts vom Forstweg abführt. Nun kommt zum Schluss eines der schönsten Stücke des Weges: ein schmaler Pfad, der sich mitten durch die lieblichen **8 Wiesen am Bohraer Wasser** windet und über einen kleinen Bach. Dahinter führt der Pfad bald wieder in den Wald und trifft dort auf den Forstweg, den wir ganz zu Anfang gegangen sind. Nun biegen wir links ab und sind nach knapp 200 Metern zurück am Parkplatz. Vor der Heimfahrt können wir noch in der Gaststätte **9 Zum Waldfrieden** gemütlich einkehren.

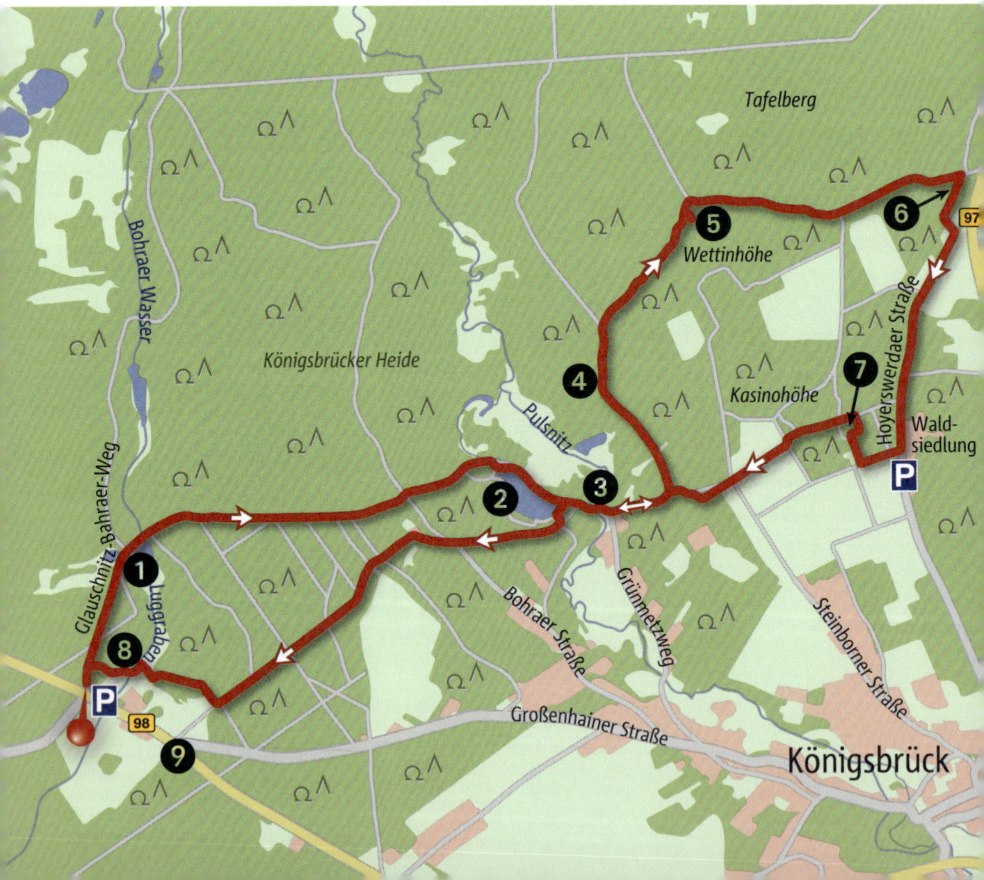

# ALLES AUF EINEN BLICK

**Entspannung** 5/5
**Abenteuer** 2/5
**Vielfalt** 3/5

## WIE & WANN

**Meist Forst- und Waldwege unterschiedlicher Bodenbeschaffenheit, ca. 1 Kilometer wenig befahrene Straße. Ganzjährig möglich. Der Zugang zum Weg scheint am Parkplatz versperrt, ist aber für Fußgänger geöffnet.**

## HIN & WEG

**Auto:** Wanderparkplatz Biberpfad, Radeburger Straße, 01936 Laußnitz; alternativ: Parkplatz an der Bushaltestelle Königsbrück Neues Lager, Hoyerswerdaer Straße 116, 01936 Königsbrück
**ÖPNV:** Keine direkte Anbindung an die Strecke

## ESSEN & ENTSPANNEN

9 **Gaststätte Zum Waldfrieden,** Radeburger Straße 21, 01936 Laußnitz, Tel. (03 57 95) 4 25 91

## ENTDECKEN & ERLEBEN

1 **Biberteiche**
2 **See der Freundschaft**
3 **Grünmetzmühle**
4 **Ehemaliges Kernwaffenlager**
5 **Haselbergturm**
6 **Kriegsgefangenenfriedhof**
7 **Offizierskasino**
8 **Wiesen am Bohraer Wasser**

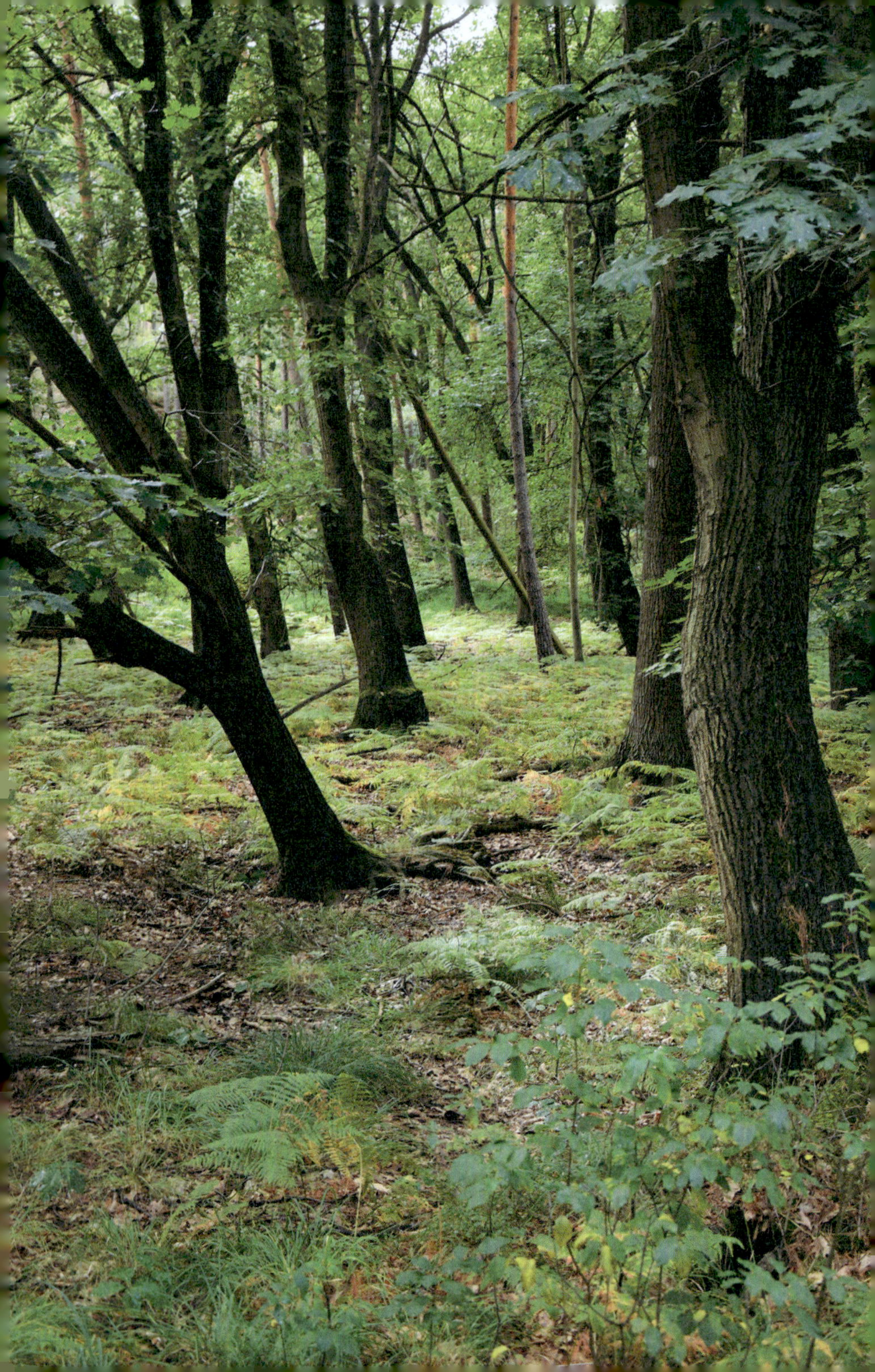

# Groß gedacht

## Die Calauer Schweiz

Gleich gegenüber vom Parkplatz finden wir den Einstieg in die Tour und folgen den Schildern zum **Aussichtsturm,** unserem ersten Ziel. Ein Dammweg führt uns zunächst durch die Felder, dann nach links durch ein Stückchen Mischwald, bis wir auf einen sandigen Forstweg stoßen, auf dem wir nach rechts gehen. Keine 100 Meter weiter zweigen wir leicht halbrechts auf den schmaleren Weg ab, immer Richtung Aussichtsturm. Der mit gelbem Punkt markierte Pfad führt uns durch Kiefern-, Buchen- und Birkenbestände. Das Gelände wird buckelig – erste Anzeichen des Schweizhaften. Der Pfad verzweigt sich kleinteilig, und so gehen wir nach Gutdünken mal rechts um einen Buckel, mal links, mal drüber hinweg, insgesamt immer geradeaus, bis sich linker Hand der ❶ **Luckaitztaler Ziegelturm** erhebt. In zwölf Windungen geht es die 216 Stufen bis zur Aussichtsplattform hinauf. Alle zwei Stockwerke werden die verbleibenden Stufen angezeigt: Erst die Anzeige „36" wirkt als verheißungsvoller Ansporn.

*Geziegelte Aussichtstürme – die sind doch wohl alt! Der* ***Luckaitztaler Ziegelturm*** *wurde jedoch erst 2020 aus Ziegeln des nahen Klinkerwerks Buchwäldchen erbaut. Der steile Aufstieg lohnt. Oben bietet sich ein weiter Blick über die Calauer Schweiz.*

Wir gehen den Weg knappe 100 Meter weiter bis zur nächsten Kreuzung. Dort biegen wir ohne Markierung nach links auf den breiten, ebenen, kiefernumsäumten Forstweg, bis wir nach 600 Metern auf einen weiteren Forstweg stoßen, nach rechts abbiegen und eine weiß-rot-weiße Markierung finden, der wir nun folgen. Vorbei an einem **Löschteich** und über mehrere Kreuzungen folgen wir Weiß-Rot-Weiß geradeaus. Der ab und an geschotterte Weg wird hinter der ersten Kreuzung weicher. Hier befinden wir uns mitten in der

**Kilometer:** 8,8
**Höhenmeter:** 95
**Stunden:** 2,5
**RUNDWEG**

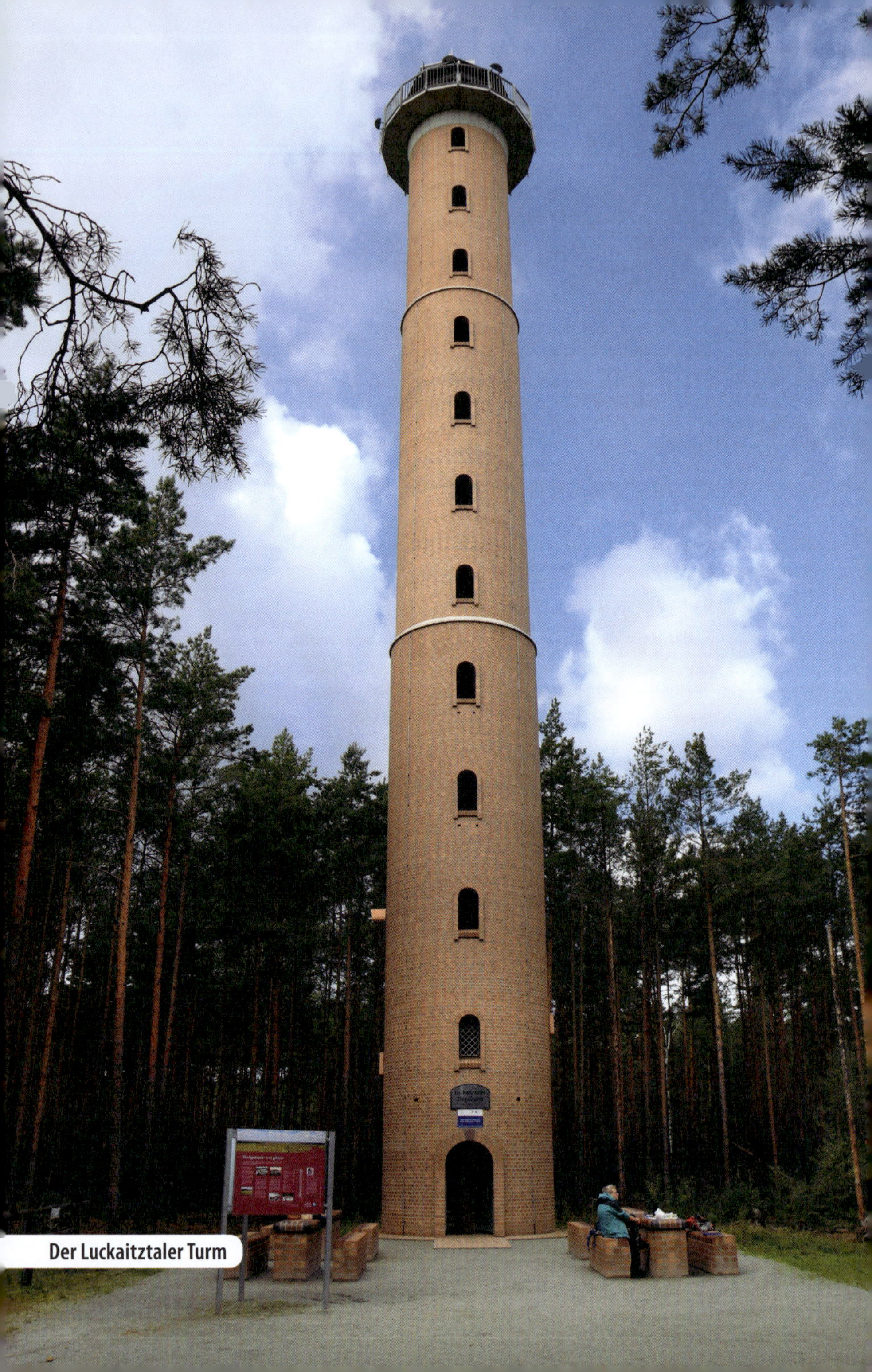

Der Luckaitztaler Turm

**Waldwirtschaft:** Kiefern in Reih und Glied. Wie ❷ **Plantagenfelder** liegen die Anbaustücke nebeneinander: Areale mit jungen, gerade mannshohen Bäumen, dann mittlere, dünn in die Höhe geschossene Stämme, schließlich alte Bäume auf ausgedünnten Flächen. Man bekommt einen anschaulichen Eindruck von der Gewerbsmäßigkeit der Forstwirtschaft. Romantisch ist dies nicht, aber verwunschenere Ecken warten noch auf uns.

**Für die Seele**

**Kleinode in Kiefernwäldern: ein Turm, Pfade über Buckel und Hubbel und durch eine liebliche Hölle.**

Bald erreichen wir eine unscheinbare Abzweigung, an der ein Schild mit Weiß-Rot-Weiß nach links Richtung Lübbenau, Gollmitz und Settinchen weist. Diesen Weg werden wir später nehmen. Zuerst aber liegt noch der **Kuhringsberg** vor uns, dessen Rundweg 100 Meter weiter geradeaus beginnt. Wir folgen dem **Rundweg Kuhringsberg** nach rechts aufwärts gegen den Uhrzeigersinn. Jetzt beginnt der schönste Teil der Wanderung. Es geht auf schmalem Pfad durch Mischwald, in dem wir nach kurzer Zeit die ❸ **Kuhringbergaussicht** erreichen. Ein paar Holzbänke laden ein, den Blick durch die Schneise nach Norden in Richtung Calau zu genießen. 151 Meter ist der Berg hoch; auf der Nordseite geht es nun deutlich abwärts. Dennoch: Calauer Schweiz ist ein Kalauer, wenn auch ein schaler. Wir folgen dem Rundweg die Schneise hinab, biegen unten nach links und wandern auf gewundenem Weg mal auf Gras-, mal auf Waldboden durch dichten Bewuchs. Nach etwa 400 Metern zweigt an einer T-Kreuzung der Rundweg nach links ab. Wir aber halten uns rechts und finden keine 100 Meter weiter den Eingang zur, nun ja: ❹ **Hölle.** Die **Hölle** ist himmlisch! Ein schmaler Pfad führt vorbei an moosüberwuchertem Unterholz und den Farnlandschaften des **Höllbachs.** Stieleichen werfen Schattenbilder. Dies ist eine Märchenwelt.

Durch die Hölle folgen wir Weiß-Rot-Weiß. Der markierte Weg biegt nach einiger Zeit scharf links ab.

*Der tiefe, wasserreiche Einschnitt des **Höllbachs** war einst durch moorigen Grund, dunklen Fichten- und Stieleichenwald sowie Moore geprägt. Ab den 1930er-Jahren erfolgte eine wirtschaftliche Nutzung, deren Folgen nun wieder rückgängig gemacht werden.*

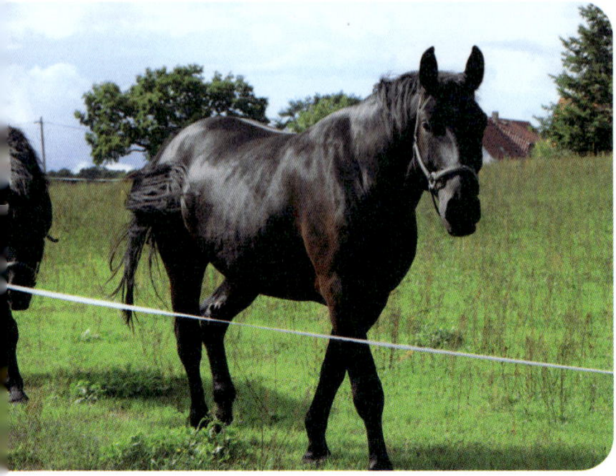

Wir gehen jedoch weiter geradeaus, passieren an einem Baum eine Plakette mit blauem Kreuz auf abblätterndem weißen Grund und steigen dann den Hang hinauf. Oben verläuft der Weg leicht nach links, und wir kommen in der Nähe des **Wegweisers nach Lübbenau,** den wir vor dem Kuhringsberg-Rundweg passierten, wieder auf den weiß-rot-weißen Weg. Ein kurzes Stück müssen wir noch nach rechts, stehen dann vor dem erwähnten Wegweiser und biegen nun nach rechts Richtung **Lübbenau** ab. Der Weg ist am Anfang recht unscheinbar, hält eine Zeit lang die Höhe und noch bevor es wieder durch einige Senken geht – Achtung: Schweiz! –, finden wir in regelmäßigen Abständen unser Zeichen. Bald lassen wir die Senken hinter uns, und der Weg wird breiter. Nach links bietet uns ein Schild an: „Hölle umgehen", das wir ignorieren. Stattdessen wandern wir geradeaus weiter auf dem Forstweg nun wieder durch Kiefern. Zwei Abzweigungen nach rechts zur Stegschänke ignorieren wir. Nach einem längeren, schnurgeraden Säulenweg aus Kiefern beschreibt unser Weg ein paar Windungen, in denen nun wieder Mischwald in moosigem Bett steht, und trifft kurz darauf auf eine Schotterstraße.

Leicht nach links öffnet sich ein kleiner Platz mit in die Jahre gekommenen Holzbänken, von dem ein Asphaltweg und ein Forstweg in südlicher Richtung wegführen. Zwischen den Wegmündungen weist ein Schild nach rechts zum **5 Napoleonstein.** Gemeint ist nicht der rechte der beiden Wege, vielmehr ist die Pfeilrichtung ernst zu nehmen. Etwa 30 Meter durch das Unterholz bringen uns zum besagten Stein. Als Hinweis zur angeblich vergrabenen Regimentskasse

*Mythos? Geschichte? 1813 soll sich ein napoleonisches Regiment auf dem Rückzug hier aufgelöst haben, entweder nach der Niederlage in Russland oder in der Völkerschlacht bei Leipzig. Der* ***Napoleonstein*** *soll auf den vergrabenen Regimentsschatz verweisen.*

ist der Stein und der eingravierte Pfeil allzu deutlich. Vielfache Grabungen von Schatzsuchern waren erfolglos. Vielleicht ist der Stein eine falsche Spur. Ob damals hier überhaupt Wald war? Erstaunlich, wo damals Regimenter langmarschiert sind! Nach Schweiz und Hölle mutet Napoleon jedenfalls nahezu banal an.

Wir folgen dem halb asphaltierten Weg mit der weiß-gelb-weißen Markierung Richtung **Weißag.** Immerhin kann man sich aussuchen, ob man auf Asphalt oder Schotter geht. Nach kurzen fünf Minuten endet die Asphaltierung an der nächsten Kreuzung, und wir gehen geradeaus, nun wieder auf einem Forstweg. Weiß-Gelb-Weiß bringt uns bis nach Weißag, ab-

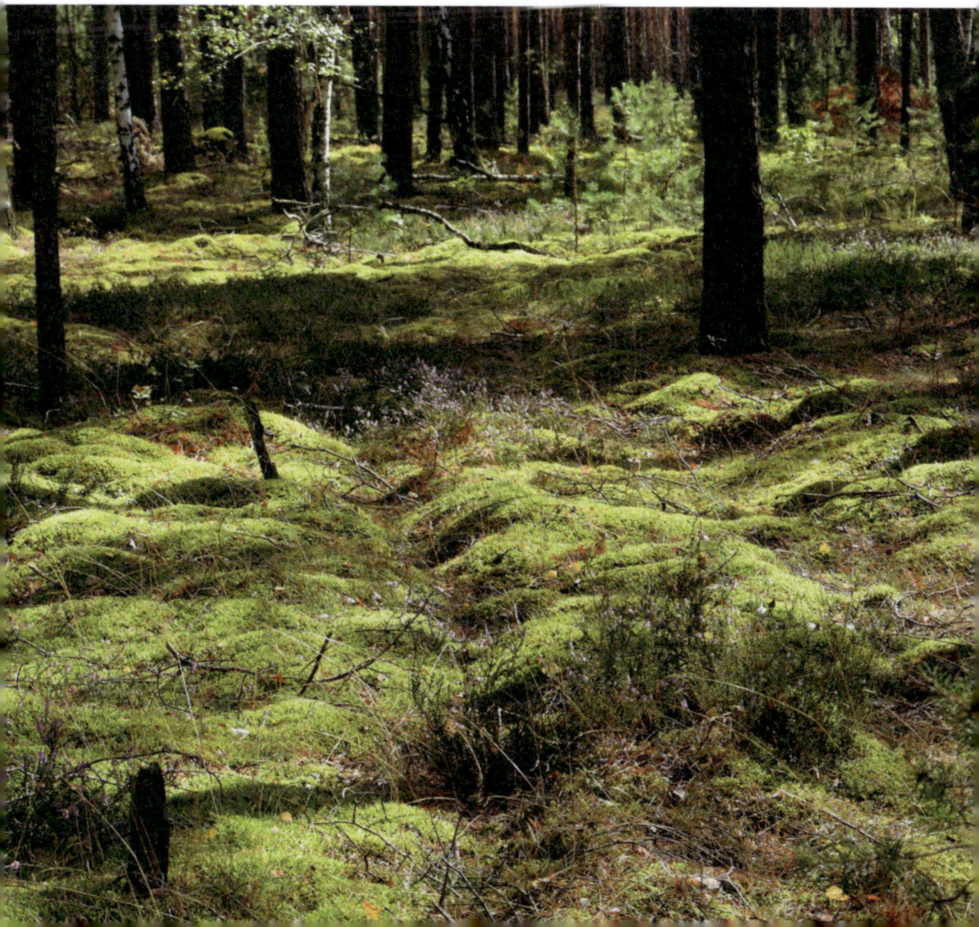

wechselnd durch Kiefern, Buchen, Birken und Eichen auf bemoosten oder grasigen Waldböden, vorbei an Heidekraut, dann durch Felder. Hier kann man den Gedanken nachhängen oder gute Unterhaltung pflegen. Entspannt erreichen wir **Weißag,** wenden uns auf der **Dorfstraße** nach links und marschieren durch das Dorf. Dabei passieren wir ❻ **Gaumer's Gasthof,** in dem wir an manchen Tagen noch eine erholsame Pause einlegen können. Etwas abseits der Tour lockt auch das ❼ **Gasthaus In den Bergen**, zu dem man aber auch gut nach der Wanderung vom Parkplatz aus hinfahren kann. Am Ende des Dorfes folgen wir der kaum befahrenen **K 6621** nach Buchwäldchen und erreichen nach 200 Metern den Parkplatz.

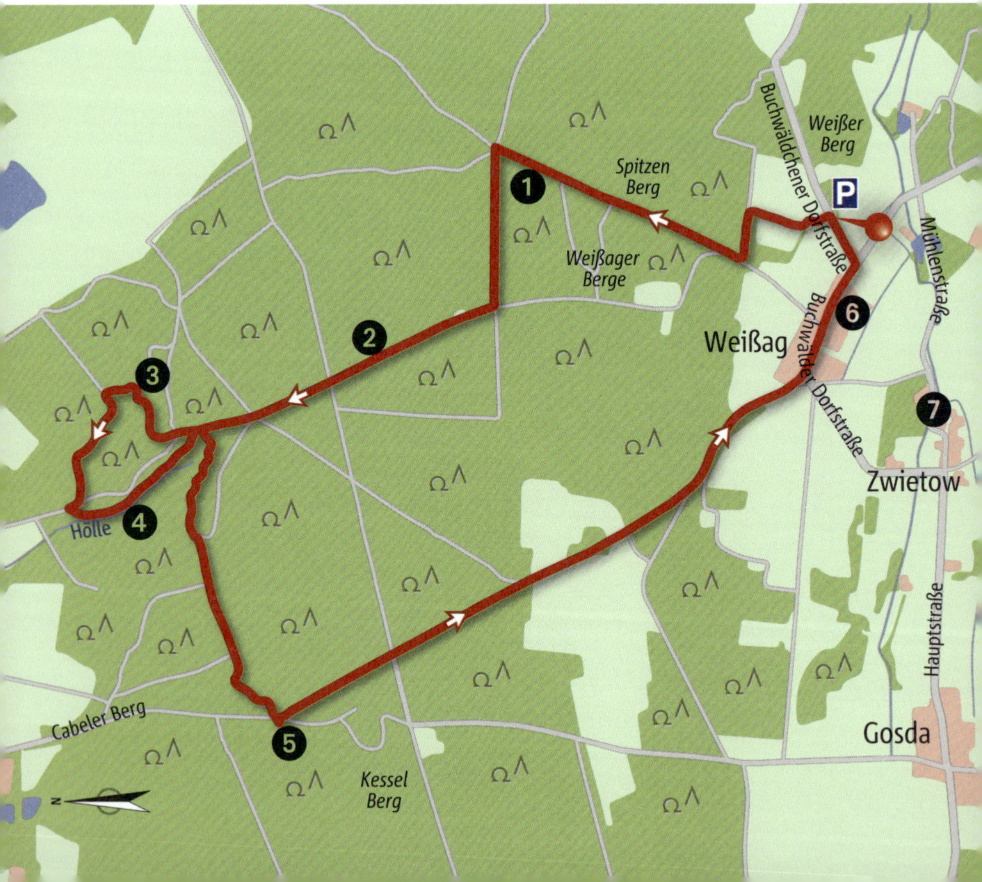

# ALLES AUF EINEN BLICK

**Entspannung** 4/5
**Abenteuer** 4/5
**Vielfalt** 2/5

## WIE & WANN

**Meist Forstwege und -pisten, längere Abschnitte auf schmalen Pfaden, im Dorf und ein kurzes Stück im Wald Asphalt. Ganzjährig möglich.**

## HIN & WEG

**Auto:** Parkplatz, K 6621, 03229 Luckaitztal
**ÖPNV:** Keine direkte Anbindung an die Strecke

## ESSEN & ENTSPANNEN

6. **Gaumer's Gasthof,** Weißager Dorfstraße 4, 03229 Luckaitztal, Tel. (0 35 41) 20 50, www.gasthofgaumer.de
7. **Gasthaus In den Bergen,** Mühlenstraße 12, 03229 Luckaitztal, Tel. (0 35 41) 20 53

## ENTDECKEN & ERLEBEN

1. **Aussichtsturm Luckaitztaler Ziegelturm**
2. **Plantagenfelder Waldwirtschaft**
3. **Kuhringbergaussicht**
4. **Hölle**
5. **Napoleonstein**

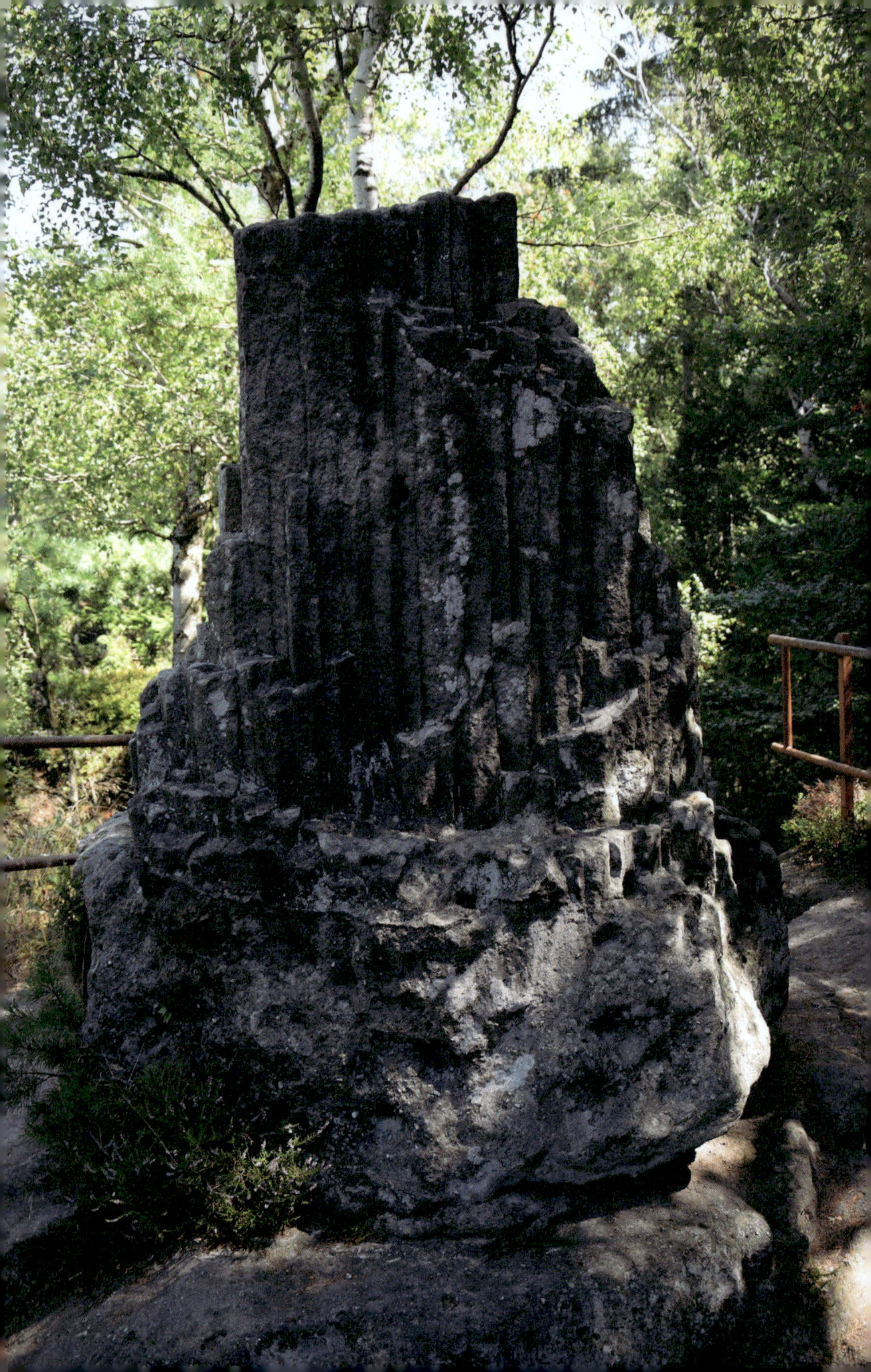

# Grenzerfahrungen

## Von Jonsdorf zur Lausche

Die Tour beginnt mit dem Besuch einer Quelle. Von der südwestlichen Ecke des Parkplatzes folgen wir dem Pfad, der rechts neben dem Bächlein in den Wald führt und erreichen schon nach 70 Metern die ❶ **Schwarzwasserquelle,** deren Quelltümpel in Steine eingefasst ist. Zugleich treffen wir auf die ersten Schnitzwerke des **Jonsdorfer Märchenweges,** hier passenderweise auf den Kleinen Wassermann. Wir queren die Brücke und wenden uns, 50 Meter weiter an der T-Kreuzung bei der Eule, nach links und gelangen zügig zur südöstlichen Ecke des Parkplatzes. Nun geht es rechts mit Blau-Weiß-Blau **Richtung Sportplatz.** Auf dem Weg dorthin passieren wir unter anderem den Schäfer Jonas, nach dem der Sage nach das Dorf benannt ist. Historisch geht der Name vermutlich auf einen Prior Johannes des Klosters Oybin zurück. Am **Alten Sportplatz** finden wir in der hinteren rechten Ecke Wanderschilder. Wir folgen nun der grünen Diagonale zunächst Richtung **Mühlsteinbrüche** und **Schwarzes Loch** und stehen bald vor der ersten Infotafel zur Geschichte der Mühlsteinbrüche Jonsdorf.

*Ab 1560 erfolgte in Jonsdorf der Abbau der bis zu 2,70 Meter großen* ***Mühlsteine aus Sandstein,*** *am Bärloch ab 1570 durch Hieronymus Richter. Erst 1918 wurde der Abbau endgültig eingestellt. Ein Großteil wurde nach London und St. Petersburg exportiert.*

Es geht nun zwischen den aufragenden Felsen hindurch stetig aufwärts. Wir passieren die Steinformation Mausefalle und erreichen kurz darauf den ❷ **Bärlochfelsen,** an dem 1560 der Abbau der Mühlsteine begann. Kurz hinter dem Bärloch wird an einer Gabelung die Auszeichnung schwierig: Die grüne Diagonale geht nach Karte in beide Richtungen. Unser Weg führt uns nach rechts Richtung **Carolafelsen**. Knappe 100 Meter weiter

**Kilometer: 12,1**
**Höhenmeter: 570**
**Stunden: 5**
**RUNDWEG**

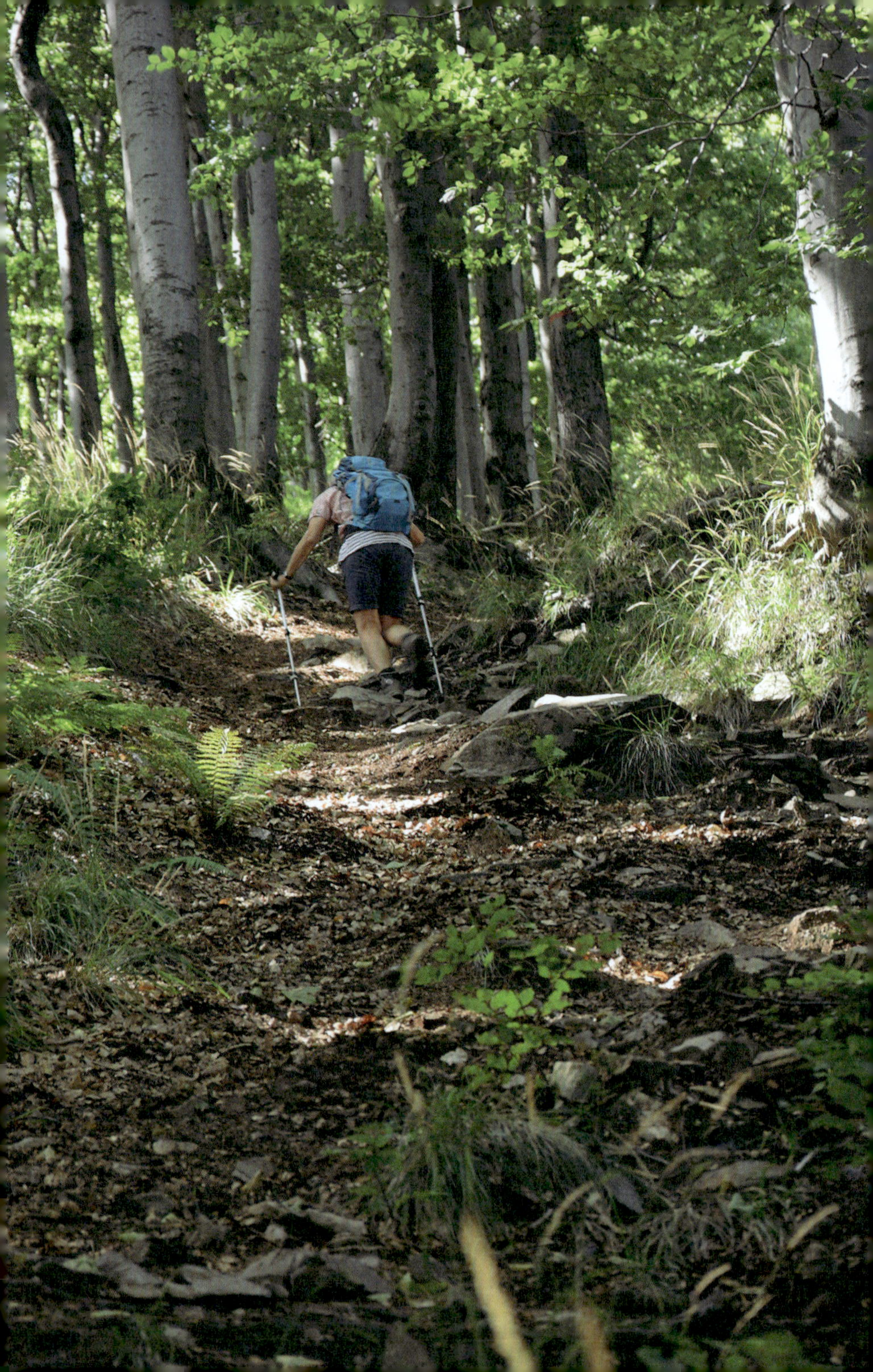

stehen wir am Fuß des ❸ **Carolafelsens** und unternehmen einen kurzen Abstecher hinauf zur **Aussicht.** Zwei weitere Ziele können wir in der Ferne ausmachen: nach Westen den Kegel der Lausche und nördlich die markanten Nonnenfelsen.

**Für die Seele**
**Wir wandeln auf der Grenze, steigen hinauf zur Lausche und wandern auf lauschigen Pfaden.**

Die grüne Diagonale führt uns bald darauf auf einen Weg, in den wir rechts abbiegen, scheinbar Richtung **Hohle Wand.** Doch schon nach 15 Metern, beim Hinweisschild zum Naturschutzgebiet, biegen wir links ab, folgen dem ebenen Waldpfad gute 20 Meter und stoßen bei einer Wandertafel auf einen breiteren Weg. Hier wenden wir uns nach rechts, erreichen kurz darauf eine Rasthütte, an der sich der Weg gabelt. Die grüne Diagonale führt uns halbrechts weiter um das Schwarze Loch herum, über ein paar Stufen, dann durch einen Felseneinschnitt, hinter dem sich das ❹ **Schwarze Loch** öffnet: ein tiefer Abgrund, der die beschwerliche Arbeit des Mühlsteinabbaus erkennen lässt – mit den Bauten in der Sohle des Kessels aber aussieht wie das Klischee einer Karl-May-Freilichtbühne. Durch eine gehauene Felsengasse verlassen wir das Schwarze Loch und folgen bei der nächsten Abzweigung Weiß-Rot-Weiß nach rechts Richtung **Orgelsteig.** Der Orgelsteig oder -weg führt uns vorbei an einer Reihe skurriler Sandsteingebilde, die Nashorn oder Bernhardiner heißen, zu den namensgebenden **Orgelsteinen.**

*Die **Orgelsteine** sind das Resultat eines nahen Lavagangs im Tertiär, durch den der Sandstein verfestigt wurde. Bei der Abkühlung zog sich das Gestein zusammen, und es bildeten sich Kontraktionsbrüche. Dabei entstanden die vier- bis sechseckigen Säulen.*

Weiter geht es mit Weiß-Rot-Weiß Richtung **Falkenstein,** wobei wir einmal schräg eine Loipe queren und kurz dahinter auf die ersten Grenzsteine der deutsch-tschechischen Grenze stoßen. Die nächsten 3 Kilometer bis zum Gipfel der Lausche werden wir auf der Grenze wandeln. Zunächst aber gelangen wir zum ❺ **Falkenstein,** dessen Rasthütte wenig einladend ist. Dafür sitzt man auf den Steinen direkt vor dem aufragenden Felsen umso fotogener. Wir folgen jetzt dem Cotta-, respektive Grenzweg noch ein Stück mit Weiß-Rot-Weiß hinter dem Falkenstein zunächst steil abwärts, dann gemächlich ansteigend. Bald zweigt Weiß-Rot-Weiß rechts ab, was uns aber nicht anficht: Wir bleiben auf dem **6 Cotta-Weg** Richtung **Lausche.** Die Älteren unter uns können sich noch an innereuropäische Grenzregime erinnern. Hier wandern wir nun direkt auf dem Grenzstreifen, oft genug mit einem Fuß in Tschechien, dem anderen in Deutschland. Alle 50–100 Meter wird die Grenze durch kniehohe Grenzsteine markiert. Niemanden kümmert es, ob man rechts bei „D“ oder links bei „C“ vorbeigeht, über die Steine springt, sich auf sie stellt oder sich draufsetzt. Nach einiger Zeit derartigen Grenzgangs – zwischendurch mal auf einem Steg über feuchteren Untergrund – erreichen wir den **Hohlsteinweg** in Waltersdorf, wenden uns links und passieren die **Wache.** Dahinter lockt die **7 Rübezahlbaude,** aber erst wollen wir noch die Lausche ersteigen, die sich nun unmittelbar vor uns erhebt. Vom Hohlsteinweg gehen wir geradeaus die Straße weiter, die nun recht trefflich **An der Lausche** heißt. Am Rechtsknick der Straße führt der Grenzweg geradeaus in den Wald hinein. Wir folgen wieder den Grenzsteinen. Nachdem wir zuvor die Mühsal der Arbeit im Steinbruch erkundet haben, erfahren wir nun die Mühsal des Aufstiegs – hinauf zur Lausche. Bei dem steilen Weg kommen alle gehörig ins Schwitzen; auf den nächsten 500 Metern Distanz geradewegs über die Flanke bewälti-

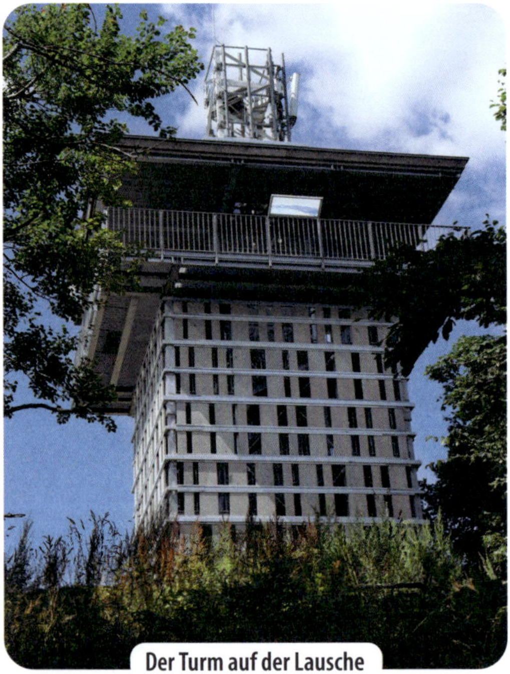

Der Turm auf der Lausche

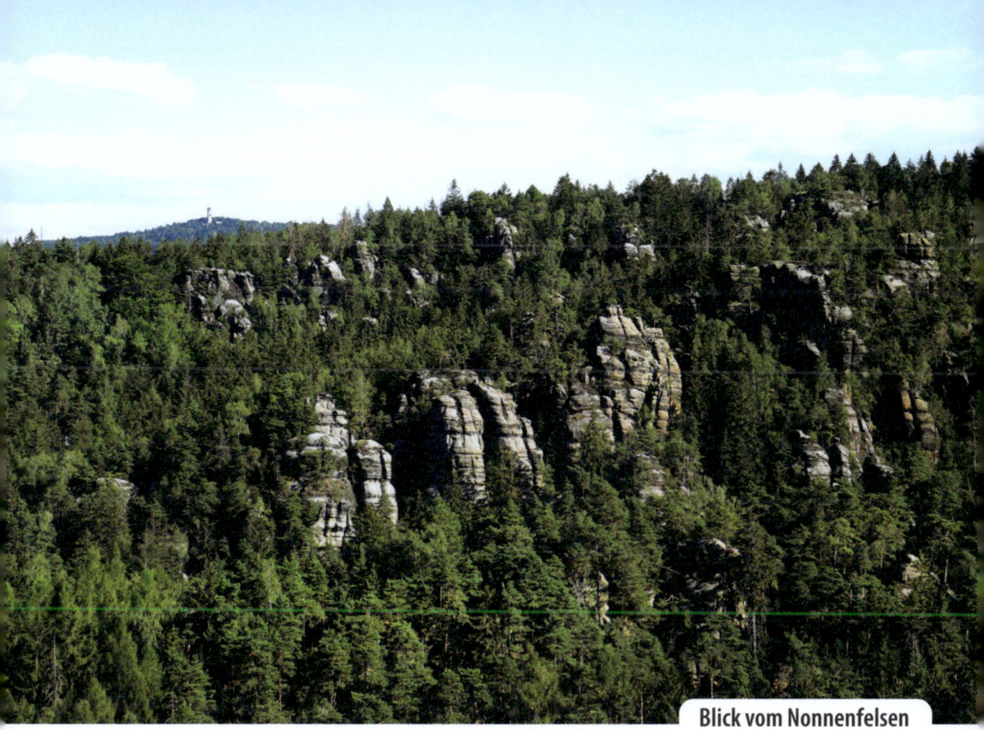

Blick vom Nonnenfelsen

gen wir 200 Höhenmeter. Wer oben angekommen ist, weiß die Last der hochgeschleppten Wasservorräte zu schätzen! Indes: Noch liegt die Hälfte der Wanderung vor uns. Von der 792,6 Meter hohen ❽ **Lausche** (Luž) hat man einen hervorragenden Weitblick; noch besser ist er von der Aussichtsplattform.

Für den Abstieg wählen wir einen flacheren Weg, der hinter dem Turm beginnt, und werden auf der Nordseite in wenigen Serpentinen hinuntergeleitet. In einer Kehre stehen Dutzende Steinmännchen; bald danach treffen wir auf Weiß-Grün-Weiß und steigen Richtung **Wache** weiter ab, bis wir erneut die **Rübezahlbaude** erreichen.

Jetzt geht es an der Wache vorbei, an mehreren Gabelungen mit dem grünen Punkt Richtung **Sonnenberg(-aussicht).** Bald steigt der Waldweg wieder vernehmlich an, den Sonnenberg hinauf. An einer Gabelung, an der der grüne Punkt nach links Richtung **Ringweg Saalendorf 40 min** ausgezeichnet ist, führt unsere Tour geradeaus genau in die Schneise hinein. Wir sind nun auf

*Über die **Lausche** verläuft die Grenze, heute die zwischen der BRD und Tschechien, früher die zwischen Sachsen und Österreich. Auch durch die frühere Baude führte die Grenze. Vielleicht stammt der Name vom alttschechischen louče (Scheidung, Grenze).*

dem **Sonnenbergweg,** der für gute 600 Meter die Höhe mehr oder weniger hält; ein lauschiger Pfad, halb überwachsen, dennoch gut erkennbar, der durch Variationen von Grün führt. Er endet an einem ebenso grasig-grünen Querweg, an dem wir links in Richtung **Saalendorf** abbiegen. Wir verlieren wieder an Höhe und folgen an der nächsten T-Kreuzung Weiß-Gelb-Weiß nach rechts Richtung **Buchberggipfel.** Nun geht es – die Auszeichnung „Gipfel" droht es an – wieder aufwärts, an der nächsten Gabelung nochmal nach rechts und dann stracks hinauf auf den 651 Meter hohen **9 Buchberggipfel.** Eine Bank im warmen Sonnenlicht lockt hier – nicht, dass einem nach dem Aufstieg kühl wäre. Weiter geht es mit Weiß-Gelb-Weiß Richtung **Jonsdorf,** nun wieder abwärts, mal rechts, mal links, vorbei an der ein oder anderen Aussicht. Wir ignorieren alle Schilder Richtung Nonnenfelsen, bis wir an einer Abzweigung die Ausschilderung **Dachssteinweg Nonnenfelsen** nach rechts finden. Dieser folgen wir 600 Meter stetig abwärts und erreichen dann den geschotterten, breiten **Hohlsteinweg,** an dem wir uns nach links wenden. Schon kurze 200 Meter weiter zweigen rechts zwei Wege spitzwinkelig ab. Auf den vorderen verweist die Auszeichnung Mönchsloch, daneben lockt schon das Hinweisschild zum **Berggasthof.** Wir wählen den hinteren der beiden Wege, steigen über Steinstufen nochmal 15 Meter hinauf, passieren die Steinformation Krokodil und erreichen den **Nonnenfelsen,** an dem uns eine Stahltreppe zum **10 Berggasthof** hinaufführt. Der Außenbereich ist von hohen Kletter- und Aussichtsfelsen eingerahmt. (Bei Schankschluss wird auch der Zugang zum Außenbereich geschlossen. Wenn Einzelne aus der Wandergruppe noch den Aussichtsfelsen erkunden, sollte man im Zweifel verabreden, an welchem Ausgang man sich trifft.) Der größte Teil der Wanderung liegt nun hinter uns. Wir können also verweilen und die sehr lohnenswerten Aussichtsfelsen erklimmen, von denen man

*Nonnen und Mönche regten die Fantasie der Gläubigen früherer Zeiten oft an. In den* ***Nonnenfelsen*** *sahen sie die Gestalt von Nonnen in ihrem Habit. Andere meinten, dass hier zwei Nonnen ob ihrer irdischen Liebe bestraft und in Stein verwandelt wurden.*

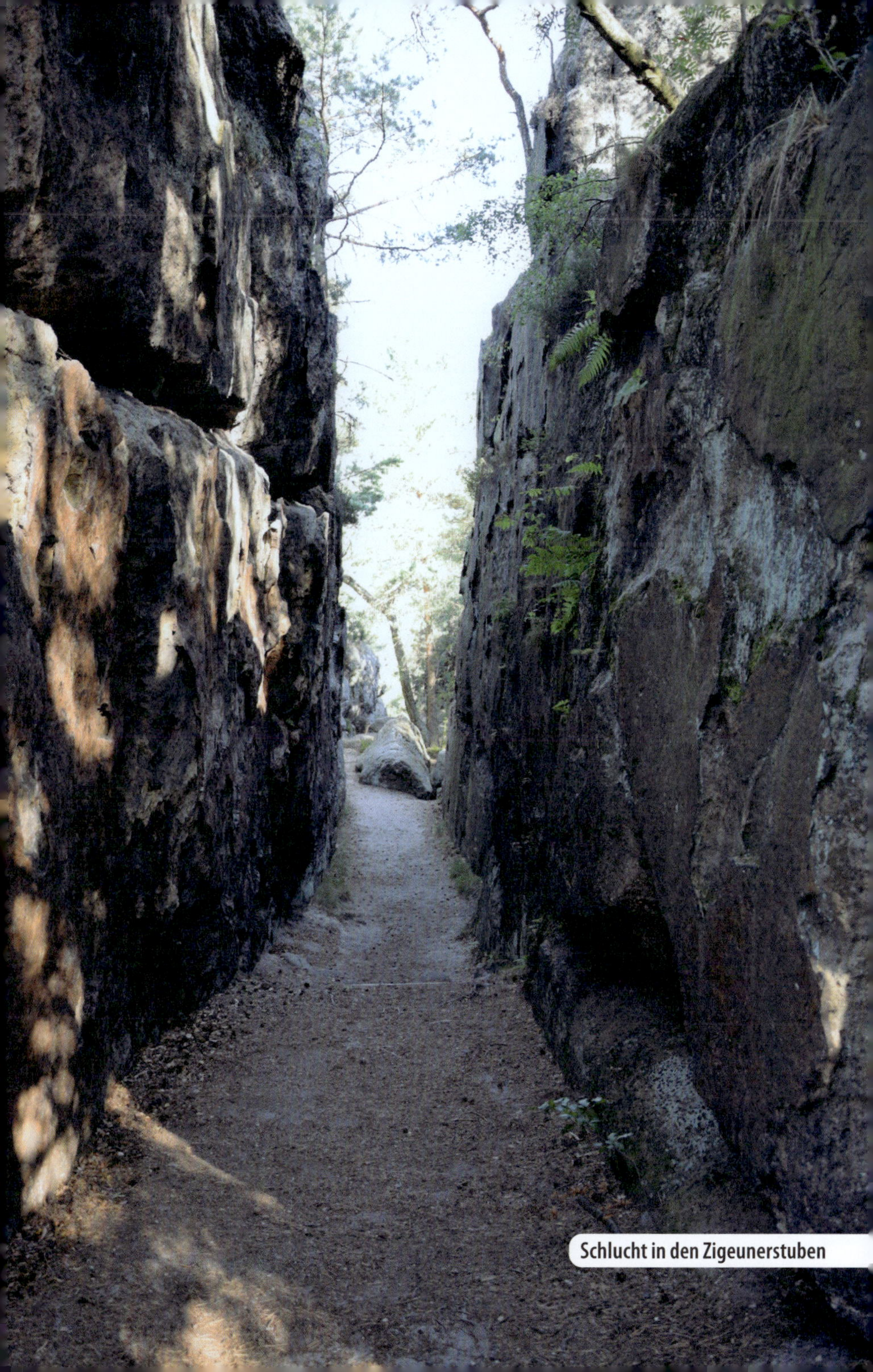

Schlucht in den Zigeunerstuben

unter anderem hinüber zum Carolafelsen und nach Jonsdorf schauen kann.

Für den Rest des Weges folgen wir Weiß-Blau-Weiß Richtung **Zigeunerstuben** – die man heutzutage wohl nicht mehr so nennen würde. Diese **11 Zigeunerstuben** sind eine imposante Sandsteinformation, durch die der Weg mitten hindurchführt, am eindrucksvollsten durch eine kleine Schlucht, in die wir tief eintauchen und die – wie sonst? – Zigeunerwand heißt. Wieso in früheren Zeiten fahrendes Volk hier gehaust haben sollte, bleibt unklar; Stuben sind das nicht! Bald darauf erreichen wir die **Großschönauerstraße** in Jonsdorf, biegen rechts ab und gelangen nach 250 Metern in einer Linkskurve an unseren Parkplatz.

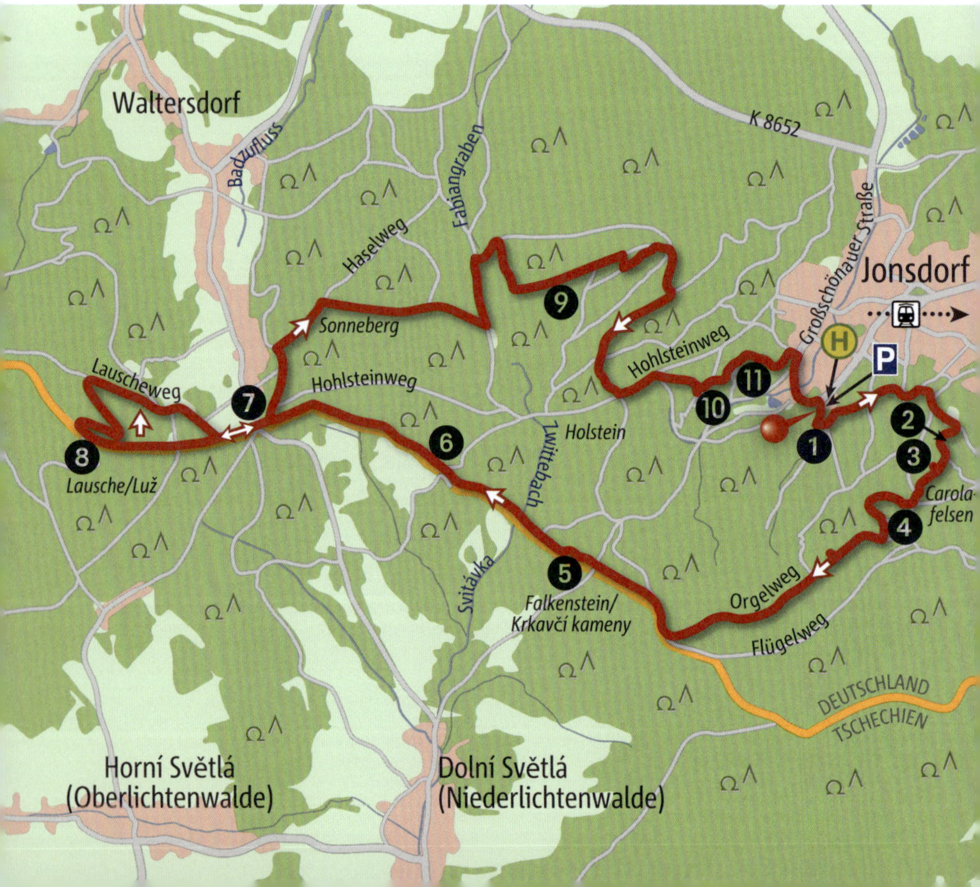

# ALLES AUF EINEN BLICK

Entspannung ●●●●○
Abenteuer ●●●●●
Vielfalt ●●●●○

### WIE & WANN

**Meist Waldwege, teils unmarkierte Schneisen, für kurze Strecken Schotterwege, in den Dörfern Asphalt. Am besten März bis Oktober. Der Aufstieg zur Lausche ist steil und kräftezehrend, kann aber ausgelassen werden.**

### HIN & WEG

**Auto:** Parkplatz Waldbühne, Großschönauer Straße 43, 02796 Jonsdorf
**ÖPNV:** Bushaltestelle Kurort Jonsdorf, Gondelfahrt

### ESSEN & ENTSPANNEN

7 **Hotel Rübezahlbaude,** Hauptstraße 165, 02799 Großschönau/OT Waltersdorf, Tel. (03 58 41) 33 90, www.ruebezahlbaude.de

10 **Berggasthof Nonnenfelsen,** Lauscheweg 11, 02796 Jonsdorf, Tel. (03 58 44) 7 63 00, www.berggasthof-nonnenfelsen.de

### ENTDECKEN & ERLEBEN

1 Schwarzwasserquelle
2 Bärlochfelsen
3 Carolafelsen mit Aussicht
4 Schwarzes Loch
5 Falkenstein
6 Cotta-Weg
8 Lausche
9 Buchberggipfel
11 Zigeunerstuben

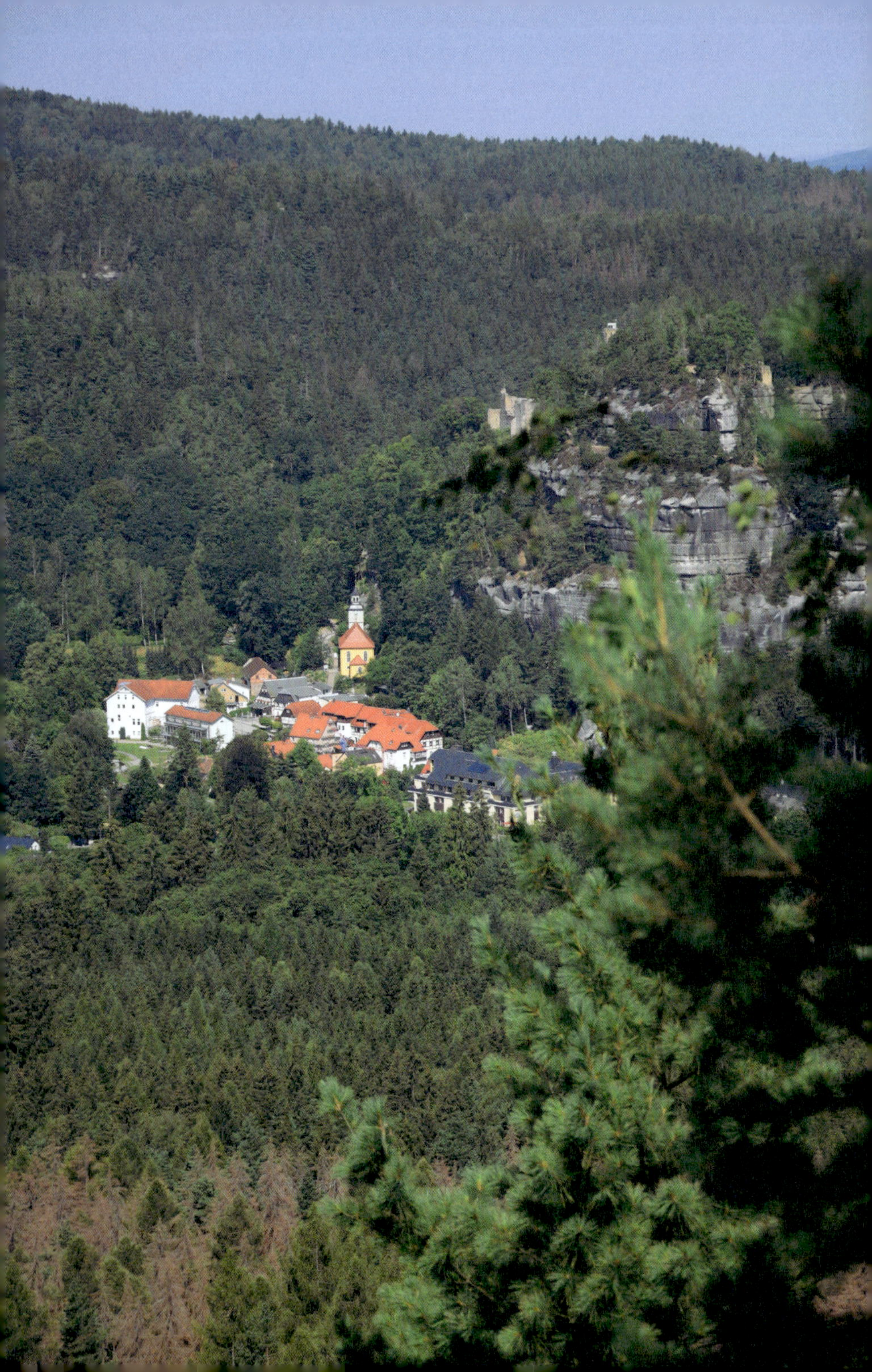

# Gebilde in Stein

## Um Oybin

Vom Pavillon am Parkplatz nehmen wir die **Bürgerallee,** die bald zu einem angenehm beschatteten Waldweg wird. Mit Weiß-Grün-Weiß geht es Richtung **Kelchstein.** Zunächst passieren wir mit den Rosensteinen die ersten imposanten Sandsteinformationen – eine Einstimmung. Bald darauf gerät der ❶ **Kelchstein** selbst in den Blick. Die ausgewaschenen Sandsteingebilde um Oybin haben zu zahlreichen Fantasienamen geführt: Die Taube und die Brütende Henne werden wir später noch in Augenschein nehmen.

Ein kurzes Stück geht es noch mit Weiß-Grün-Weiß bis zum **Brandsteinweg.** Hier verlassen wir Weiß-Grün-Weiß und folgen dem unmarkierten Pfad geradeaus den Hang hinauf. Keine 50 Meter weiter stößt er auf den geschotterten **Wiesenweg**, dem wir nach links folgen, bis wir an einer Gabelung am rechten, oberen Weg auf Weiß-Gelb-Weiß stoßen und mit dieser Markierung ein kurzes Stück bis zum Abzweig zur **Großen Felsengasse** stramm aufsteigen. Nun nehmen wir bis zum **Töpfer** den gelben Punkt. Zunächst geht es über Treppen weiter hinauf. Wir passieren den Muschelsaal – wer wohl darauf gekommen ist? – und finden uns bald zwischen auf beiden Seiten aufragendem Sandstein wieder: wahrlich eine ❷ **Große Felsengasse!** Linker Hand bieten sich immer wieder Abstecher durch die Felsenwand an, die den Blick öffnen auf weitere skurrile Formen, Klettersteige und schöne Aussichten auf Oybin. Wir sind umgeben von Kartoffeln, Nasen, Elfen und anderen Fantasiegebilden, die aus den

**Kilometer:** 10
**Höhenmeter:** 510
**Stunden:** 4,5
**RUNDWEG**

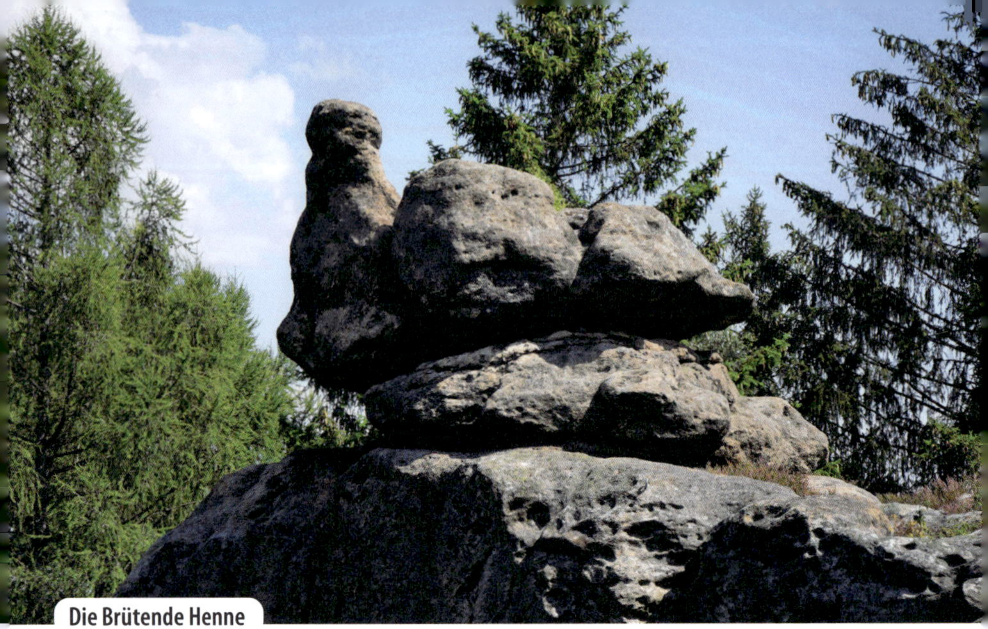

Die Brütende Henne

Felsen hervorlugen. Heidebüschel und Schwefelflechten tupfen zusätzlich Farbe ins Bild. Mit einem eigenen Hinweisschild versehen ist die **Taube.** Ob solcher Kurzweil erreichen wir unversehens die **Edmundshütte.** Weiter geht es nun durch lockeren Fichtenwald bis zum Rastplatz **3 Scharfenstein.** Hier lohnt unbedingt ein Abstecher hinauf zum Aussichtspunkt, den wir über Leiteranlagen erklimmen und von dem aus wir eine eindrucksvolle Rundumsicht genießen können. Durch die **Kleine Felsengasse,** teils über Felsstufen, teils über Waldboden, dessen Fichtennadelbett in der Wärme des Tages duftet, gelangen wir zum Abzweiger **4 Böhmische Aussicht,** für die wir den gelben Punkt kurz verlassen. Der weite Blick zum Iser-, Jeschken- und Riesengebirge lohnt diesen kurzen Abstecher von knapp 200 Metern allemal. Zurück an der Abzweigung folgen wir erneut dem gelben Punkt das letzte Wegstück bis zur **5 Töpferbaude** auf dem gleichnamigen Stein. Dabei passieren wir noch die **Brütende Henne.**

Am Töpfer haben wir ungefähr die Hälfte der Tour geschafft, folglich eine Pause verdient und müssen uns nur noch zwischen dem Restaurant und der Imbissbude entscheiden. Ausgeruht gibt es auf dem Töpfer einiges zu entdecken, nicht zuletzt das Felsentor, an dem vorbei wir über Stiegen auf den Gipfel klettern können. Neben dem Felsentor setzen wir unseren Weg fort und beginnen auf der **Krieche** mit Weiß-Gelb-Weiß Richtung **Teufelsmühle** den Abstieg. „Beschwerlich" steht auf dem Schild, wirklich kriechen muss man aber nicht, auch wenn es auf engem Pfad steil abwärtsgeht. Nach einigen Stufenanlagen wird der Abstieg flacher. Hin und wieder hören wir die alte Schmalspurbahn über die Gleise rollen und tuten. Wir ignorieren alle Abzweigungen, die auf verschiedenen

**Für die Seele**

**Fantastische Steinwesen und weite Blicke: Für dieses Duett braucht es Muße und Geruhsamkeit.**

Auf den Scharfenstein

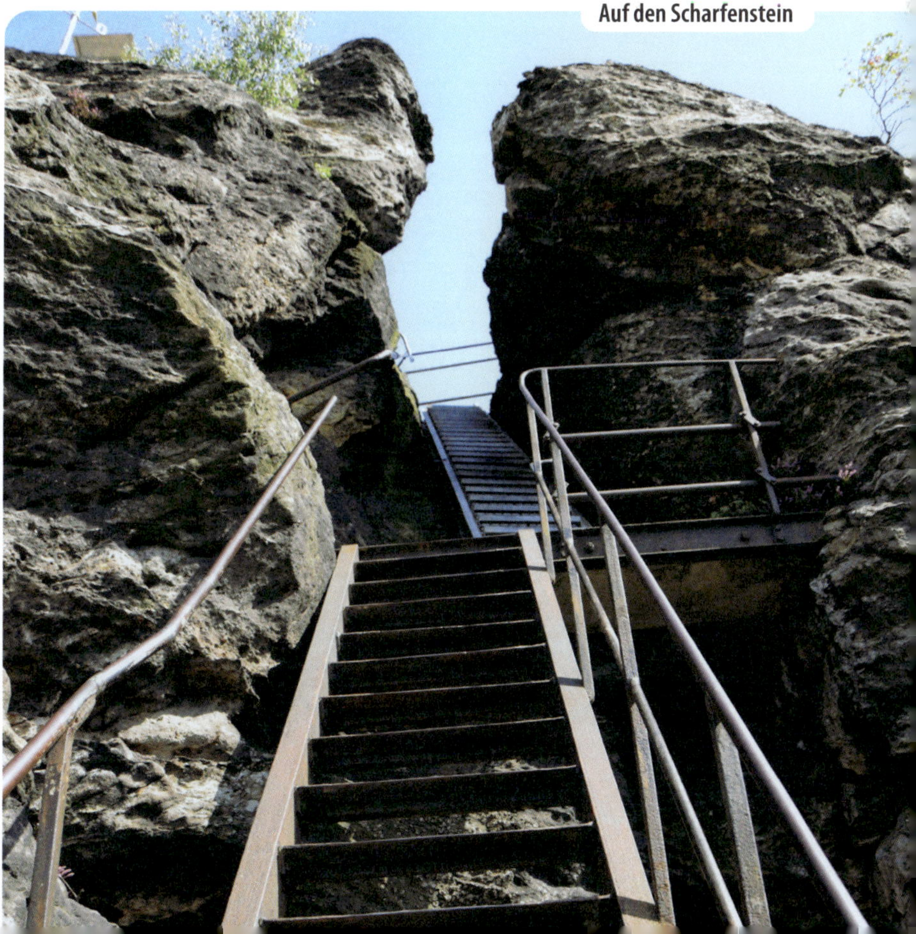

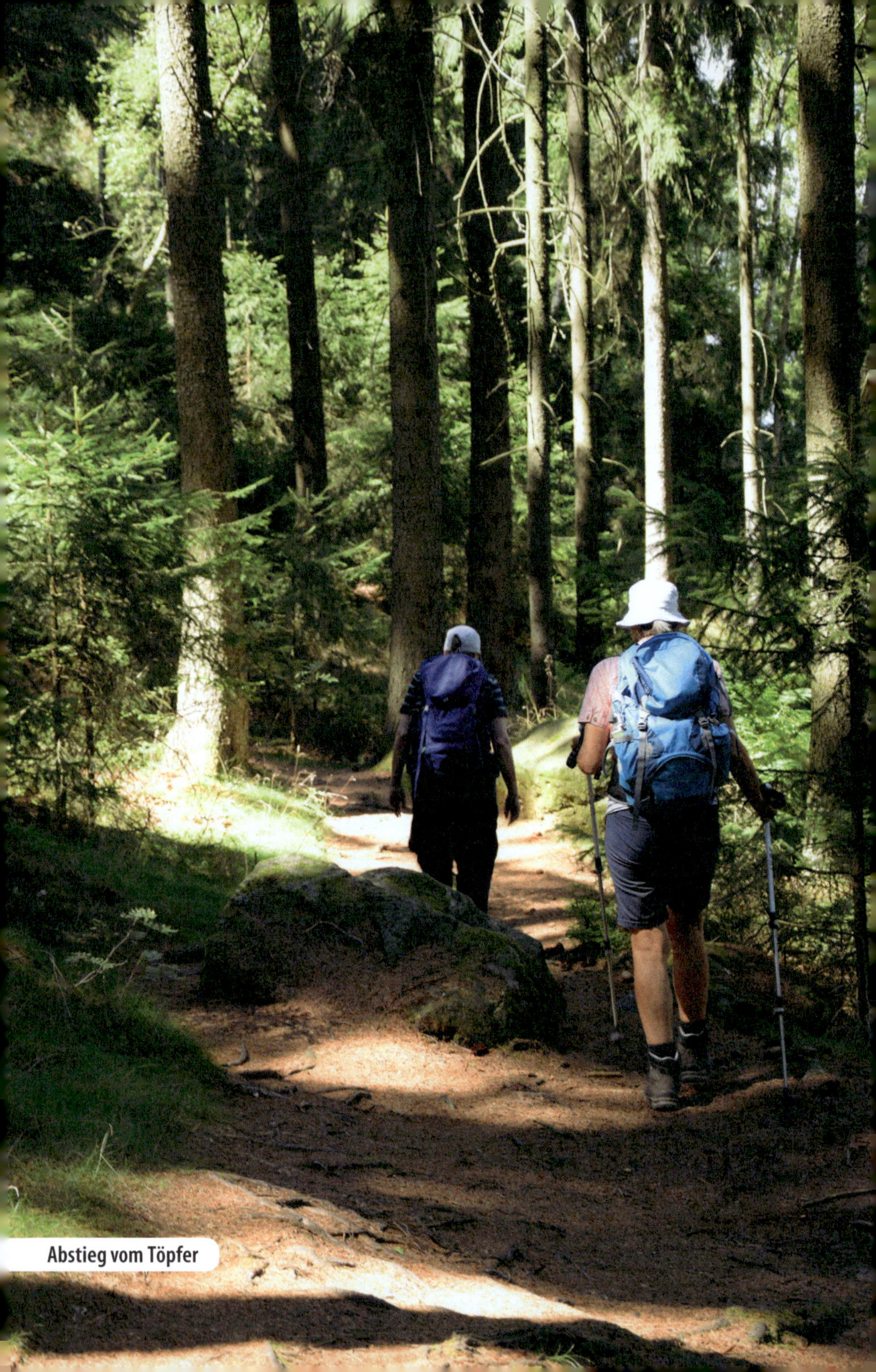

Abstieg vom Töpfer

Wegen Richtung Töpfer zurückweisen, und erreichen nach einiger Zeit die Talsohle am **Hp Teufelsmühle.** Hier queren wir die Schienen und gehen etwa 50 Meter die **Friedrich-Engels-Straße** nach rechts, bis wir links ein paar Stufen sehen, die von der Straße abzweigen. Diese führen uns zunächst zu zwei Gedenksteinen zur Erinnerung an herrschaftliche Besuche. Am 18. Mai 1665 weilte Kurfürst Johann Georg II. (1613–1680) hier, am 19. Oktober 1829 König Anton I. von Sachsen (1755–1836).

Parallel zur Straße führt ein unscheinbarer Pfad ins Dickicht, der bald eine Linkskurve beschreibt, dann aus dem Dickicht in lichten Fichtenwald führt und alsbald steil emporsteigt. Fast oben treffen wir auf einen Querweg und gehen nun wieder mit dem gelben Punkt nach links, zunächst am **Einsiedlerstein** vorbei. Bald passieren wir den **Robertfelsen** und werden von dort Richtung Götzenstein geführt. Auch dieser Höhenweg bietet vielfache Gelegenheit zu kurzen Abstechern mit herrlichen Aussichten, mal auf den Töpfer, mal auf den Ort Oybin. Allerdings erkennt man auch abgestorbene Flächen am gegenüberliegenden Hang. Oftmals geht man auf einem Bett von trockenen **Fichtennadeln** unter toten Bäumen entlang. Das duftet einerseits betörend in der Wärme und ist angenehm weich, andererseits aber brandgefährlich.

Um den **6 Götzenstein** werden wir fast einmal ganz herumgeleitet. Auf der Rückseite befindet sich ein Aussichtsfelsen, diesmal nach Norden. Kurz darauf passieren wir den **Gipfel des Ameisenbergs** auf 581 Metern und sollten die zerklüfteten Steingebilde nicht verpassen, die **7 Felsenstadt.** Allmählich senkt sich der Weg wieder, und wir erreichen mit der **8 Bastei** eine weitere Aussicht, diesmal auf die Klosterruine auf dem Oybin. An der nächsten Wegkreuzung biegen wir mit dem gelben Punkt rechts ab Richtung **Katzenkerbe,** nehmen bei der Gabelung wenige Meter weiter den oberen Waldweg und erreichen zügig den angekündigten

*Trockenheit, Borkenkäfer, Versauerung und Luftschadstoffe setzen den **Fichten-** und Kiefernbeständen zu. Neben schon vorhandenen Buchen und Birken werden daher vermehrt Douglasie, Bergahorn, Vogelkirsche, Weißtanne und Haselsträucher angepflanzt.*

Durchstich durch ein Felsmassiv. Kerbe: Das ist offensichtlich. Aber Katze? Dahinter geht es mit dem gelben Punkt links ab Richtung **Pferdeberg.** Das scheint hier die Tierseite von Oybin zu sein: Ameisenberg, Katzenkerbe, Pferdeberg! Nachträglich fällt nun auf, dass schon vorher die Abfolge Teufel – Einsiedler – Götze ein hübsches Thema gab. An aufragenden Felsen vorbei gelangen wir zur nächsten Abzweigung, an der wir uns nach links, mal wieder mit Weiß-Gelb-Weiß, Richtung **Burg und Kloster Oybin** wenden. Der Pfad schlängelt sich den Hang hinunter und trifft in waldiger Talsohle auf den breiten Hausgrund, auf dem wir uns erneut nach links wenden, um nach etwa 200 Metern linker Hand auf die, wenngleich recht modern eingefasste **Quelle** eines anscheinend namenlosen Baches zu stoßen, der wenig weiter den **Hausgrundteich** speist. Die Hinweise auf ein Wasserschutzgebiet sind ernst zu nehmen; dennoch kann man wohl die Trinkflaschen mit dem frischen, kühlen Nass auffüllen. Kurz vor dem Hausgrundteich weist uns ein Schild nach rechts zu **Burg und Kloster.** Vorbei an einem hölzernen Ritter geht es nochmal einige Stufen hinauf, und wir erreichen den Eingang zu **Burg und Kloster Oybin,** die eine Besichtigung wert sind, schon weil sie sich als Motiv bei den Romantikern wiederfinden. Allerdings kann man darin gut und gerne einen halben Tag verbringen; fraglich also, ob dafür jetzt noch genug Muße und Ausdauer vorhanden ist. So folgen wir am kleinen Parkplatz dem Schild zur **Ritterschlucht** nach

*Die 1709 von Johann G. Scholze erbaute **Bergkirche** passt sich der Form der Felsen an. Die Gemeinde schaut von ihren Bänken auf den Altar herab wie in einem Hörsaal. Sehenswert ist unter anderem die mit Grisaillemalerei gestaltete Holzkassettendecke.*

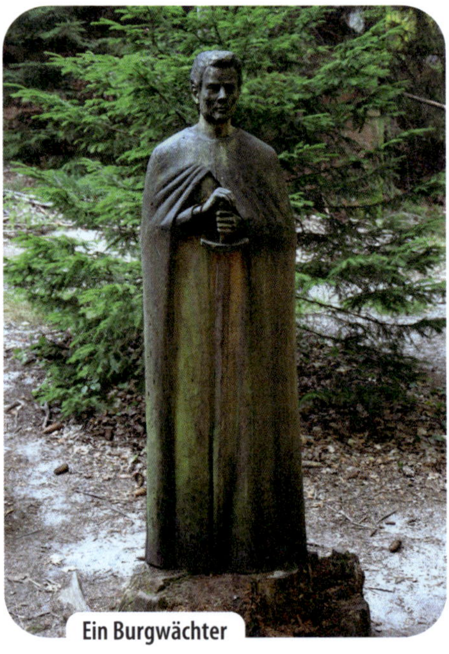

Ein Burgwächter

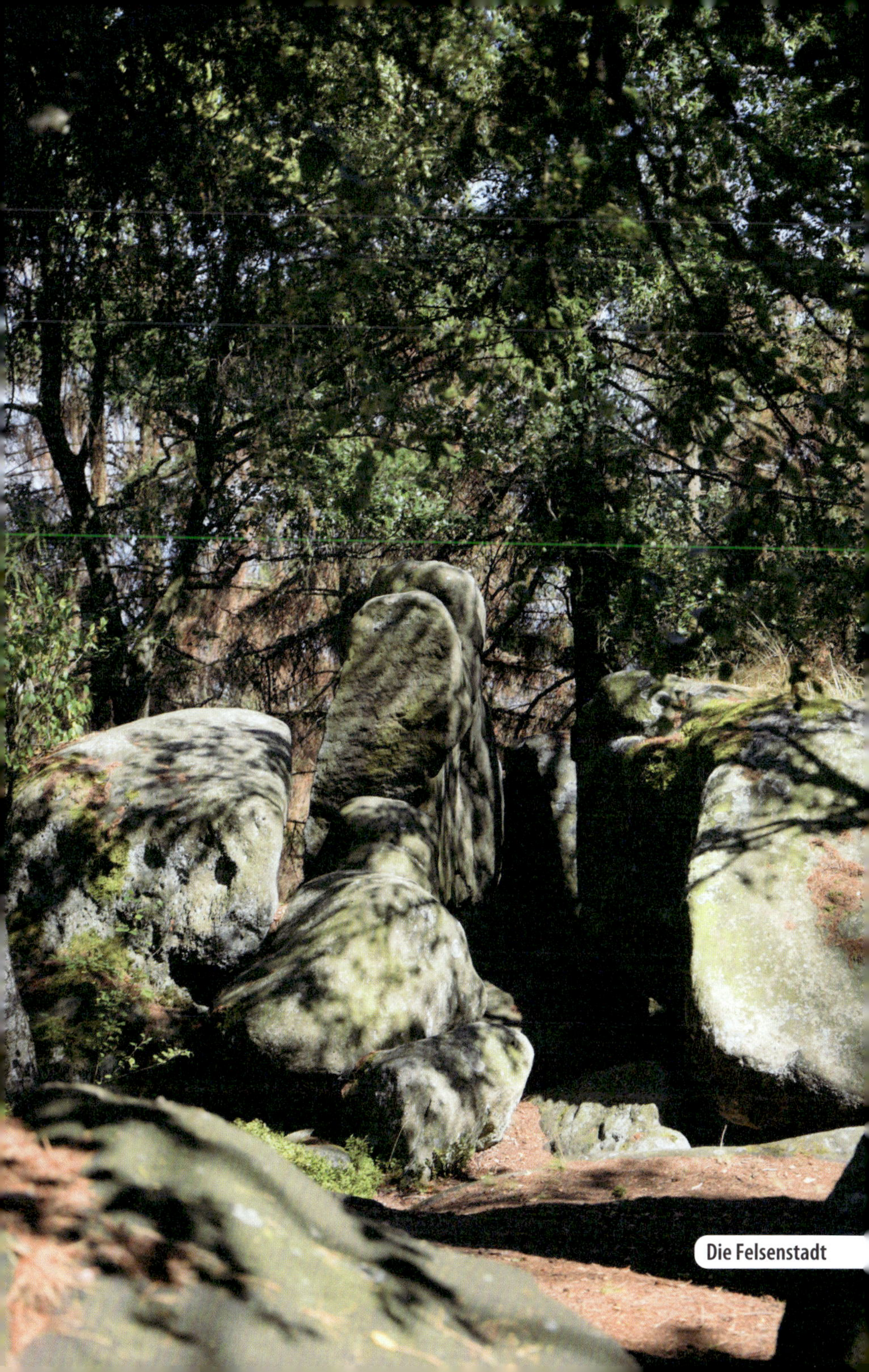

Die Felsenstadt

rechts und werden am hinteren Ende des Parkplatzes hinabgeleitet in eine enge, tiefe und im Sommer angenehm kühle Schlucht, deren Wände teils bemoost sind. Am unteren Ende sind wir schon fast im Ort und passieren die sehenswerte **9 Bergkirche.**

Wenige Meter weiter erreichen wir die **Hauptstraße** von Oybin und können uns im **10 Eiscafé Bellino** erholen, das wir wenige Schritte nach links finden. Von hier sind es nur noch 300 Meter bis zum Parkplatz. Gleich gegenüber vom Eiscafé nehmen wir den **Dammweg** und lassen den Teich rechts von uns. Auf Höhe des Teiches geht es links die Stufen hinunter auf einen Fußweg, der etwa 30 Meter oberhalb des Parkplatzes auf die **Kammstraße** trifft.

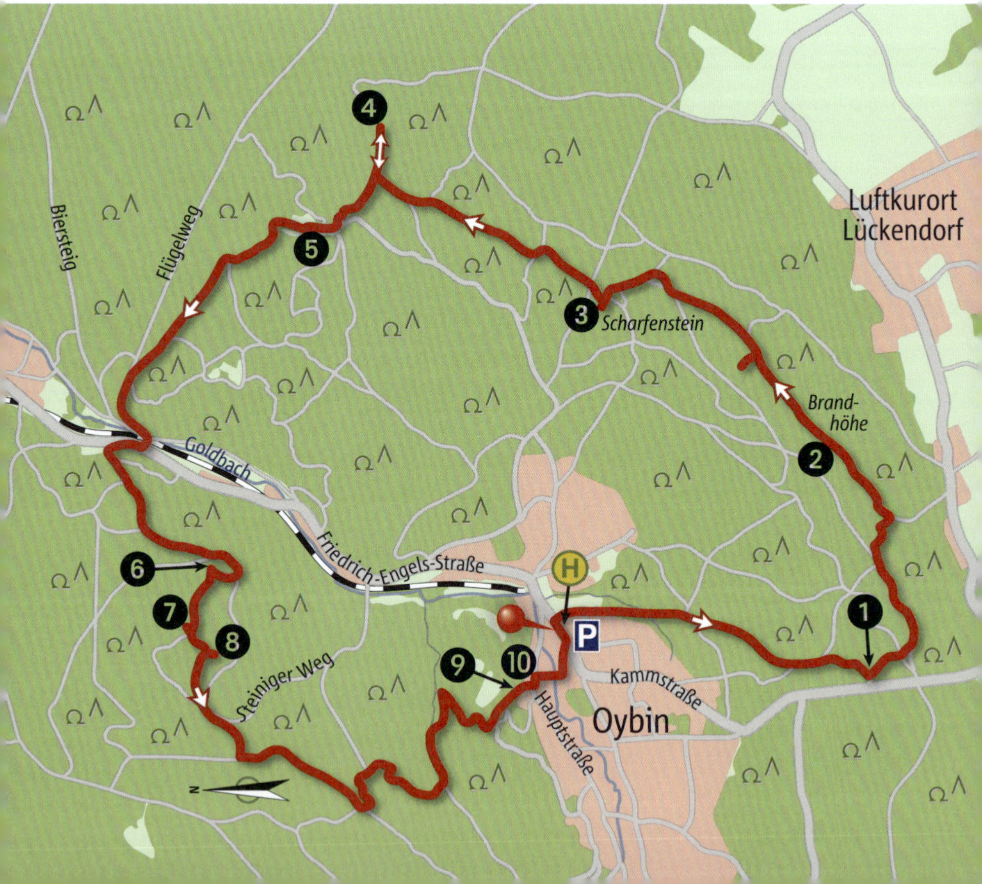

# ALLES AUF EINEN BLICK

Entspannung
Abenteuer
Vielfalt

## WIE & WANN

Meist Waldwege und teils fordernde Waldpfade, in Oybin kurze Stücke Straße. Ganzjährig möglich, bei Schnee und Eis besser meiden. Besonders an Wochenenden kann es voll werden. Die vielen Abstecher zu den Aussichtspunkten können die Wanderzeit erheblich verlängern.

## HIN & WEG

**Auto:** Parkplatz am Oybin, Zur Bürgerallee 12, 02797 Oybin
**ÖPNV:** Bushaltestelle Oybin Parkplatz

## ESSEN & ENTSPANNEN

5 **Töpferbaude,** Töpferstraße 17, 02797 Oybin, Tel. (03 58 44) 7 23 31, www.toepferbaude.de
10 **Eiscafé Bellino,** Hauptstraße 14, 02797 Oybin, Tel. (03 58 44) 7 67 56

## ENTDECKEN & ERLEBEN

1 Kelchstein
2 Große Felsengasse
3 Scharfenstein
4 Böhmische Aussicht
6 Götzenstein
7 Felsenstadt am Ameisenberg
8 Bastei
9 Bergkirche

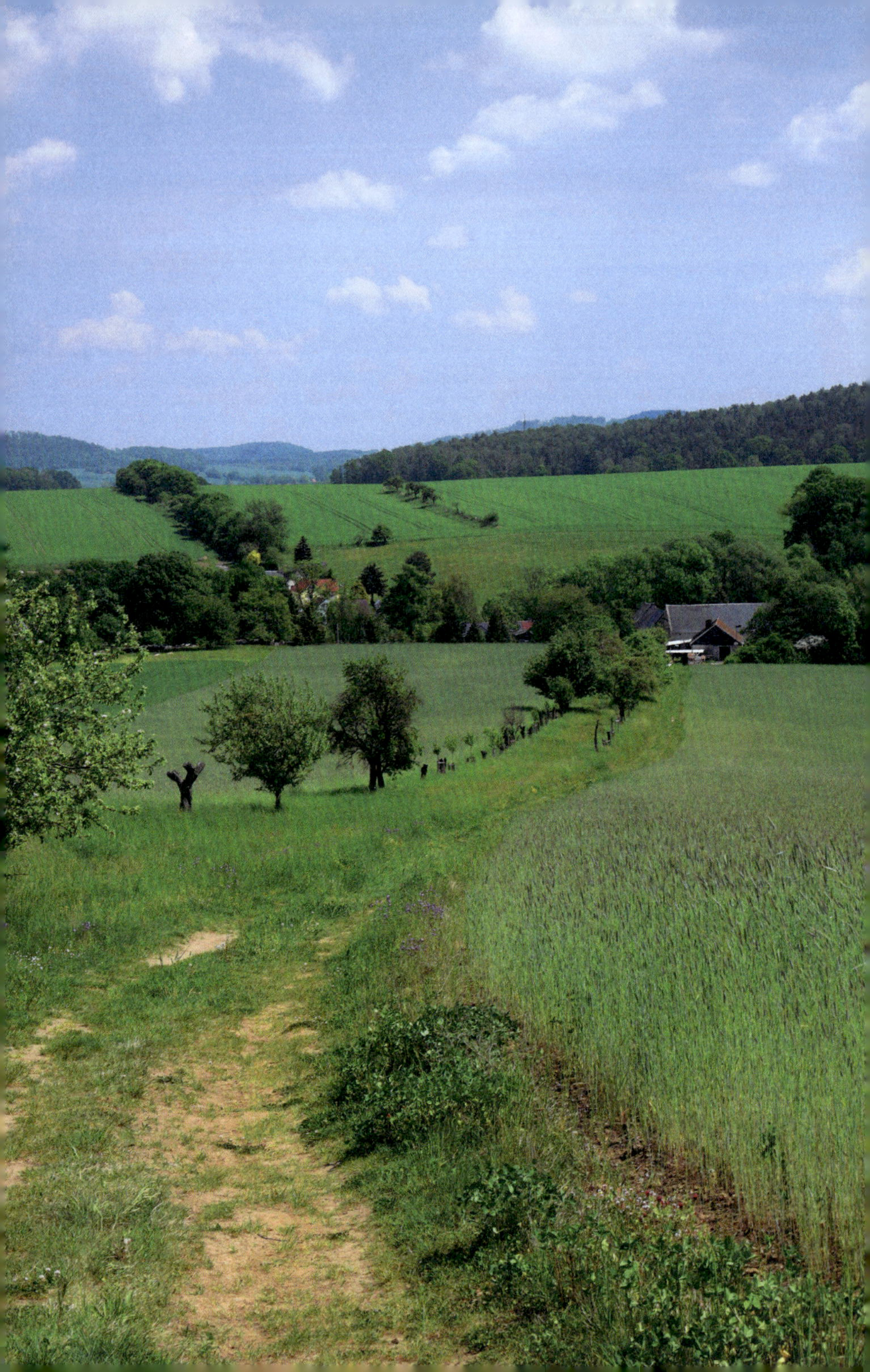

# Alleenblicke

## Oberlichtenau und Keulenberg

Die Wanderung beginnt an der **Wegsäule** am Dammweg, Ecke Großnaundorfer Weg, vor dem Feuerwehrhaus. Von der Säule folgen wir der **Großnaundorfer Straße** zwischen den Teichen hindurch, biegen fast sofort links in die Straße **Am Schloßpark** und nach wenigen Schritten rechts Richtung **Bibelgarten** in die Gasse **Am Dorfteich.** Nach einer Linkskurve finden wir den Eingang zum ❶ **Barockschloss Oberlichtenau.**

Links erhebt sich das Hauptgebäude, rechts öffnet sich der Blick über den Rosengarten und den Teich dahinter. Unser Weg führt uns am Teich vorbei zum hinteren Ausgang an der Großnaundorfer Straße. Hier finden wir auch die erste Tafel des **Deutschen Liederwegs** ❷, dem wir mehrfach begegnen werden. Die Tafeln zeigen den Liedtext und bieten Informationen zum Verfasser, hier *Am Brunnen vor dem Tore* von Wilhelm Müller (1794–1827).

Vom hinteren Tor kreuzen wir die Straße und folgen für einige Zeit dem grünen Balken in die **Lindenallee.** Knapp 50 Meter weiter biegen wir mit dem grünen Balken nach links, passieren bald den baumumstandenen Pfarrteich und genießen die sich öffnenden Panoramablicke. Nach mehreren gut beschilderten Rechts-links-Schwenken rückt eine Hütte in den Blick, zu der wir aber einen kurzen Abstecher machen müssen, denn der grüne Balken führt uns etwa 30 Meter entfernt an ihr vorbei. Wer bei *Muss I denn* oder bei Hoffmann von Fallerslebens *Und in dem Schneegebirge* nicht textsicher ist – der Abstecher zur Hütte hilft. Für

*Der 11 Kilometer lange* ***Deutsche Liederweg*** *hat 37 Stationen mit Liedtafeln. Melodien werden nicht geboten, aber selbst, wer nicht bewandert ist im Liedgut, wird einige Ohrwürmer kennen, wie Das Wandern ist des Müllers Lust oder Muss I denn.*

**Kilometer:** 12,8
**Höhenmeter:** 250
**Stunden:** 3,5
**RUNDWEG**

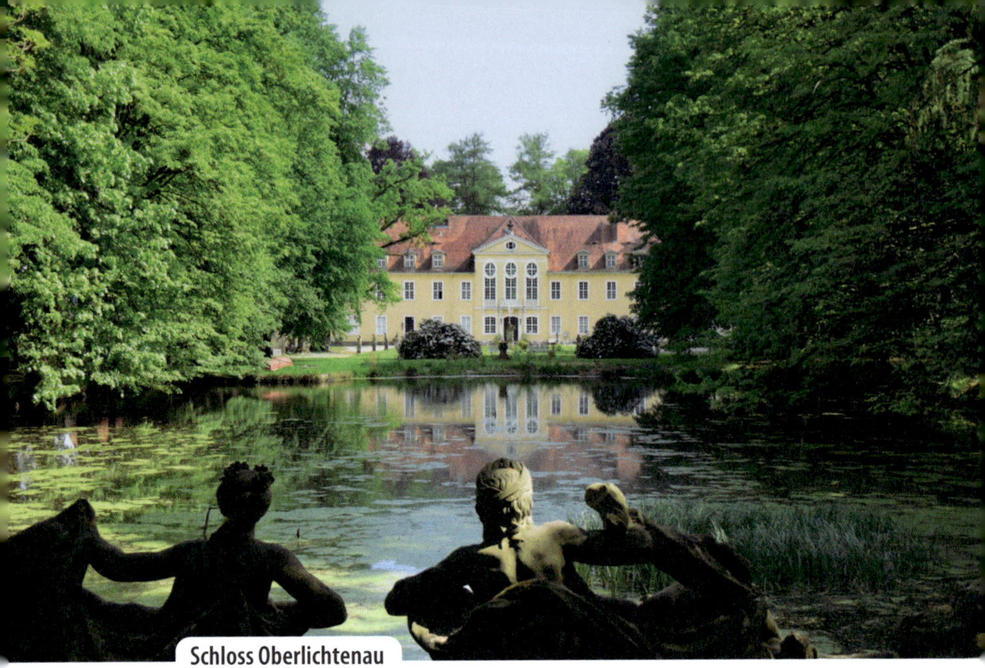

Schloss Oberlichtenau

*Graf Christian Gottlieb von Holtzendorff ließ 1724 bis 1730 das **Barockschloss Oberlichtenau** errichten. Der Garten ist teils im französischen, teils im englischen Stil ausgeführt. Ein mit QR-Codes versehener Lehrpfad vermittelt zahlreiche Kenntnisse.*

*Der **Keulenberg** mit seiner 413,4 und 390,1 Meter hohen Doppelkuppe wurde im Kambrium und in der Elstereiszeit geformt. Auf dem heute bewaldeten Berg zogen sich bis ins 17. Jh. Ackerflächen bis auf die Kuppe, wovon Steinwälle bis heute Zeugnis ablegen.*

einige Zeit verlassen wir nun den Liederweg, sodass dies vorerst die letzten Liedtafeln sind.

Wir folgen dem grünen Balken, der uns durch mal dichteren, mal lichteren Wald mit abwechslungsreichem Bestand geleitet, bis wir zu einer T-Kreuzung gelangen, an der der grüne Balken nach rechts abzweigt. Wir wenden uns indes nach links auf einen grasbewachsenen, unmarkierten Weg, der uns leicht abwärts in leichtem Rechtsbogen um den Kleinen Keulenberg herumführt. Beim nächsten breiten Forstweg biegen wir rechts ein, gewinnen wieder an Höhe und gehen nun mit Weiß-Rot-Weiß die verbleibenden 1,7 Kilometer hinauf auf den Keulenberg. Nach einem Drittel öffnet sich nach links der Wald und bietet eine schöne **3 Aussicht vom Kleinen Keulenberg,** die von Großnaundorf und dem Steinberg über den Karschberg bis hinüber nach Höckendorf und auf die Buchberge reicht. Immer Weiß-Rot-Weiß folgend, erreichen wir die **Keulenbergstraße** und müssen wohl oder übel die letzten 300 Meter auf Pflasterstein und Asphalt zurücklegen. Auf dem **4 Keulenberg** passieren wir ein paar Häuser und betreten durch ein Tor die Anlage, an der wir uns eine erste Rast wohl verdient haben. Bänke und Tische locken, ein Spielplatz, ein Aussichtsturm mit beeindruckendem Rundumblick, ein Obelisk für König Friedrich August I. von Sachsen (1750–1827), gestiftet zu seinem fünfzigsten Geburtstag, und auch eines der – mittlerweile umstrittenen – Bismarckdenkmäler. Als höchste Erhebung von hier bis zur Ostsee war der Keulenberg lange von strategischer Bedeutung, diente als Markierungspunkt für die königlich-sächsische Triangulation zur Landesvermessung und später als Basis für einen Funkturm.

**Für die Seele**

**Wir genießen Alleen und blicken über liebliche Landschaften. Der Deutsche Liederweg stimmt uns ein.**

Zwischen dem Obelisken und dem Imbiss geht der Weg weiter. Wir folgen nun für einige Zeit dem grünen Punkt Richtung **Niederlichtenau** – sowie zunächst einer ganzen Armada weiterer Zeichen. Nach zwei Abzweigungen, die wir jeweils nach rechts nehmen, sind alle anderen Zeichen wieder verschwunden, und wir wandern mit dem grünen Punkt frohgemut auf weichem Bett durch jüngeren Laubwald. Es ruft hier tatsächlich „Kuckuck“ aus dem Wald – das ist schon ein wenig zu klischeehaft, und wir vermissen eine Tafel zu dem Lied von Hoffmann von Fallersleben. Nachdem wir einen schneisenbreiten Waldweg gekreuzt haben, gesellen sich Fichten in den lichter werdenden Mischwald. Im Frühjahr erweitert blühender Ginster das Farbenspektrum. Erste Wiesenflächen öffnen sich, und nachdem wir an ein paar Abzweigungen weiter

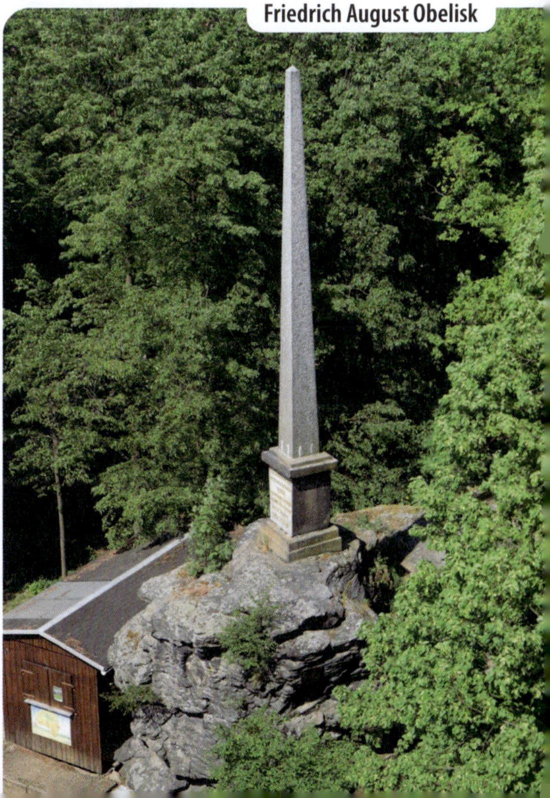

Friedrich August Obelisk

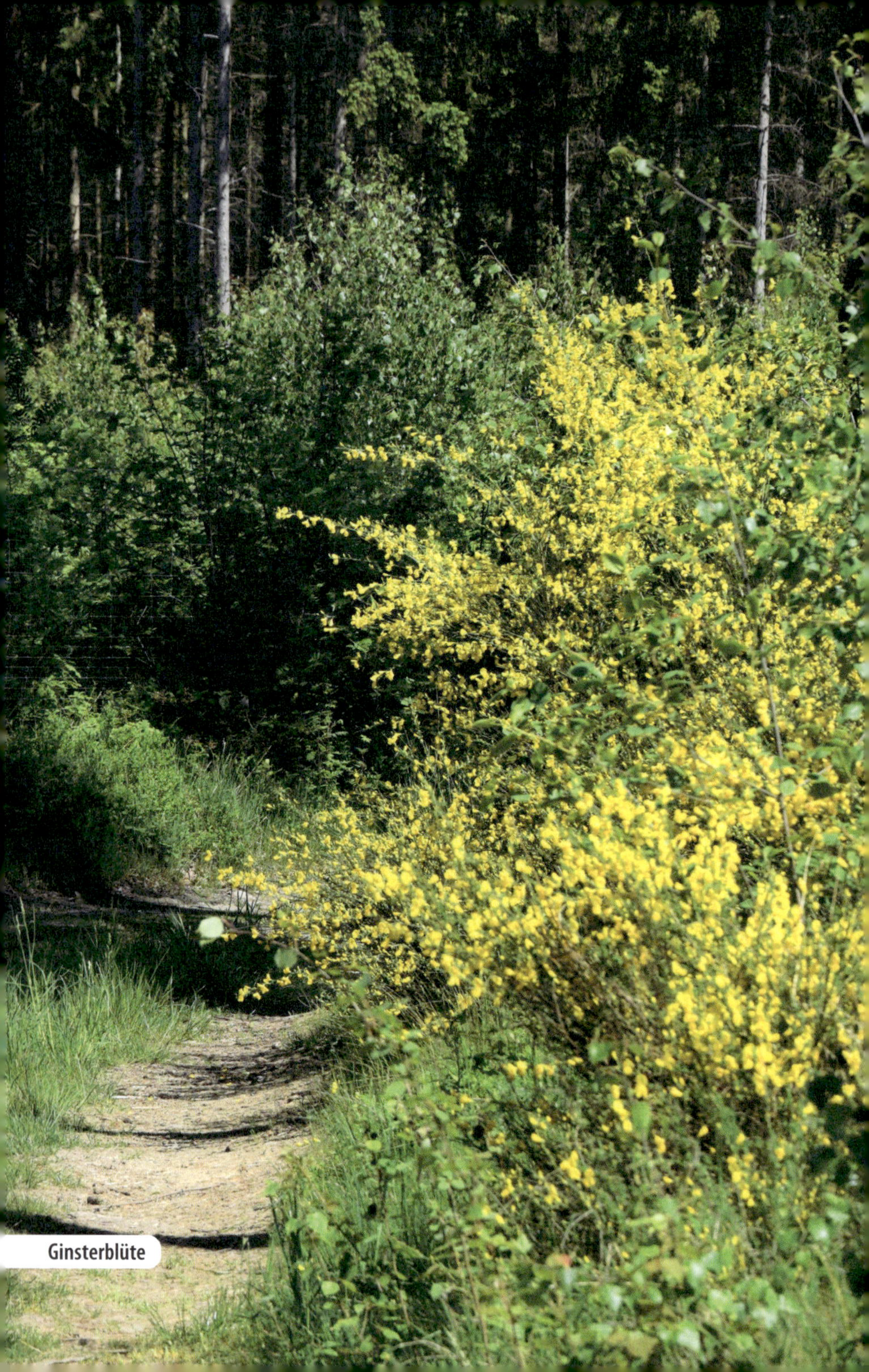
Ginsterblüte

dem grünen Punkt gefolgt sind, durchqueren wir die **5 Keulenwiesen.** Zu beiden Seiten entfalten sich blühende Wiesen, eingerahmt durch den fernen Waldessaum. Ein unscheinbares Rinnsal, der Keulfluss, zieht sich hindurch und erinnert daran, dass diese Wiesen der Trinkwassergewinnung dienen, wie auch die Reihe der Brunnen bezeugt, die in größeren Abständen wie Perlen an einer Schnur aufgereiht sind. Eine Bank verführt dazu, dieses Landschaftsjuwel länger zu betrachten.

Kurz nachdem wir wieder in den Wald eingetreten sind, erreichen wir den Gräfenhainer Weg, wenden uns mit Weiß-Blau-Weiß nach rechts, ehe wir nach knappen 100 Metern links einbiegen und hier auch unseren grünen Punkt wiederfinden. Zunächst geht es noch durch relativ dichten Laubwald, ehe wir aus dem Wald heraustreten und wieder auf den Liederweg treffen, zunächst mit Freiherr von Eichendorffs *Wem Gott will rechte Gunst erweisen*. Leicht nach rechts versetzt gehen wir fast geradeaus weiter und folgen einer Allee, die mitten durch die Felder führt. Es öffnen sich einige weitreichende Blicke nach links durch die Alleebäume auf Reichenbach und den Hutberg sowie kürzere Blicke nach rechts über die Felder und zurück auf den Keulenberg. Mehr als einen Kilometer wandern wir diese Feldallee entlang, was in praller Sonne durchaus anstrengend sein kann. Wir erreichen die Siedlung **Niederlichtenau** am **6 Alten Melkhaus,** treffen dort auf die **Pulsnitztalstraße,** schlenkern nach rechts, nehmen quer gegenüber hinter einer Wegsäule den **Uferweg** nach links und schließlich nach wenigen Metern durch das Dorf den **Häslicher Weg** nach rechts. Unseren grünen Punkt finden wir ebenso wieder wie weitere Liedtafeln.

Schnell steigt der Weg aus dem Dorf heraus wieder an. Erneut wandeln wir auf einer Allee, dem **Viebigweg,** durch die Felder, diesmal die Bäume zu unserer Rechten. Links genießen wir die **7 Aussicht** Richtung

Breitenberg und Häslich. An der wohlbeschatteten Liedtafel mit August Disselhoffs *Nun ade, du mein lieb Heimatland* verlassen wir den grünen Punkt, wenden uns nach rechts auf den Schotterweg und bleiben dabei auf dem Liederweg. Mal öffnen sich rechts schöne Blicke über die geschwungenen Felder, mal gehen wir im schattigen Wald, bis wir nach mehreren Liedtafeln auf *Nun will der Lenz uns grüßen* des Grafen von Marcolini treffen. Ein Stück vor uns sehen wir eine T-Kreuzung. Wer erschöpft ist, kann hier einen guten Kilometer einsparen und bis zur T-Kreuzung vorgehen, verpasst aber die nächste Aussicht. Alle anderen nehmen direkt hinter Marcolinis Liedtafel den unmarkierten Waldweg nach links über den Folgenberg, der zumeist links an einem Schonungszaun vorbeiführt. Eine Reihe von Abzweigungen nach links ignorieren wir, bis der Weg sich gabelt. Die rechte Gabelung ist etwas unscheinbar, wir aber folgen dem breiteren, linken Pfad und wenden uns ca. 100 Meter weiter wieder nach rechts. Vorne wird der Waldrand als helles Loch im dunklen Wald sichtbar. Am Waldrand finden wir eine Hütte. Die **8 Aussicht vom Folgenberg** präsentiert uns einen Blick über Felder

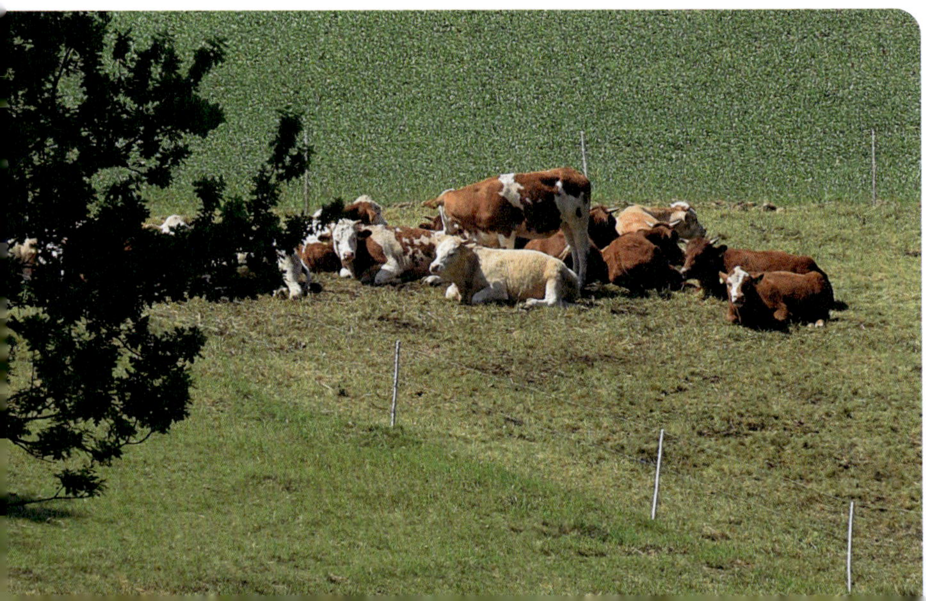

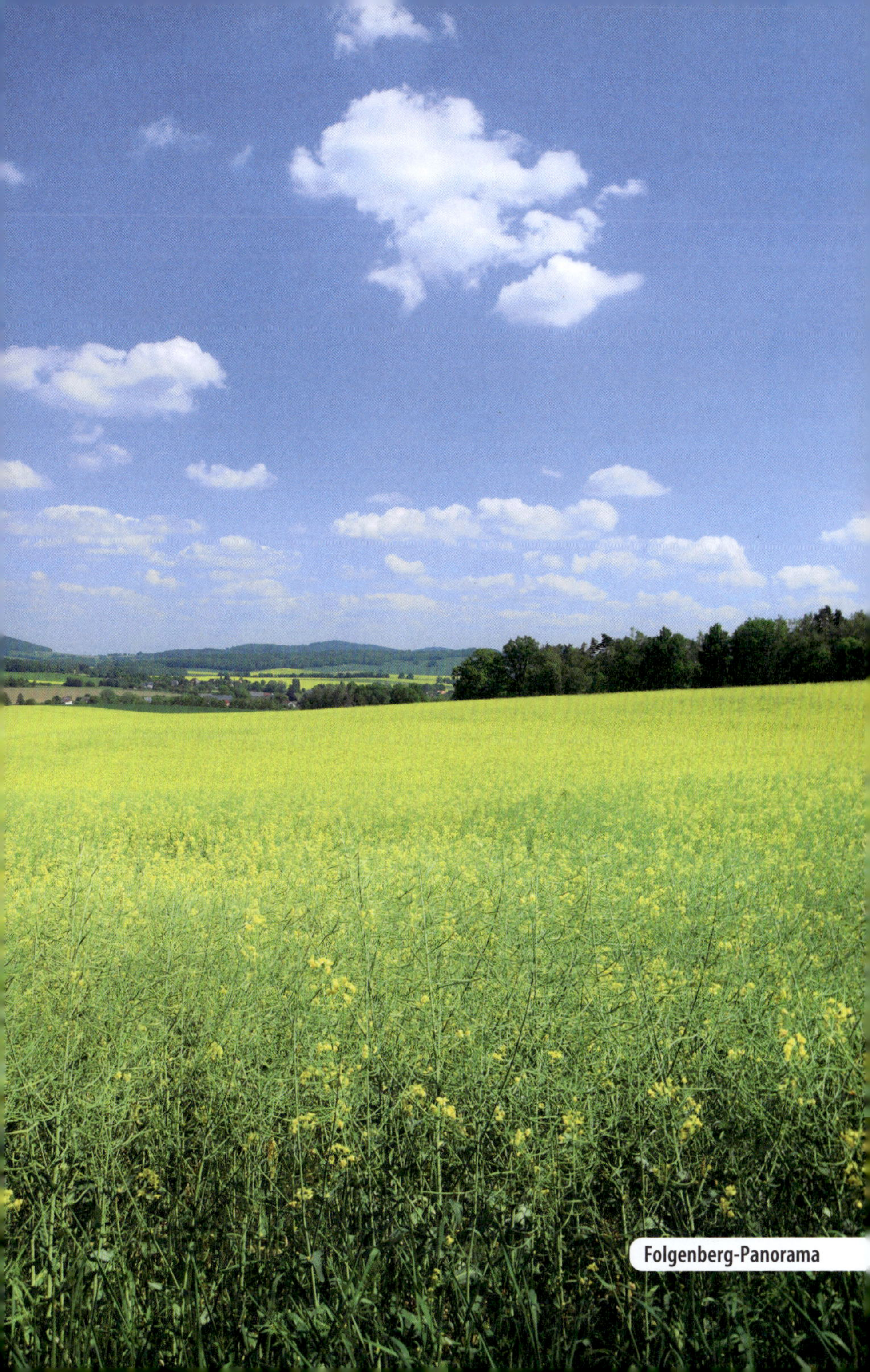
Folgenberg-Panorama

nach Gersdorf bis hin zum 413 Meter hohen Schwarzenberg.

Wir folgen nun Weiß-Grün-Weiß nach rechts zurück nach Oberlichtenau. Bald geht es erneut mit einer Allee durch die Felder. Hier treffen wir auf eine Unterabteilung des Liederwegs: den **9 Kinderliederweg.** Erschöpft wie wir sind, erweisen diese sich als besonders eingängig und kapern sogleich unser Bewusstsein. *Summ, summ, summ* und *Ein Männlein steht im Walde*, so summen wir über die **Obstallee** hinein nach Oberlichtenau. An der **Pulsnitztalstraße** wenden wir uns nach links und treffen schräg gegenüber auf die **Großnaundorfer Straße,** die uns nach wenigen Metern zurück zum Ausgangspunkt bringt.

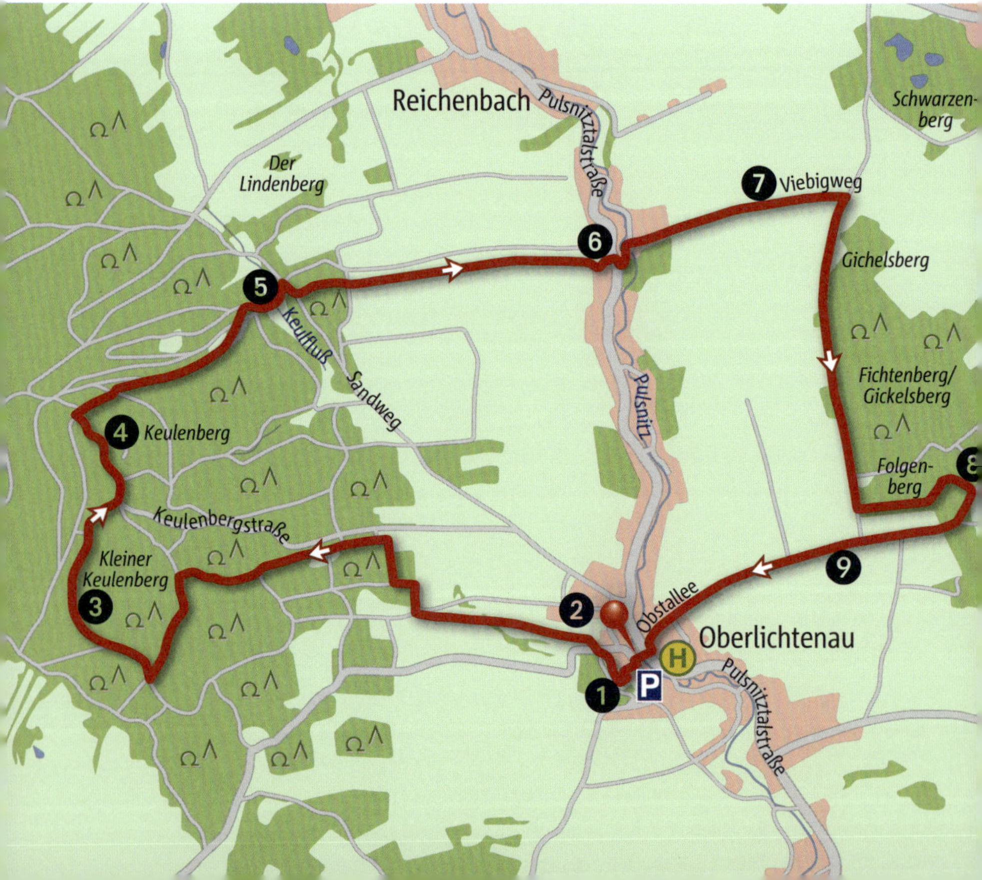

# ALLES AUF EINEN BLICK

Entspannung 4/5
Abenteuer 3/5
Vielfalt 4/5

**WIE & WANN**

**Meist weiche Wald- und Feldwege, in den Dörfern Asphalt. Ganzjährig möglich, am besten im Frühjahr.**

**HIN & WEG**

**Auto:** Parkplätze in 01896 Pulsnitz/OT Oberlichtenau, Ecke Großnaundorfer Straße/ Am Schloßpark oder Pulsnitztalstraße 47
**ÖPNV:** Bushaltestelle Oberlichtenau, Lindengasthof

**ESSEN & ENTSPANNEN**

4 **Goldene Wurzel, Keulenberg-Imbiß,** Keulenberg 2, 01936 Pulsnitz
6 Altes Melkhaus, Königsbrücker Straße 37 a, 01936 Pulsnitz
Aufgrund der eingeschränkten Öffnungszeiten bitte auch an Rucksackverpflegung denken!

**ENTDECKEN & ERLEBEN**

1 **Barockschloss Oberlichtenau**
2 **Deutscher Liederweg**
3 **Aussicht vom Kleinen Keulenberg**
4 **Keulenberg**
5 **Keulenwiesen**
7 **Viebig Panorama**
8 **Folgenberg Aussicht**
9 **Kinderliedweg**

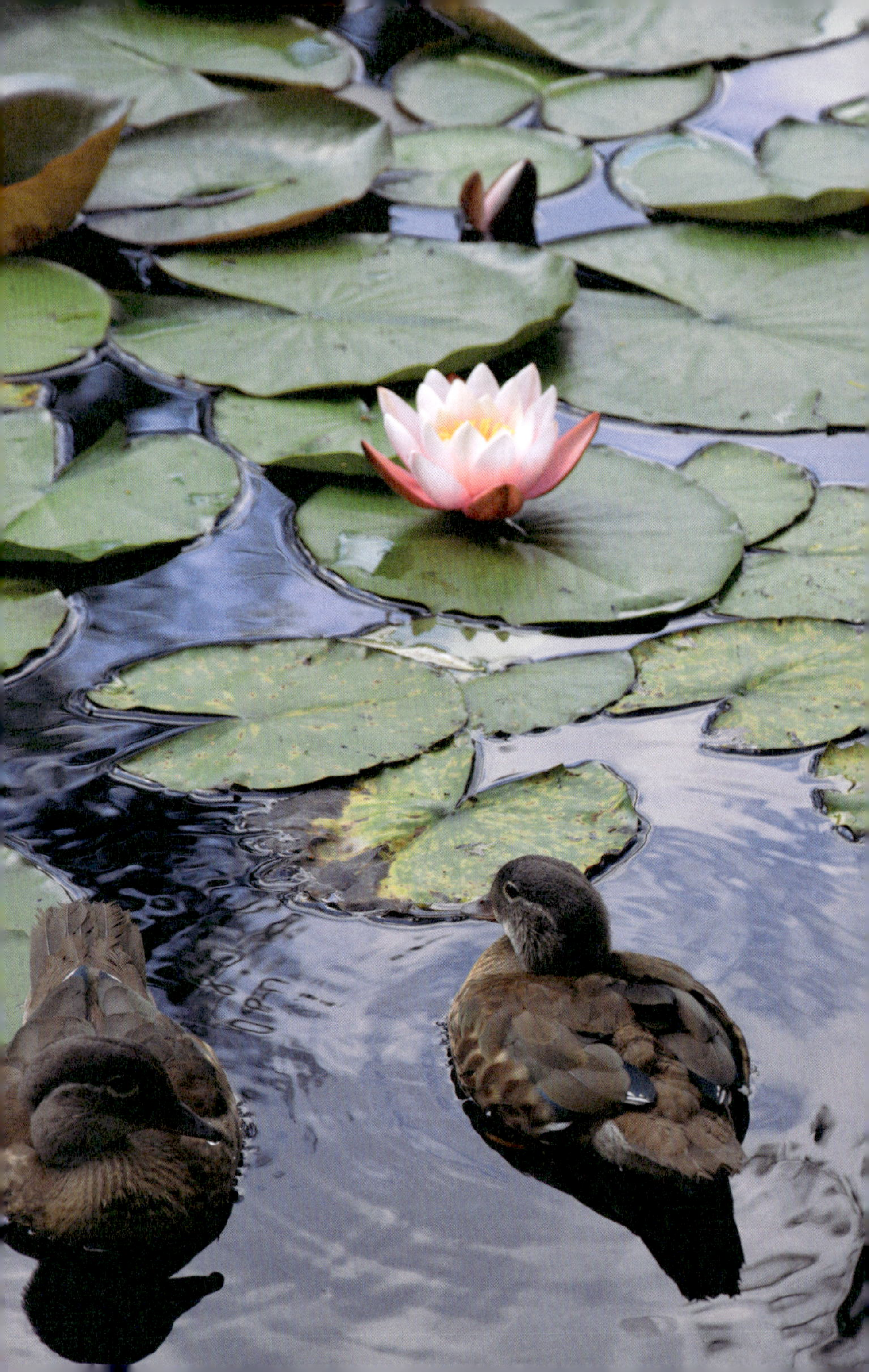

# Quellen und Sagen

## Um den Kottmar

Schräg gegenüber vom zweiten Hinweisschild zum Parkplatz finden wir einige Wanderschilder. Hier beginnt unsere Wanderung. Wir folgen dem **Sagenpfad** aus dem Dorf **Kottmarhäuser** hinaus. Bis zum Waldrand geht es noch auf Asphalt, dann wechselt der Untergrund zunächst zu einer geschotterten Waldpiste, bald darauf zu weicherem Boden. Gleich an der Waldkante treffen wir auf die erste Station des **❶ Sagenpfades,** einen Brunnen, der darauf verweist, dass nach alter Sage der Kottmar hohl und mit Wasser gefüllt sei.

*Um den Kottmar rankt sich eine Vielzahl von Sagen. Auf dem* ***Sagenpfad*** *werden zehn davon für Jung und Alt aufbereitet. So erfahren wir unter anderem vom Goldkeller, dem Kristallsarg, dem wilden Jäger Pan Dietrich und was der Teufel von der Gegend hielt.*

Etwas tiefer im Fichtenwald an der zweiten Station, der Sage von der Mara, führt unser Weg links ab Richtung **Aussichtspunkt Hänschberg.** Dort bietet sich mit dem **❷ Dreiländerblick** der erste Panoramablick dieser Wanderung, der über Eibau und das Zittauer Gebirge bis weit nach Polen und Tschechien hineinreicht. Vor dem Dreiländerblick steigen wir den Hügel steil hinunter und leicht nach links versetzt durch die Öffnung im Gebüsch zum Feldrand. Wir wenden uns nach rechts, gehen immer am Waldrand entlang und können die ganze Zeit den Ausblick über die Felder sowie über Eibau und Walddorf hinweg genießen. Nach etwa 300 Metern stoßen wir auf einen Querweg, der uns mit Blau-Weiß-Blau den Hang rechts hinauf in den Wald führt. Am Ende dieses ersten von mehreren halb überwachsenen Pfaden auf dieser Tour erreichen wir wieder den Sagenpfad, biegen nach links auf ihn ein und kommen zügig zur dritten Station. Hier gabelt sich der Weg; der Sagenpfad geht rechts weiter, wir aber neh-

**Kilometer:** 12,2
**Höhenmeter:** 385
**Stunden:** 4
**RUNDWEG**

men den linken Weg bis zu einer Abzweigung, die uns nach links an einem Häuschen vorbei zu einem Abstecher zur **3 Schönen Aussicht** weist. Noch einmal können wir den Blick über die Gipfel der Zittauer Berge gen Süden schweifen lassen.

Zurück auf dem Weg gehen wir weiter abwärts und biegen direkt hinter der nächsten Hütte – schon in Blickweite der Straße ein Stückchen vor uns – nach rechts und treffen nach wenigen Metern auf den **Spreewaldparkplatz.** Für ca. 100 Meter geht es nun auf dem Asphalt nach rechts bis zum nächsten Querweg. Auf der rechten Seite, versteckt hinter halbhohem Buschwerk, findet sich das Schild **Wurzelweg,** dem wir nach links ins Buschland folgen. Schmetterlinge, Hummeln und Libellen summen eifrig herum; ein für den Städter surreales Surren. Einen Querweg mit Wanderschildern ignorieren wir. Etwa 200 Meter dahinter scheint der Wurzelweg einen deutlichen Knick nach links zu machen; tatsächlich trifft er in Form eines windschiefen

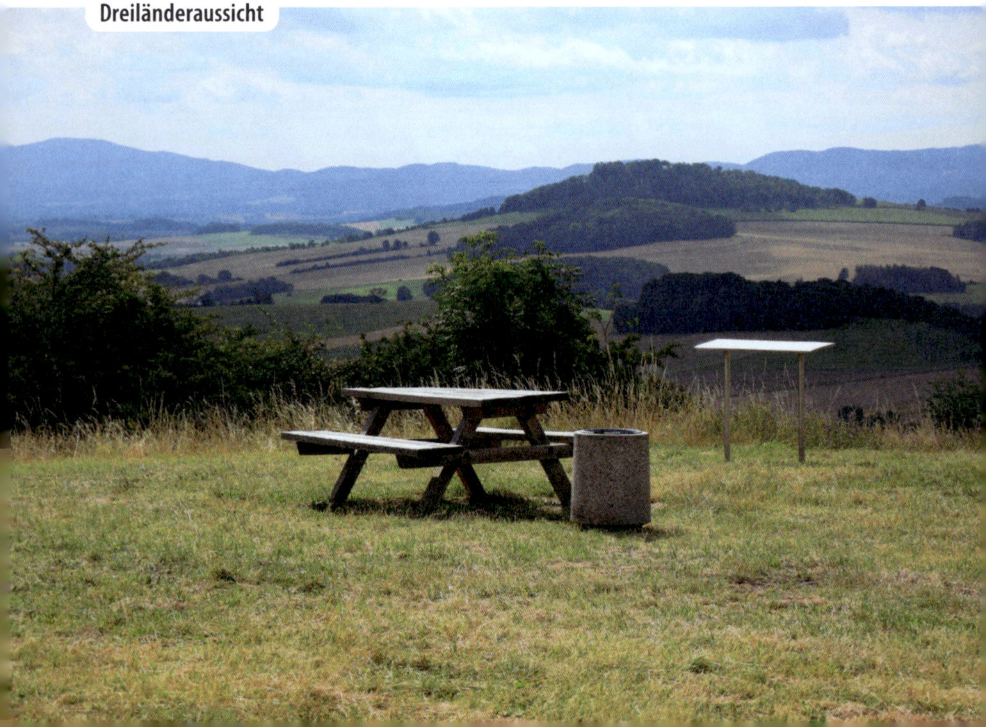

Dreiländeraussicht

„T" auf den **Löfflerweg.** Wir wenden uns nach rechts und sehen eine mit Gras nahezu überwucherte Schneise vor uns, durch die wir hindurchstapfen. Auch im Hochsommer ist das Gras feucht genug, um die Schuhe zu benässen. Nun geht es im Zickzack weiter: Als Nächstes stoßen wir auf den geschotterten **Popelweg** – er heißt wirklich so! –, gehen nach links und biegen nach 100 Metern bei einer leichten Linkskrümmung wieder nach rechts in eine weitere, grasbewachsene Schneise ein; an deren Ende geht es erneut nach links auf einen geschotterten Weg, und bei der nächsten Kreuzung folgen wir der Ausschilderung zum ❹ **Löfflerdenkmal** nach rechts. Schon wenige Meter hinter der Kreuzung befindet sich der kurze Stichweg zum Denkmal auf der rechten Seite.

Etwa 500 Meter weiter auf unserem ursprünglichen Weg erreichen wir den ❺ **Waldteich,** ein Idyll mit Jungenten, neugierigen Libellen und Seerosen: Hier könnte man ewig sitzen bleiben. Dennoch reißen wir uns irgendwann los und setzen unseren Weg nach rechts Richtung **Spreequelle** mit Weiß-Blau-Weiß auf einem schmalen Pfad mitten durch das Gelände fort. An der nächsten Kreuzung passieren wir eine Steinbank am ehemaligen Kirchweg von Walddorf nach Kottmarsdorf. Wir gehen geradeaus auf der Forstpiste weiter, folgen nach etwa 200 Metern Weiß-Blau-Weiß links zur **Spreequelle** auf einem Waldpfad und erreichen kurz darauf den **Wolfgrubenweg,** von dem etwas nach links versetzt der Stichweg zu der oft gut besuchten ❻ **Spreequelle** abgeht. In ästhetischer Hinsicht lässt deren martialische Einfassung mit dem Denkmal für die Gefallenen des Ersten Weltkriegs ein wenig zu wünschen übrig.

Zurück auf dem Wolfsgrubenweg wenden wir uns, die Quelle im Rücken, nach rechts aufwärts und passieren – nun wieder auf dem Sagenpfad – die Sagen

**Für die Seele**
**Wir erkunden die Ursprünge von Bächen und Flüssen und die chimärenhaften Ursprünge der Geschichte.**

*Ein Denkmal erinnert an den **Ratsförster Karl August Löffler,** der „nach 43jähriger Dienstzeit in seinem Beruf am 9. Januar 1884" starb. Ratsförster achteten vor allem darauf, dass weder Grenzsteine versetzt wurden noch Holz entwendet wurde.*

*Die **Spree** hat drei **Quellen:** in Ebersbach, Neugersdorf und, am höchsten, auf dem Kottmar. Der Sage nach gehen sie auf Pfeilschüsse des Riesen Sprejnik zurück, von dem ihr Name herrühren soll. Historisch ist der Name Sprewa im Jahr 965 beurkundet.*

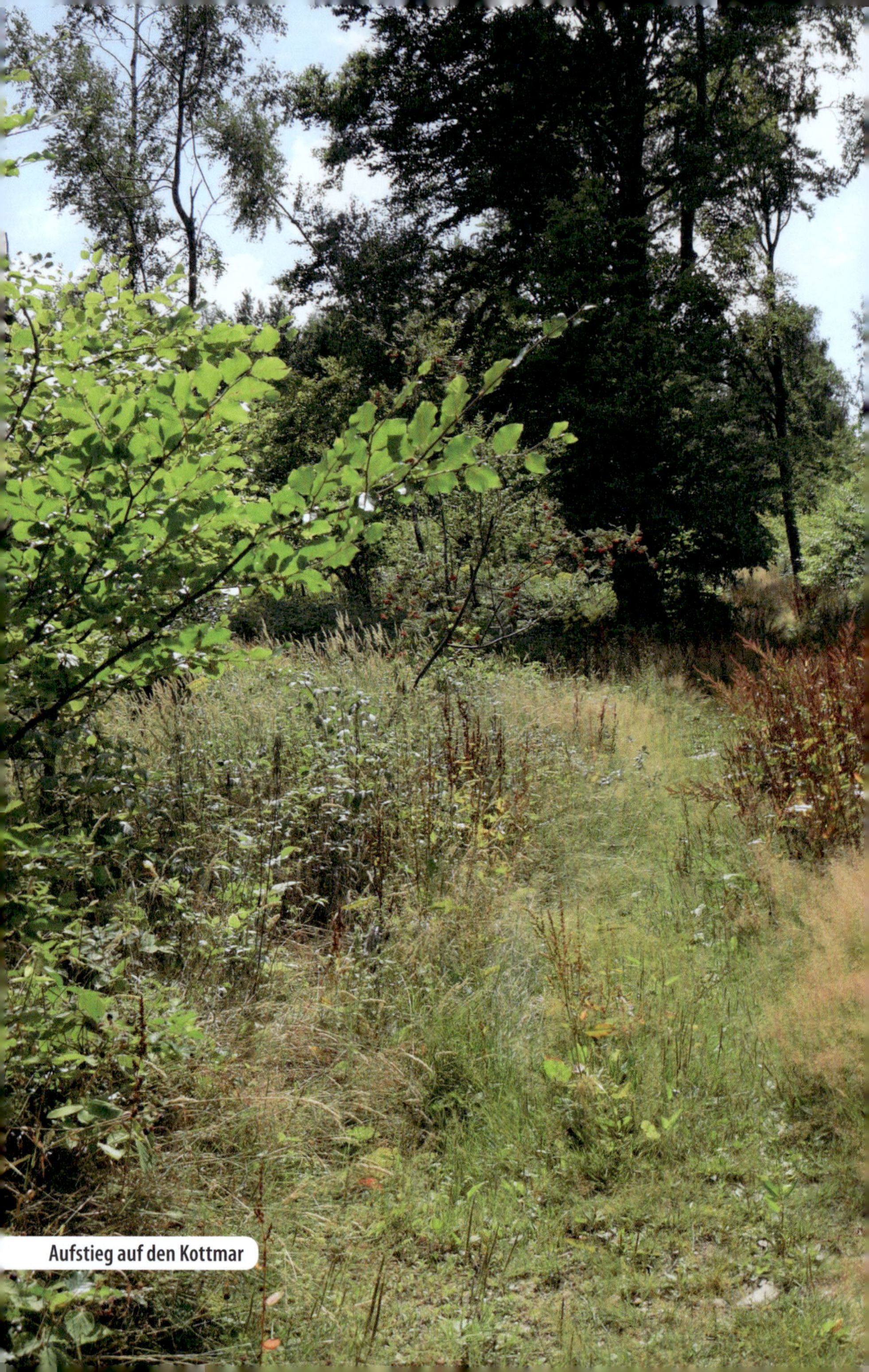

Aufstieg auf den Kottmar

von den Wolfsgruben, vom Kristallsarg und vom Steinkreuz am Weinberg. Dazwischen gerät rechts oben zum ersten Mal die Spitze des **Kottmarturms** in den Blick. Rund 300 Meter hinter dem Steinkreuz erreichen wir eine Infotafel zum Schwarzwild an einer versetzten Kreuzung. Nach links geht es zur Buschwiesenquelle. Später werden wir aus der entgegengesetzten Richtung erneut hierhin kommen und dann zur Quelle gehen. Wer will, könnte hier 2,3 Kilometer und 100 Höhenmeter einsparen, allerdings würde man einiges verpassen. Zum Gipfel nehmen wir den steilen Weg rechts aufwärts, ignorieren zwei Querwege und stehen nach 50 Höhenmetern am Fuß der **Sprungschanze auf dem Kottmar.** Es ist eine kleine Schanze, aber dennoch für den normalen Skifahrer Ehrfurcht gebietend. Man kann links neben der Schanze aufsteigen. Der eigentliche Weg aber führt um den Auslauf herum, von dem kurz vor dem Treppenaufgang leicht rechts der Pfad zum **Turm** abzweigt. Der Weg wird offensichtlich kaum begangen und ist nahezu zugewachsen. Oben bei den aufgegebenen Gebäuden angekommen, wenden wir uns nach rechts und stehen kurz darauf vor dem Turm und der dahinterstehenden Triangulierungssäule. Der **7 Turm** ist leider aus Sicherheitsgründen gesperrt. An der Sprungschanze, querab die Straße entlang, kann man den Blick genießen, den die Springer beim Sprung vor sich sehen. Da ist man froh, dass man sich nicht noch auf einen Sprung konzentrieren muss.

Vom Schanzenturm folgen wir weiter der Straße, respektive entscheiden uns für den weiß-blau-weiß markierten Pfad, der sich absurde 30 Meter rechts von der Straße durchs Unterholz zieht. Danach führt er zurück auf die Straße, und wir gehen gegenüber mit Weiß-Gelb-Weiß nach links Richtung **Kottmarhäuser.** Nach knappen 100 Metern biegen wir halbrechts auf einen anderen Schotterweg ein und nehmen nach weiteren 100 Metern an einer Gabelung links den Weg

*Der **Kottmar** gehört zu einer erloschenen Vulkankette, die sich im Tertiär vom Böhmischen Mittelgebirge über die Oberlausitz bis zur Lausitzer Neiße hinzog. Sie bildet basaltische Einsprengsel in den viel älteren Kristallinmassiven und Granodioriten.*

Richtung **Sagenpfad.** Nach einem halben Kilometer treffen wir auf die makabre Sage von Pan Dietrich. Hier könnte man erneut 2,2 Kilometer abkürzen und träfe ca. 200 Meter nach rechts wieder auf die Tour. Dann würde man indes auf die Buschwiesenquelle und schöne Panoramablicke nach Norden verzichten. So gehen wir bei Pan Dietrich nach links, bis wir nach etwa 700 Metern an die Kreuzung gelangen, an der wir zuvor zum Kottmar aufgestiegen sind. Nun biegen wir rechts Richtung **Buschwiesenquelle** ein und wandern auf angenehmem Waldboden bis an den unteren Saum des Waldes, an dem uns Schilder nach links weisen. Hier müssen wir bald darauf achten, immer zwischen den Weidezäunen und dem Waldrand zu bleiben. Wir befinden uns seit einiger Zeit außerdem auf einem **Naturlehrpfad,** wovon die Infotafeln zu Baumarten zeugen. So werden wir auf schmalem Pfad zuerst zum **8 Schießborn** geleitet, der kleinen Quelle des Obercunnersdorfer Wassers. Kurz dahinter folgen wir der Ausschilderung zur **Buschwiesenquelle** nach links und erreichen bald den Waldrand, an dem sich ein schöner Blick nach Norden öffnet. Am beeindruckendsten ist er an der **9 Buschwiesenquelle** selbst, an der wir eine Picknickbank sowie einen Pavillon finden. Auch hier lohnt sich das Verweilen, um den Blick über Obercunnersdorf und den Wolfsberg zu genießen. Obercunnersdorf ist aufgrund seiner vielen Umgebindehäuser auch im Anschluss an die Tour einen Abstecher wert.

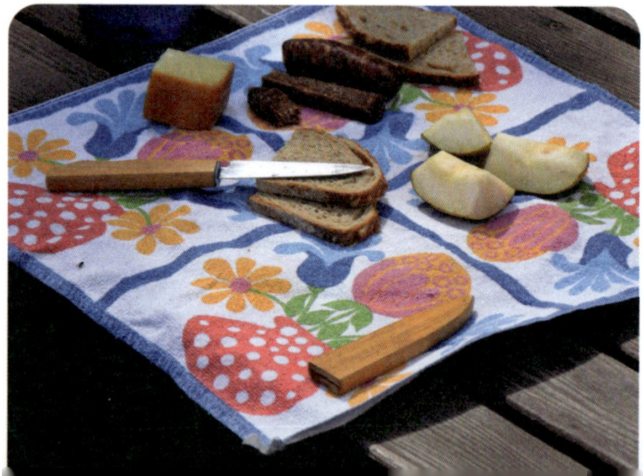

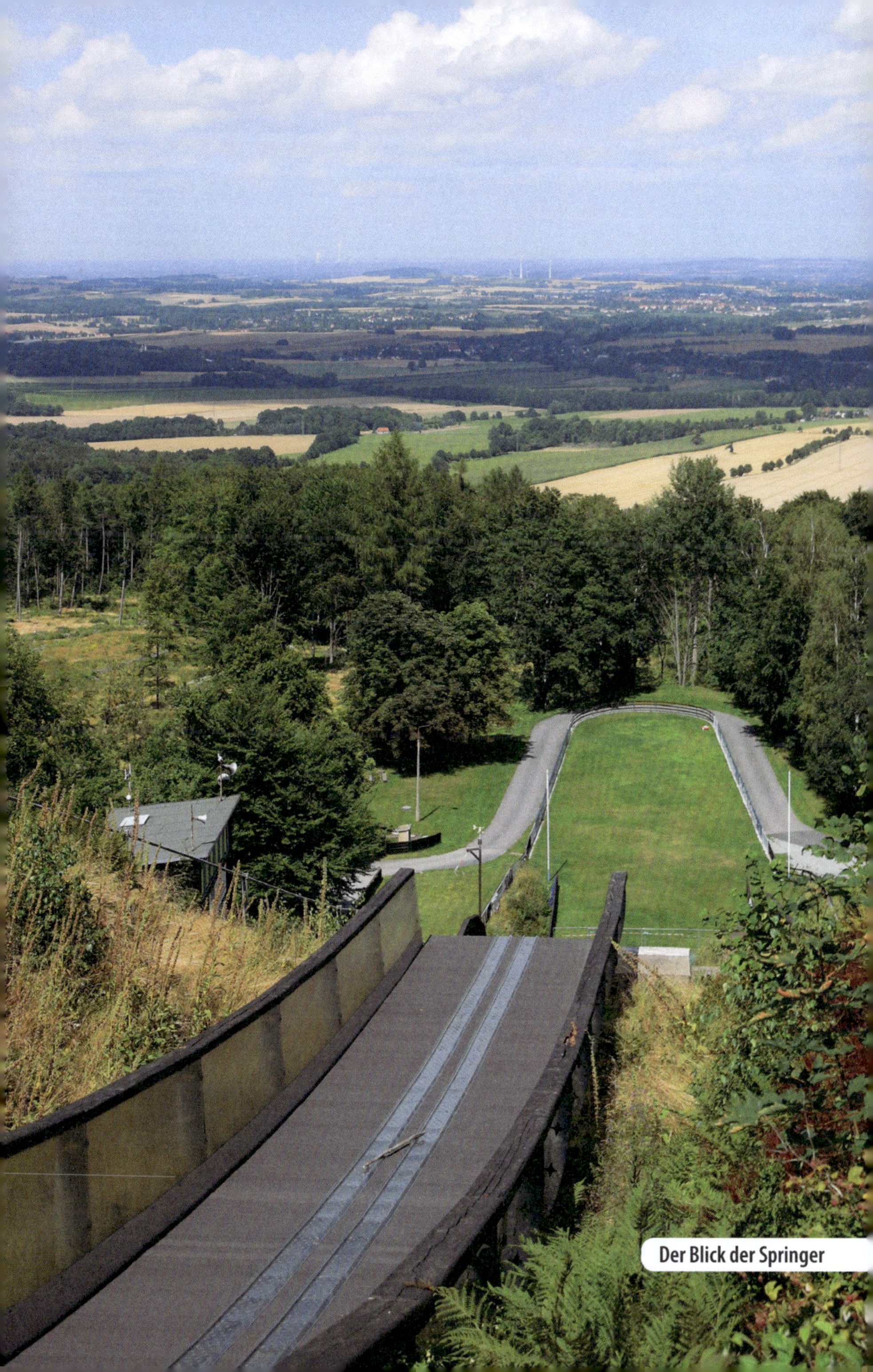

Der Blick der Springer

Weiter geht es zwischen Wald und Feld entlang, wo sich an der nächsten Rechtskurve noch ein Picknicktisch findet sowie eine Tafel zu Wiesenblumen und ihren Blühzeiten. Etwa 200 Meter hinter der Kurve stößt unser Pfad auf eine breite Forstpiste. Rechts geht es zu Pan Dietrich. Wir gehen erst links und nach wenigen Metern an der Gabelung wieder rechts. Es geht nun beständig leicht aufwärts. Nachdem wir eine Stromleitung unterquert haben, biegen wir nach links abwärts ein und erreichen nach 200 Metern beim Anfang des Asphalts rechter Hand den hinteren Zugang zum Parkplatz. Wer mag, gelangt über die Obercunnersdorfer Straße nach Kottmar-Eibau und kehrt in der **⑩ Milchbar** oder im **⑪ Landgasthof Zum Hirsch** ein.

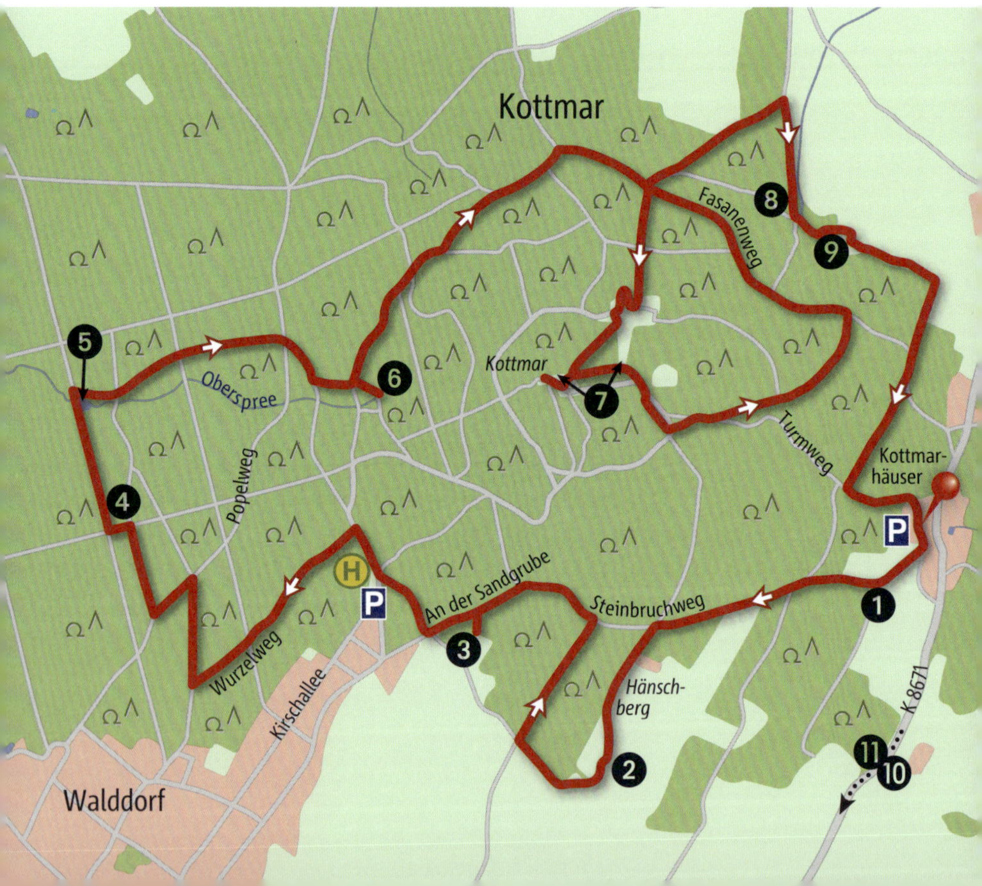

# ALLES AUF EINEN BLICK

**Entspannung** 4/5
**Abenteuer** 3/5
**Vielfalt** 3/5

## WIE & WANN

**Forstpisten und -wege, teils überwucherte Schneisen und Graswege, in der Nähe der Dörfer kurze Strecken Asphalt. Ganzjährig möglich; im Winter ggf. die Schneeverhältnisse beachten.**

## HIN & WEG

**Auto:** Parkplatz in Kottmarhäuser, hinter Kottmarhäuser 12, 02739 Kottmar; alternativ: Parkplatz Spreequelle, Bierweg 3, 02739 Kottmar
**ÖPNV:** Bushaltestelle Kottmarhäuser, Walddorf (über Kottmarhäuser Straße weiter bis Nr. 11, dort rechts hoch bis zum zweiten Parkplatzschild)

## ESSEN & ENTSPANNEN

10. **Milchbar Eis & Café,** Hauptstraße 112 a, 02739 Kottmar/OT Eibau, Tel. (0 35 86) 38 70 43, www.milchbar-eibau.de
11. **Landgasthof und Hotel Zum Hirsch,** Hauptstraße 118, 02739 Kottmar/OT Eibau, Tel. (0 35 86) 7 83 70, www.hirsch-eibau.de

## ENTDECKEN & ERLEBEN

1. **Sagenpfad**
2. **Dreiländerblick am Hänschberg**
3. **Schöne Aussicht**
4. **Löfflerdenkmal**
5. **Waldteich**
6. **Spreequelle**
7. **Kottmar Turm und Sprungschanze**
8. **Schießborn**
9. **Buschwiesenquelle**

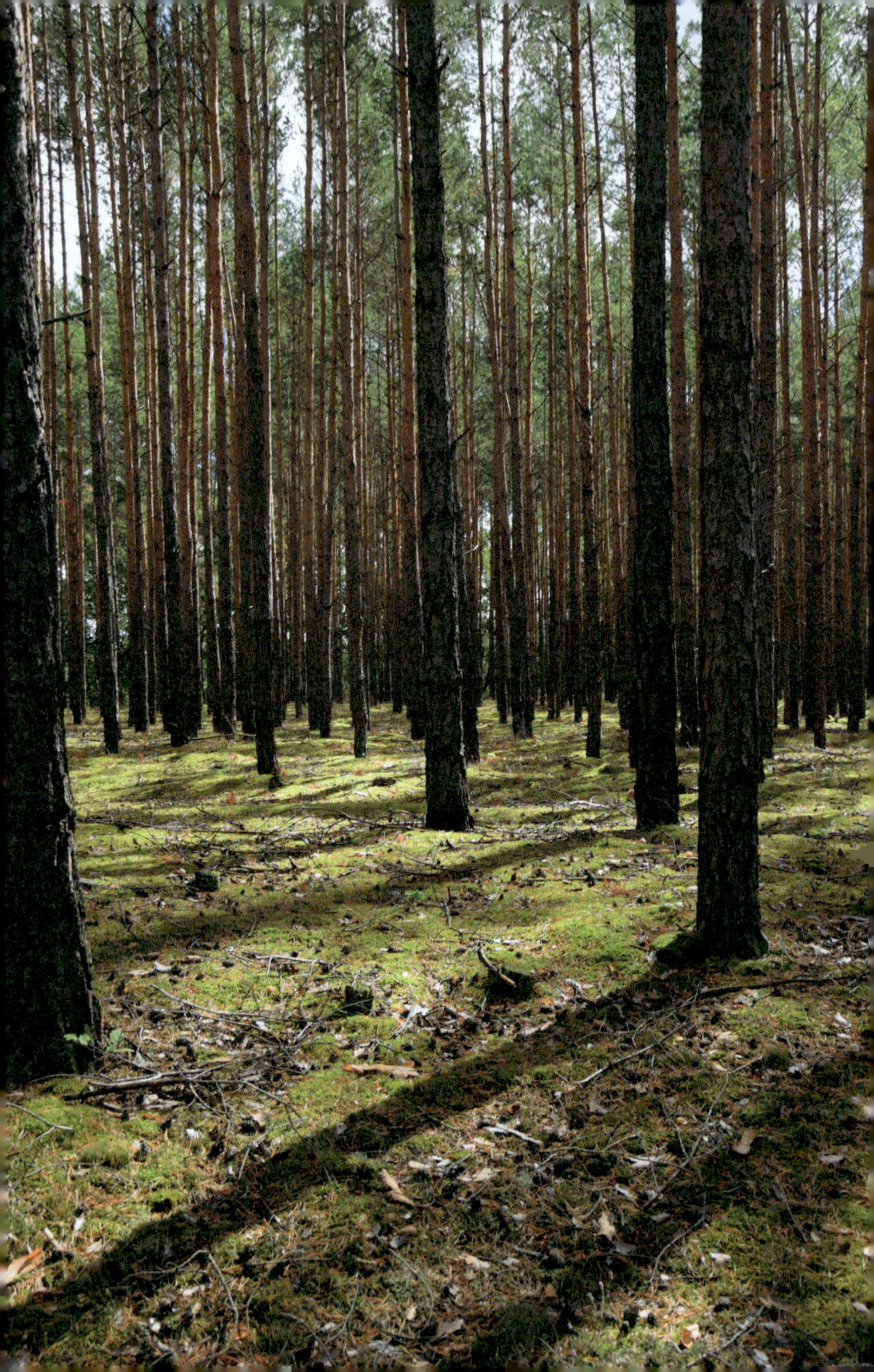

# Wolf und Ziege

## Durch Zelz und Pusack

Die Wanderung beginnt am **Torhaus in Zelz** an der Neiße. Die Oder-Neiße-Linie: eine gewichtige Grenze. Wer jedoch einen stattlichen Grenzfluss erwartet, sieht sich getäuscht. In Zelz ist die Neiße sommers ein schmales Flüsschen, gerade mehr als ein Bach. Im knappe 14 Kilometer Luftlinie entfernten **Bad Muskau** zieht sich der Park des Fürsten Hermann von Pückler-Muskau (1785–1871) ganz selbstverständlich über die Neiße hinweg, und man wandelt wieder auf beiden Seiten des Flusses. In Zelz kann man ebenso ungehindert über eine Brücke ins polnische Siedlec gehen; bis zur Festlegung der Oder-Neiße-Grenze gehörten beide zum 1513 erstmals erwähnten Czelc. Vor der Nationenbildung war die Neiße kein Grenzfluss, sondern zog sich mit ihren Auen mitten durch die Gemarkungen. Mannshohe Grenzpfosten, die zeitgemäß aus Plastik sind, gefärbt in den jeweiligen Nationalfarben, zeigen heute selbst einem möglicherweise verwirrten Wanderer, in welchem Land er sich befindet. Unser Wanderweg bleibt jedoch auf deutscher Seite.

Vom direkt neben dem Parkplatz gelegenen **❶ Torhaus mit dem nachbau** sehen wir die Gaststätte **Zum Alten Zollhaus,** die schon mit dem Ende der Tour lockt. Vorerst aber wenden wir uns vom Torhaus in die entgegengesetzte Richtung und biegen nach wenigen Metern links in die Gasse **Zelz Nr. 7.12–16.** Alle Gassen heißen hier wie der Ort, die angezeigten Hausnummern sind also wichtig. Auf bald geschottertem Grund gehen wir an den ausgewiesenen Häusern vorbei. Hinter dem letzten Haus

**Kilometer:** 8,3
**Höhenmeter:** 45
**Stunden:** 2,5
**RUNDWEG**

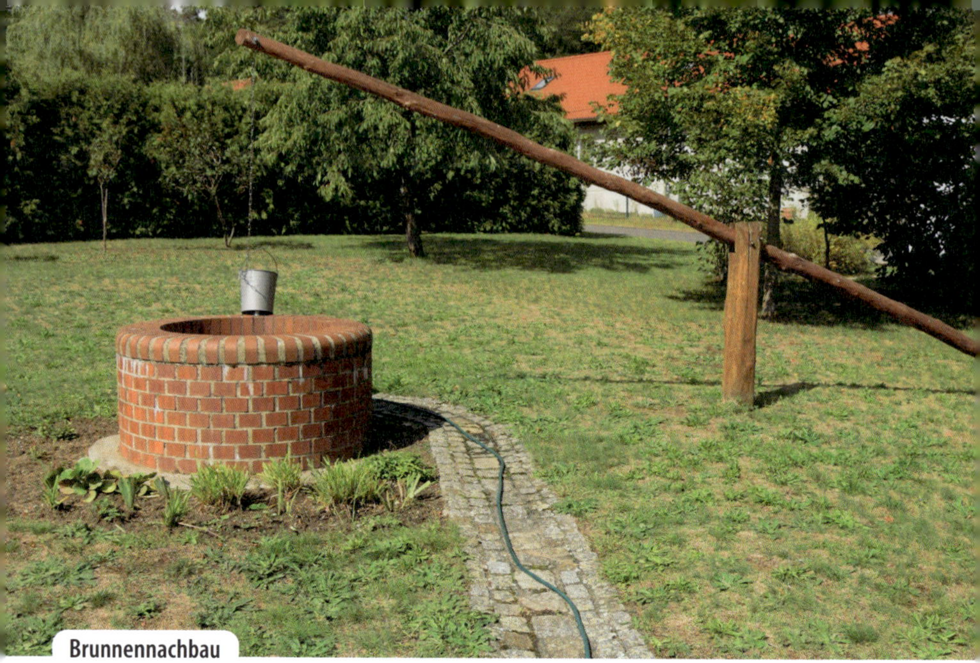

Brunnennachbau

auf der rechten Seite mit der Nr. 14 zweigt rechts ein Waldweg ab; an einem Zaunpfahl des Grundstücks finden wir ein grünes Zeichen, dem wir folgen. Bald umfängt uns harziger Kiefernduft, und es geht geradewegs durch lichten ❷ **Kiefernwald.** Der breite Weg ist weichsandig, als müsse er ein Klischee Brandenburgs einlösen, wie Strand ohne Wasser. Nun geht es für eineinhalb Kilometer mehr oder weniger geradeaus, und wir ignorieren alle Kreuzungen oder Abzweigungen. An der zweiten größeren Kreuzung passieren wir eine Rasthütte und finden auch ein Schild mit dem Wegnamen **Oberzelzer Weg.** Preiselbeeren, Heidelbeeren und Heide locken auf beiden Seiten des Weges. Der Blick durch die Kiefernstämme verwischt zu einem dreiteiligen Bild: unten braun-schwarz, in der Mitte hellbraun und etwas schuppig, oben grün. Bei Sonnenschein zeichnen die Stämme Streifenmuster auf den Boden, die sich mit jedem Schritt verziehen und wieder ausrichten. Je nach Sonnenstand flackern die Strahlen im Rhythmus der Kiefern, die wir passieren, ins Auge und verunwirklichen die Welt. An einigen Stämmen finden wir die Spuren der **Harzgewinnung,**

*Die **Wolfsschlucht** gehört zu einer Reihe von sog. Trockentälern, die sich innerhalb des Muskauer Faltenbogens gebildet haben. Aufgrund ihrer markanten Gestalt wird die Entstehung nach neueren Erkenntnissen in der Zeit nach den Eiszeiten vermutet.*

die in der DDR noch lange betrieben wurde (s. Tour 14). Dann macht der Weg doch noch ein paar gelinde Biegungen, und junge Buchen mischen sich in den Kiefernbestand. Linker Hand kann man hin und wieder enge Senken erspähen, Ausläufer der Wolfsschlucht, die wir bald durchstreifen werden. Etwas später stoßen wir auf die kaum befahrene Straße nach **Pusack** und befinden uns nun schon eher in einem Laubwald. Knappe 100 Meter nach links die Straße entlang finden wir den Eingang zur **3 Wolfsschlucht** und einen Rastpavillon.

**Für die Seele**

**Märchenhafte Wälder in der Wolfsschlucht und der Schwarzen Grube sowie ein Gedicht aus Ziegenkäse.**

Wir wandern nun auf der Sohle des tiefen, V-förmigen Einschnitts nicht weit vom vorherigen Weg entfernt. Doch die Wolfsschlucht zeigt sich in ganz anderem Gewand: Ein schmaler Pfad schlängelt sich durch eine reichhaltige Flora, vorbei an übermoosten Stämmen und dunklen, verwunschenen Ecken. Früher mag diese Senke unheimlich genug gewesen sein, um als Wolfsschlucht zu gelten. Nach ca. 600 Metern erreichen wir eine T-Kreuzung und biegen nach rechts ab. Das nächste Wegstück gehen wir doppelt und kommen später hier wieder vorbei. Auf der linken Seite wer-

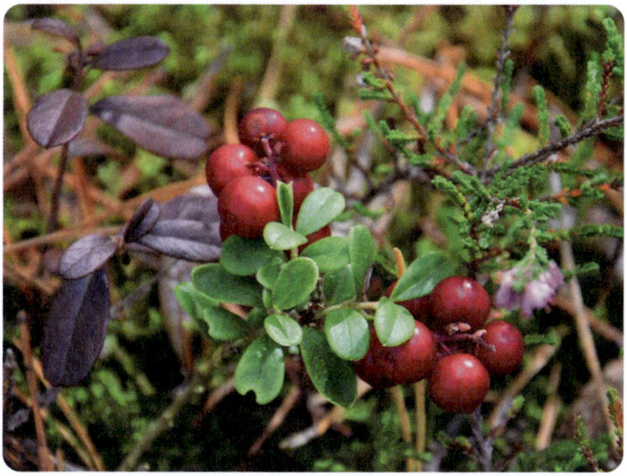

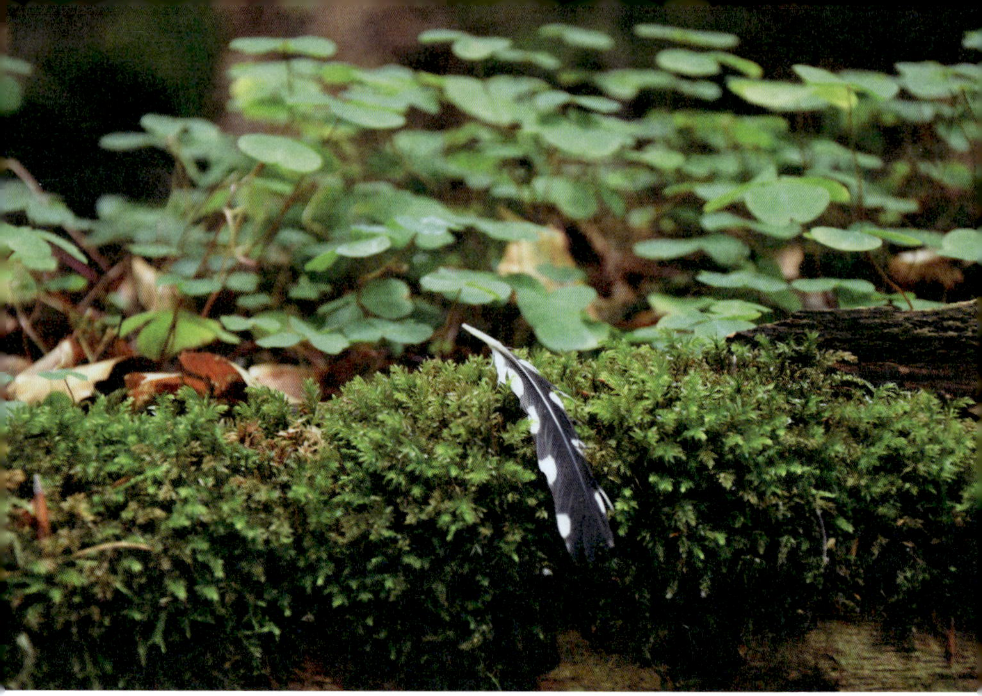

den wir nun durch einen hölzernen Handlauf vor, nun ja: keinem nennenswerten Abhang geschützt. Weitere 400 Meter können wir die Romantik bemooster Baumstämme genießen, bis schon in Sichtweite eines Asphaltweges ein Pfad rechts abzweigt, der nun durch junge Buchen und zu unserer Linken im Wald an einem halbhohen Wall entlangführt. Dann windet sich der Pfad weiter nach rechts, und bald stoßen wir wieder auf die Straße nach **Pusack.** Wir gehen keine 50 Meter nach rechts und biegen dann links mit dem gelben Punkt Richtung **NSG Zerna** in den Wald, ein Weg, der uns an der Rückseite der Ziegenhöfe vorbeiführt. Nach 400 Metern wird der Pfad schmaler. Links scheinen ein Asphaltweg, eine Bank und eine Hinweistafel durch das Unterholz. Hier gehen wir zum Asphaltweg durch und stehen dann auf dem asphaltierten Neiße-Radweg, der sich nicht ganz vermeiden lässt.

Über die Wiesen hinweg schimmert die Neiße. Wir wenden uns nach links, gehen an den idyllischen **Neißeterrassen** entlang und erreichen nach 200 Metern den **❹ Ziegenhof Pusack.** Manchmal steht ein Verkaufswagen im Hof, wenn nicht, lohnt es sich zu klingeln. Die Handarbeit ist aufwändig, es ist also fast immer jemand da. Der Hartkäse passt außerdem gut in den Rucksack, falls man ihn nicht sofort verspeist. Uns hat er in den nächsten Tagen auf weiteren Wanderungen als überaus schmackhafte Wegzehrung gedient.

Vom Ziegenhof geht es zunächst auf dem Asphaltweg weiter, der nach 200 Metern nach links abbiegt. Rechts geht es zur Rampe einer ehemaligen Brücke – nun aber nur noch zum Ufer, an dem sich die Weiden des Ziegenhofs entlangziehen. Ein kleiner Park lädt zu einer weiteren Pause ein. Wir folgen dem grünen Punkt Richtung **Zelz,** der sich für 200 Meter unvermeidbar auf dem Radweg hinzieht. Etwa 50 Meter hinter dem Dorfschild zweigt der grüne Punkt links in den Wald, und nach wenigen Metern erkennen wir das Wegstück, auf dem wir zuvor gekommen sind. Bald

*Alles aus eigener Hand: Im* ***Ziegenhof-Pusack*** *wird der Käse aus der Milch und dem Lab der eigenen Ziegen in Handarbeit gefertigt. Man mag Ziegenkäse als streichfähigen Taler kennen – und hat fast alles verpasst. Die Vielfalt ist so groß wie beim Kuhkäse.*

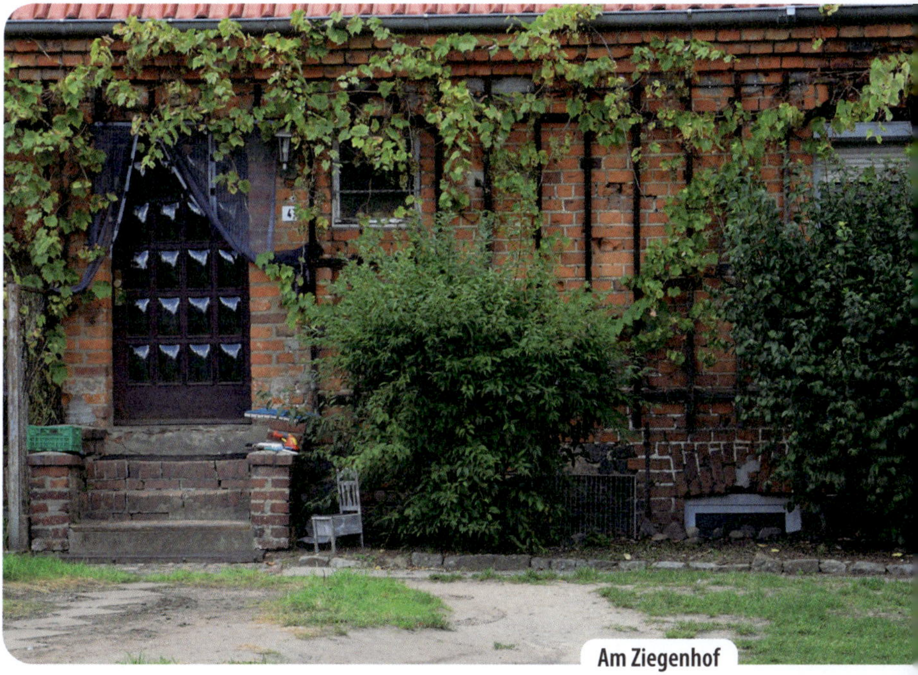

**Am Ziegenhof**

erreichen wir die Abzweigung aus der Wolfsschlucht, lassen diese nun aber links liegen und gehen geradeaus Richtung **Schwarze Grube.** Einen halben Kilometer geht es noch durch den urigen Wald aus Buchen und Kiefern, ehe wir wieder auf den asphaltierten Radweg stoßen, den wir noch einmal für 200 Meter nach links nehmen müssen, ehe wir wieder nach links, nun mit einem gelben Punkt Richtung **Lissberg** einschwenken. Wir befinden uns jetzt mitten im **5 Naturschutzgebiet Schwarze Grube,** das schon 1967 als Schutzgebiet ausgewiesen wurde und vielleicht durch die Zeit seinen märchenhaften Charakter erhalten oder bewahrt hat. Bei der nächsten Schutzhütte geht es für uns geradeaus weiter. An der Abzweigung, nach etwa 200 Metern, verlassen wir den gelben und folgen wieder dem grünen Punkt nach rechts Richtung **Zelz.** Der weiche, manch-

In der Schwarzen Grube

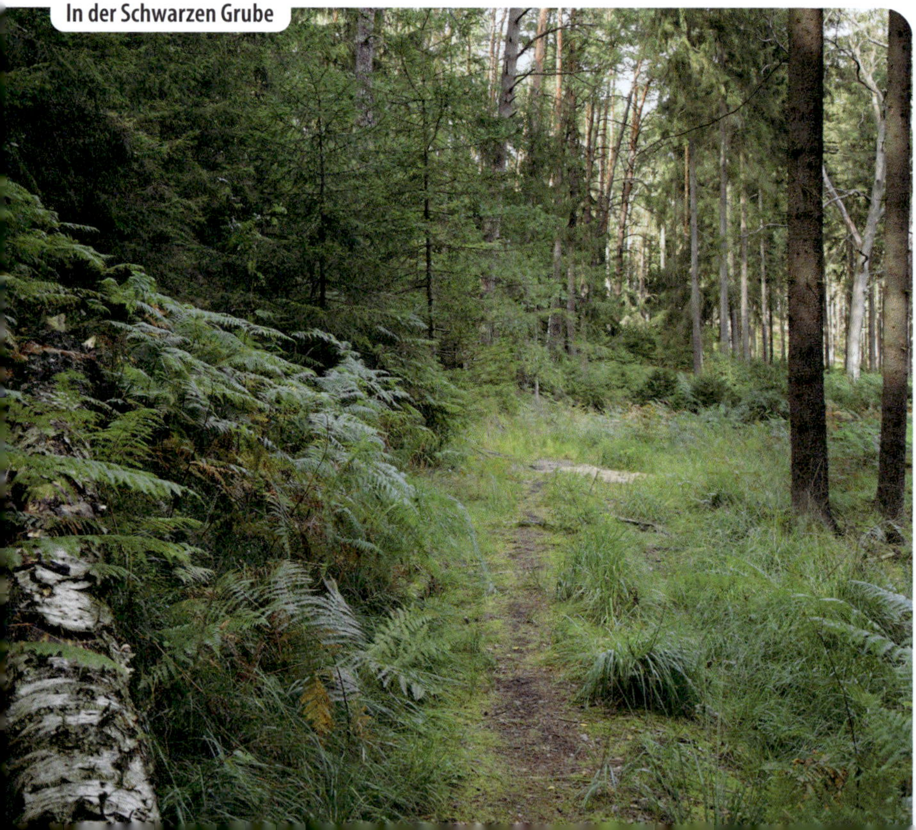

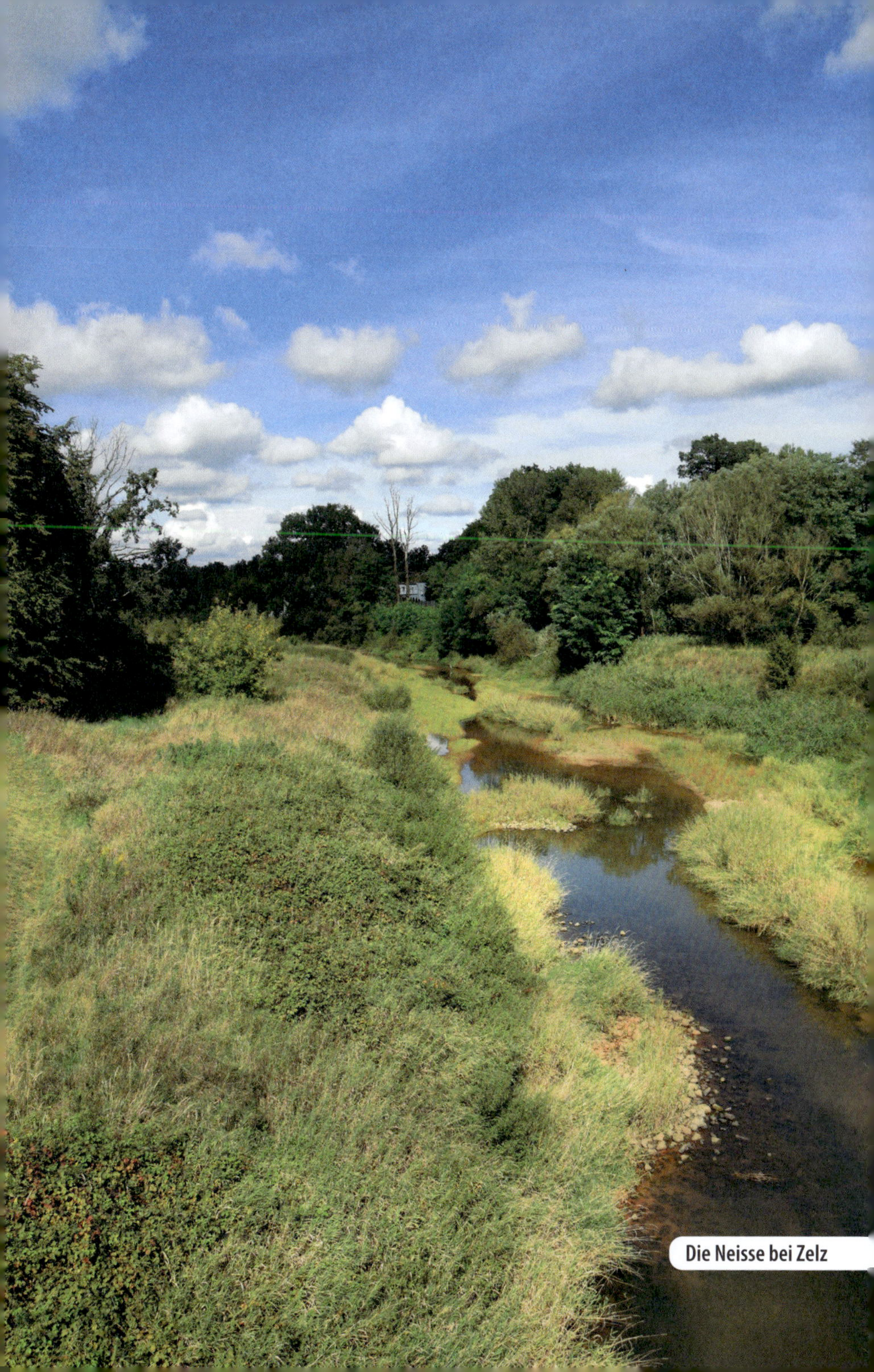

Die Neisse bei Zelz

*Die **Neißeterrassen** bezeugen die allmählichen Veränderungen der Neiße, die nach dem Ende der Weichselkaltzeit den Muskauer Faltenbogen durchbrochen hat. Die Terrassen sind ehemalige Talböden, ehe die Neiße sich tiefer in die weichen Sedimente einschnitt.*

mal mit allerlei Grün überwachsene Waldweg führt uns bald an den Waldrand. Rechter Hand öffnet sich der Blick über weite, liebliche Wiesen, die Zelzer 6 **Neißeterrassen.** Auch Rastbänke finden sich, auf denen man in den Tag träumen kann.

Später tritt der schmale Pfad wieder tiefer in den Wald ein, und wir wandeln nochmal unter Buchen und Birken, vorbei an Farnen. Wir erreichen Zelz auf dem Weg, auf dem wir es verlassen haben, beim Haus Nr. 16, stehen kurz darauf wieder am Torhaus und können uns nun noch einen Abstecher ins 7 **Gasthaus Zum Alten Zollhaus** gönnen, in dem es Deftiges, aber auch selbst gebackenen Kuchen mit Obst aus dem eigenen Garten gibt.

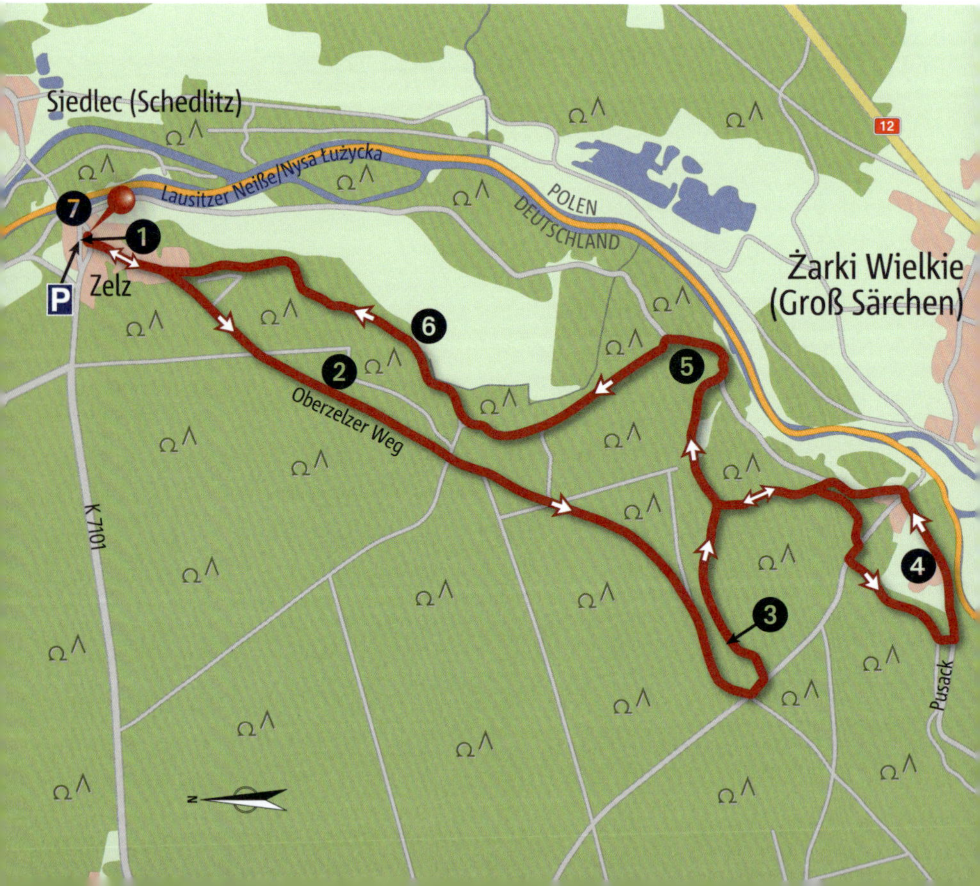

# ALLES AUF EINEN BLICK

Entspannung

Abenteuer

Vielfalt

### WIE & WANN

**Forst und Waldwege, in den Dörfern Asphalt oder Schotter. Ganzjährig möglich.**

### HIN & WEG

**Auto:** Parkplatz in der Neißeaue, Zelz Nr. 8, 03159 Neiße-Malxetal
**ÖPNV:** Keine direkte Anbindung an die Strecke

### ESSEN & ENTSPANNEN

4 **Ziegenhof-Pusack,** Pusack 04, 03159 Neiße-Malxetal;
Tel. (03 56 00) 2 31 55, mobil (01 73) 9 09 11 04, www.ziegenhof-pusack.de
7 **Zum alten Zollhaus,** Zelz Nr. 1, 03159 Neiße-Malxetal (Mai–Sep. Sa./So.)

### ENTDECKEN & ERLEBEN

1 **Torhaus mit Brunnennachbau**
2 **Kiefernwälder mit Harzgewinnung**
3 **Wolfsschlucht**
5 **Naturschutzgebiet Schwarze Grube**
6 **Neißeterrassen**

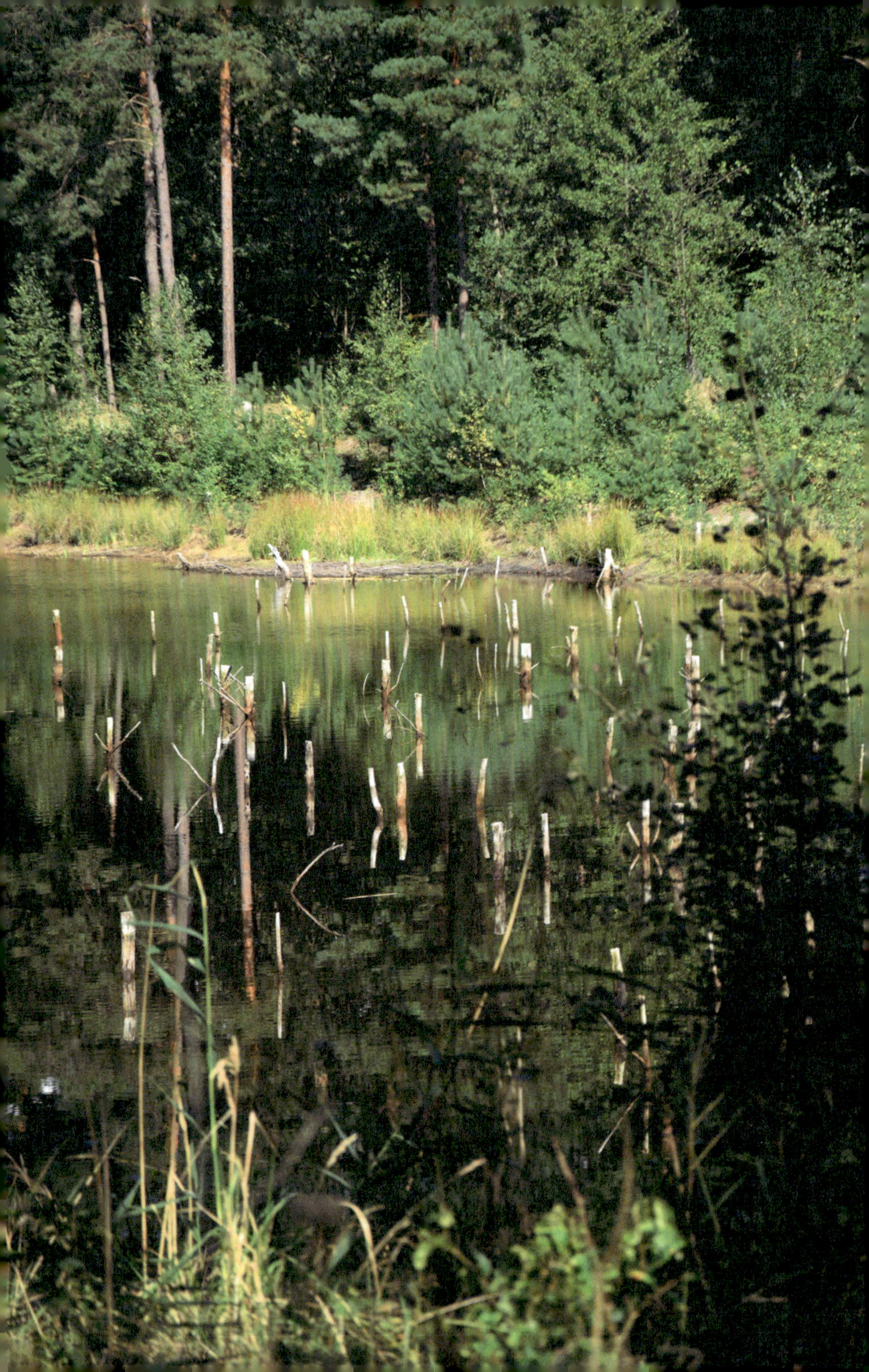

# Wandlungen

## Felixsee und Friedrichshain

Vom Parkplatz geht es zunächst die Straße weiter hoch, die bald zur Fahrradstraße wird. Kurz darauf zweigen bei einem **Hinweisschild zur Waldbrandgefahr** rechts zwei Pfade ab. Wir werden beide gehen. Zuerst nehmen wir den Pfad, der zwischen dem Asphaltweg und dem ganz rechten auf derselben Höhe rechts neben der Fahrradstraße weiterführt und nach knapp 200 Metern wieder auf die Fahrradstraße trifft. Wir biegen rechts ein und stehen nach wenigen Metern vor dem **1 Aussichtsturm Felixsee.** Der elegant geschwungene Turm ragt 36 Meter in die Höhe und lohnt den Aufstieg. Eine Unzahl von Infotafeln verkürzen lehrreich die 160 Stufen. Oben haben wir einen weiten Blick in alle Richtungen. Die dampfenden Kühltürme der Kraftwerke Boxberg und Schwarze Pumpe geben Orientierung und erinnern daran, dass auch der Felixsee zu unseren Füßen einst eine Grube war. Wir gehen zurück bis zum Hinweisschild zur Waldbrandgefahr, wo wir nun den abwärtsführenden Pfad nehmen, der uns zum Ufer des **2 Felixsees** bringt, an dessen Ostseite wir nun nach links gehen.

Der sandige Weg weckt Strandgefühle, und bald taucht vor uns ein Hinweis auf ein FKK-Gelände auf, das aber wochentags im September leer war. Immer am Ufer entlang gehen wir bis zum südlichen Zipfel. Dabei lassen wir den Strand hinter uns, steigen über ein altes Stahlseil, das vermutlich noch zu Bergbauzeiten das Gelände begrenzte, und erreichen in jungem Kiefernhain einen kleinen Anstieg von vielleicht zwei Metern Höhe.

**Kilometer:** 13,6
**Höhenmeter:** 30
**Stunden:** 4
**RUNDWEG**

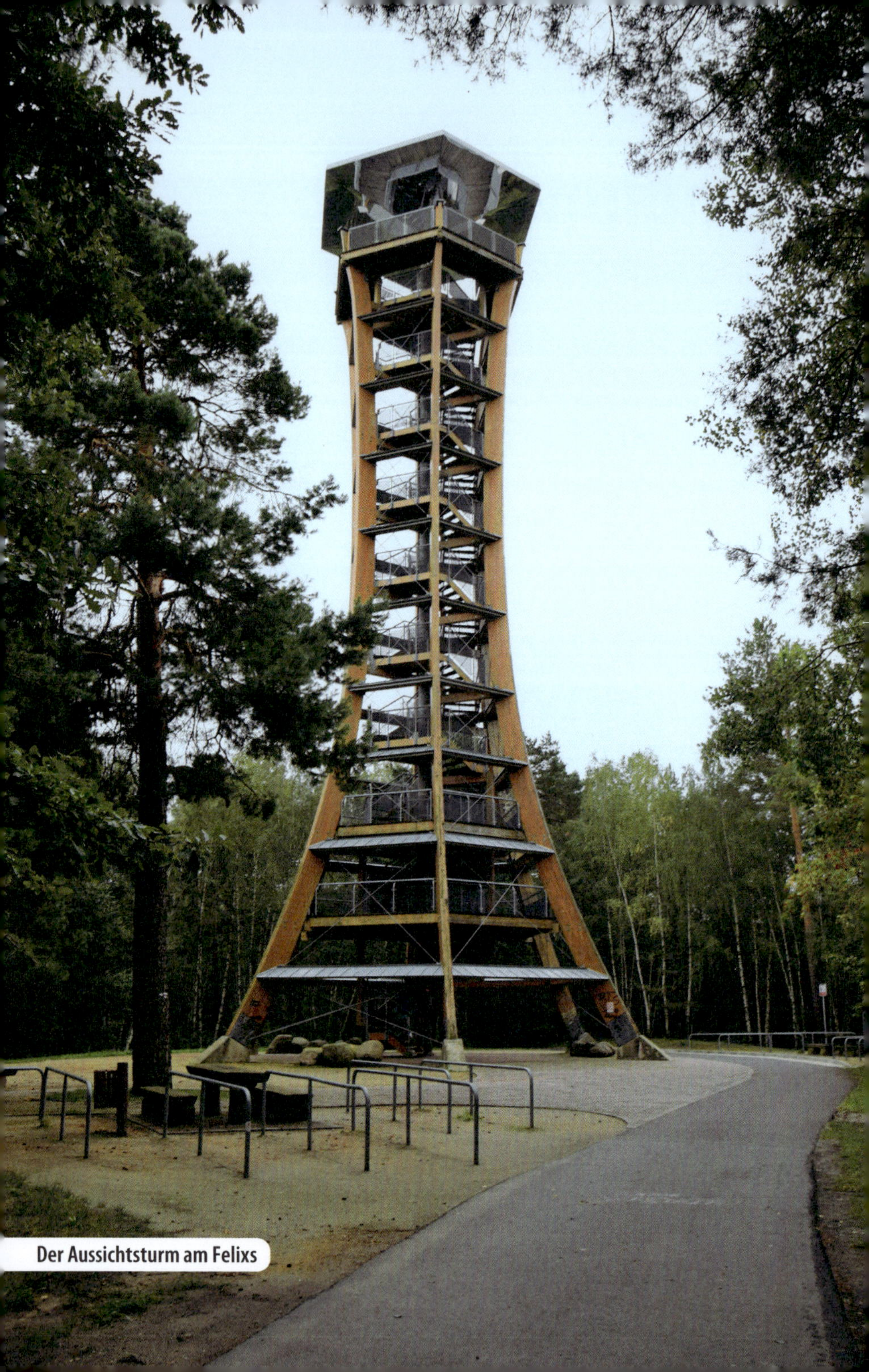

Der Aussichtsturm am Felixs

An der T-Kreuzung direkt dahinter nehmen wir die Abzweigung links aufwärts, biegen wenige Meter weiter an der nächsten T-Kreuzung wieder links ab und an der folgenden Gabelung nochmals links. Linker Hand stehen ein Zaun und ein alter Holzpfahl, der früher vermutlich Stromkabel trug, nun aber aussieht wie ein in die Jahre gekommener Galgen. Der schmale Pfad bringt uns nach knappen 100 Metern zurück auf die Fahrradstraße. Wer den FKK-Bereich umgehen will, kann an dessen Anfang einen Pfad links hoch zur Fahrradstraße hinaufsteigen oder ganz weiträumig vom Turm aus der Fahrradstraße folgen, verpasst dann aber den ansprechenden Uferweg.

**Für die Seele**

**Von Seen, Friedhöfen, Eingewecktem und Schokolade: Wir sehen Bewahrung, Wandlung und Veredelung.**

Ein Stück weit lässt sich die Fahrradstraße, auf der wir uns nach rechts wenden, leider nicht vermeiden. Nach guten 100 Metern kommen wir an eine T-Kreuzung mit Schranke und schwenken nach links Richtung **Döbern.** Noch weitere 300 Meter Asphalt liegen vor uns, immerhin aber gesäumt von kiefernlastigem Mischwald, bis wir eine **3 Tafel zur Entstehung eines Giesers** erreichen.

*__Gieser,__ von sorbisch jězor für See oder Sumpf, sind abflusslose Senken. Diese entstanden, indem durch eiszeitliches Inlandeis an die Oberfläche gedrückte, verwitterungsanfällige Sedimente wie Kohle, Sande und Tone durch Oxidation ausgespült wurden.*

Rechts vom Gieser zweigt ein Waldweg ab, auf dem wir den Asphalt verlassen. Der nun weiche, grasige Weg, der manchmal nur eine Schneise zu sein scheint, läuft relativ gerade durch den Kiefernwald, gesäumt von Buchenbüschen und Heide. So ist das Intermezzo auf Asphalt schnell vergessen. Gute 600 Meter stapfen wir mitten durch den Wald, fernab von allem. Dann erreichen wir eine T-Kreuzung, an der wir uns nach rechts wenden und auf dem mal grasigen, mal erdigen Waldweg die Westseite des **4 Reuthener Moores** passieren. Weiter geht es durch Kiefernforstbestände, in die sich immer mehr Birken mischen und teils auch wieder die Lausitzer Tieflandfichte. Immer wieder können wir links Blicke in die Moorfläche erhaschen, die im Sommer nahezu trockenfällt.

*Das __Reuthener Moor__ gehört zu den stark gefährdeten Mooren. Durch den Rückbau von Entwässerungskanälen, den Einbau von Sohlschwellen und die Etablierung eines Kiefern-Birken-Eichen-Mischwaldes soll eine ständige Durchfeuchtung gesichert werden.*

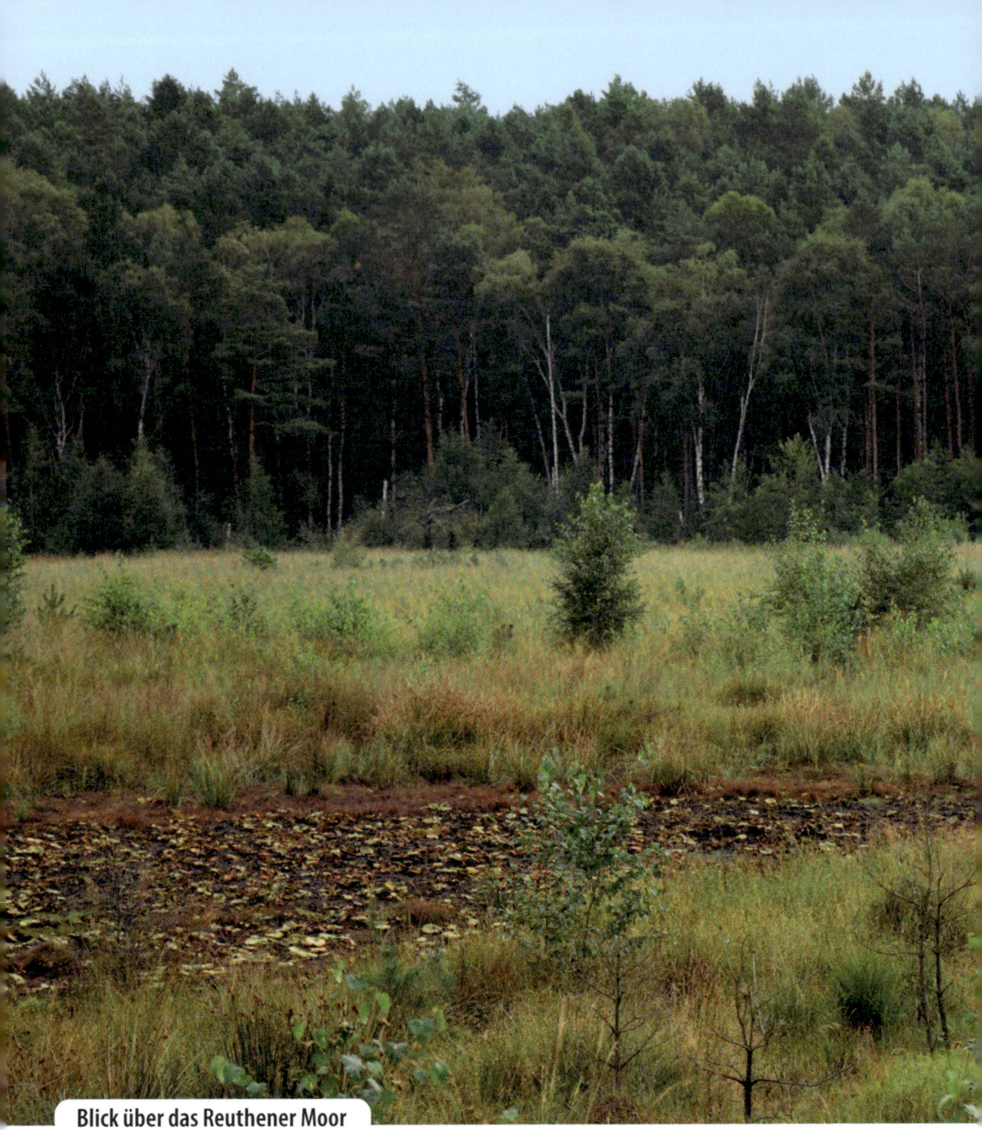

Blick über das Reuthener Moor

Gelegentliche, von rechts kommende Pfade oder Schneisen ignorieren wir und bleiben auf dem gut erkennbaren Waldweg, bis wir linker Hand an einem Schonungszaun entlanggehen und – nun auf sandigerem Boden – spitzwinkelig auf einen breiten Forstweg stoßen, auf den wir nach links einbiegen. 1,5 Kilometer legen wir auf diesem Forstweg zurück, manchmal gerade, dann leicht gewunden. Drei Abzweigungen nach rechts ignorieren wir; alle drei sind ausgestattet mit Schildern zum **Waldwanderweg Reuthener Park – Spitzberg** und zeigen in die Richtung, aus der wir kommen. Hin und wieder findet man auch einen grünen Punkt. An der vierten Abzweigung biegen wir nach rechts ab und sehen keine 50 Meter vor uns, wie der Forstweg eine Linkskurve beschreibt, in der rechts ein schmalerer Weg nahezu geradeaus abzweigt. Dieser führt wenige Meter bergan auf den **Brandberg**, der aber keine Aussicht bietet, sodass wir ihn ignorieren und der Linkskurve folgen. Hinter der Linkskurve geht es ca. 800 Meter auf bequemem Weg nahezu gerade durch den Wald. Dann beschreibt der Weg ein paar Windungen, und wir erreichen das Gebiet der ehemaligen **Gruben Julius** und **Vorwärts.** Diese Gruben sind nun, als **Bergbaufolgelandschaft,** langgestreckte **❺ Seen,** durch die unser Weg mitten hindurchführt. Jeder See bietet ein etwas anderes Schauspiel. An den hinteren Seen haben wir den besten Blick auf die abgestorbenen Baumstämme im Wasser, auf Schilf und Sumpfpflanzen. Wir passieren eine Laube und treffen auf die **Goethestraße L 49,** die wir queren und gleich gegenüber wieder in den Wald gehen, der mittlerweile ein Buchen- und Eichenwald ist.

Nach knapp 200 Metern biegen wir an einer Kreuzung links ab und passieren bald einen weiteren Bergbausee mit gänzlich grüner Oberfläche: Enten dümpeln in Entengrütze. Kurz darauf, hinter einer weiteren Laube, treffen wir auf einen Asphaltweg, folgen ihm nach rechts und erreichen nach etwa 200 Metern eine **❻ Tafel zur Geschichte der Grube Julius.**

*Die **Grube Julius** ist die älteste Braunkohlegrube im Muskauer Faltenbogen, deren Nachfolgegruben erst 1961 stillgelegt wurden. Als Bergbaufolgelandschaft entstanden zahlreiche Seen. Der Felixsee indes geht auf die bis 1935 betriebene Grube Felix zurück.*

Hier zweigt ein Asphaltweg links ab, der auch als Fahrradweg dient. Links ist außerdem der Damm einer ehemaligen Bahnstrecke zu sehen. Auf diesem – leider – Asphaltweg erreichen wir kurz hinter dem Ortsschild **Friedrichshain** die **August-Bebel-Straße,** biegen links ein und stoßen nach wenigen Metern abwärts wieder auf die **L 49,** die hier nach links **Bahnhof-**

*Rudolf Rempel ließ sich sein Verfahren zum Einkochen in Gläsern 1892 patentieren. **Johann Weck** erwarb das Patent 1895 und baute mit dem Unternehmer Georg van Eyck ab 1900 eine große Glasproduktion auf. Das **Einweckglas** fand sich bald in allen Haushalten.*

**straße** heißt. An der Ecke steht unter einer Eiche eine **7 Rastbank,** die sich trotz der Nähe zur Straße für eine Rast anbietet – und dies in doppelter Hinsicht, denn mehrere Infotafeln weisen uns auf die **Geschichte des Einweckens** hin. Bis zum Ende des Zweiten Weltkriegs wurden im Glaswerk Friedrichshain Millionen **Weck-Gläser** hergestellt.

Erfrischt geht es weiter die **Bahnhofstraße** nach links, am ehemaligen Bahnhofsgebäude mit seinen ausgestellten Signalanlagen und an der **Bushaltestelle** vorbei bis zur Hausnummer 10, an der wir rechts zur **Bahnhofstraße 20–26** einbiegen. Am Ende der Häuserreihe geht es zunächst auf Schotter weiter und dann geradeaus hinein in den **8 Waldfriedhof Marienberg,** nun auf einem sandigen Waldweg. Hin und wieder sehen wir Grabbäume mit Namensplaketten und Bänke, die sich hier wohl für eine Pause, aber kaum zum Picknick eignen. Etwa 300 Meter hinter dem Friedhofsschild erreichen wir eine Gabelung und nehmen den linken Weg. Auf diesem Stück, an der Flanke des **Marienbergs,** passieren wir den höchsten Punkt der Wanderung und sind nun, just im Bereich des Friedhofs, dem Himmel am nächsten. Bald geht es deutlich abwärts, und wir verlassen den Friedhofsbereich, erkennbar an einem beschrankten Weg, der in spitzem Winkel zurückführt. Auch ein Friedhofsschild steht hier. Weiter geht es vergnüglich auf dem manchmal leicht angeschotterten Forstweg durch Mischwald. Etwa 500 Meter hinter dem Friedhof queren wir eine Kreuzung im Wald und gehen geradeaus, vorbei an ein paar gelben Schildern einer unterirdischen Gasleitung. Gute 100 Meter weiter, in einer langgestreckten Rechtsbiegung, nehmen wir an einer Gabelung den linken Weg. Der Weg zieht sich nun ca. 800 Meter recht eben durch den Mischwald, ehe wir eine Abzweigung, die leicht von links hinten auf unseren Weg stößt, ignorieren, um uns nach weiteren 200 Metern an einer Gabelung wieder für den linken Weg zu ent-

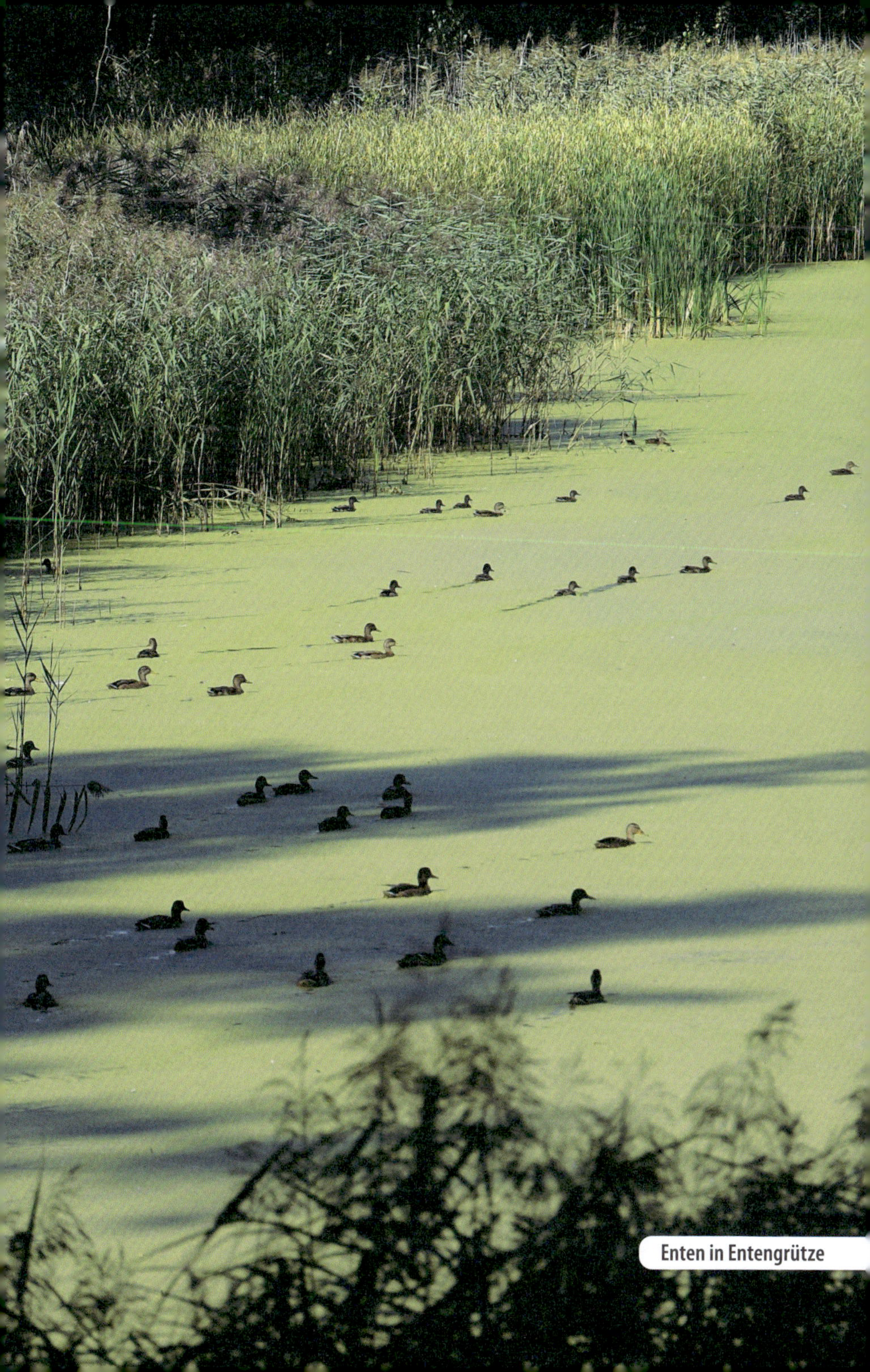

Enten in Entengrütze

scheiden. Nun folgen wir dem deutlich erkennbaren Hauptweg weiter, kommen an der Rückseite des **Bohrsdorfer Friedhofes** entlang und erreichen kurz dahinter den **Felixsee Weg,** an dem wir uns nach links wenden und nur noch wenige Meter bis zum Parkplatz vor uns haben.

Von hier sind es durch Bohrsdorf nach Hornow nur vier Kilometer bis zur **9 Confiserie Felicitas,** deren Café zwar auch Herzhaftes bereithält, in dem man sich aber die Schokoladen, Pralinen und Kuchen nicht entgehen lassen sollte. Im Garten sitzt man wohlig, schlemmt Süßes, blickt auf die Ziegen und Esel des Streichelzoos und ist nun viel leiblicher dem Himmel nah.

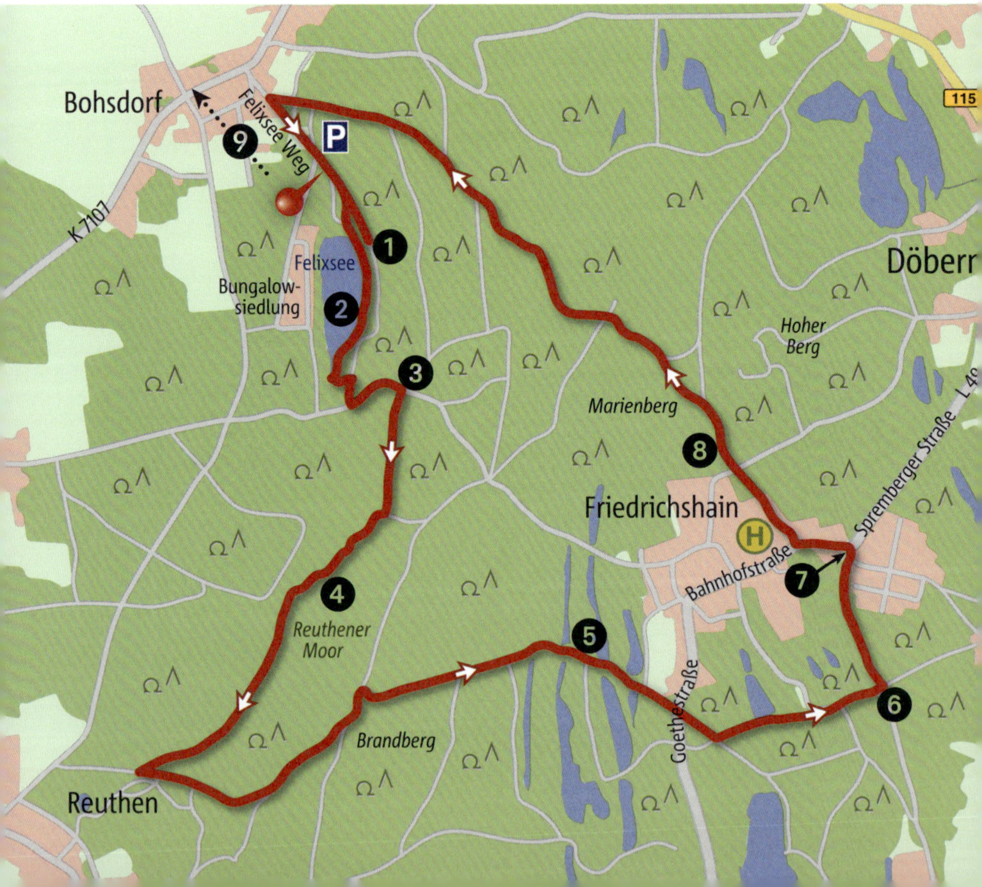

# ALLES AUF EINEN BLICK

**Entspannung**
**Abenteuer**
**Vielfalt**

### WIE & WANN

**Längere Abschnitte auf Pfaden und Schneisen mitten durch den Wald auf unmarkierten Wegen, sonst Wald- und Forstwege, teils geschottert, im Dorf und auf Fahrradwegen ca. 1,8 Kilometer Asphalt.**

### HIN & WEG

**Auto:** Parkplatz Felixsee, Felixsee Weg, 03130 Bohsdorf-Felixsee
**ÖPNV:** Bushaltestelle Friedrichshain, Bahnhof (Die Tour beginnt und endet dann in Friedrichshain)

### ESSEN & ENTSPANNEN

9 **Confiserie Felicitas,** Schokoladenweg 1, 03130 Hornow-Wadelsdorf, Tel. (03 56 98) 80 55 50, www.felicitas-schokolade.de

### ENTDECKEN & ERLEBEN

1 **Aussichtsturm Felixsee**
2 **Felixsee**
3 **Tafel zur Entstehung eines Giesers**
4 **Reuthener Moor**
5 **Seen in der Bergbaufolgelandschaft**
6 **Tafel Grube Julius**
7 **Rastbank an der Eiche**
8 **Waldfriedhof Marienberg**

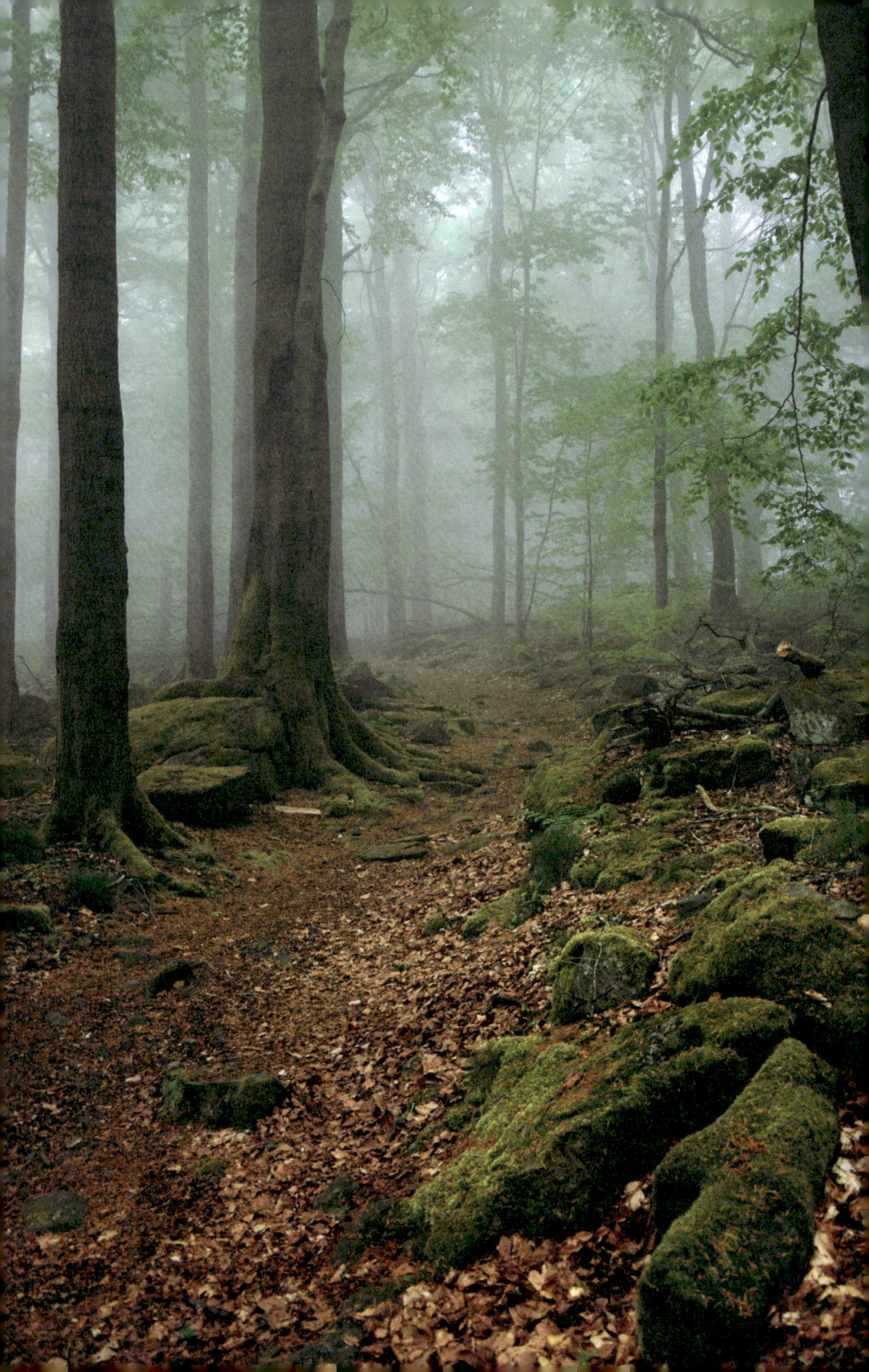

# Flaschengeister

## Vom Valtenberg nach Neukirch

Die Wanderung beginnt am kleinen Bahnhof **Neukirch (Lausitz) West.** Vor dem Bahnhofsgebäude folgen wir der weiß-grün-weißen Markierung, die uns zu unserem ersten Ziel, dem Valtenberg, führt. Zunächst werden wir unter den Gleisen durch nach links auf einen Kopfsteinpflasterweg geführt. Etwa 70 Meter weiter nehmen wir an einer Gabelung den rechten Weg und halten uns kurz dahinter erneut rechts. Auf dem **Winfried-Hultsch-Bergsteig** geht es nun zunehmend steil hinauf. Knappe 150 Höhenmeter gilt es auf den nächsten 1,4 Kilometern zu bewältigen. Durch das üppige Grün von Buchen und einigen Fichten steigen wir hinauf, im Sommer angenehm beschattet. Der Valtenberg kann aber auch die Wolken einfangen; wer Glück hat, wandelt durch eine verwunschen erscheinende Nebelwelt, in der jedes Laubrascheln und jeder Vogelruf eine Überraschung anzukündigen scheint, selbst Flaschengeister tauchen vor dem fantasiebegabten Auge auf.

*Auf dem* ***Valtenberg*** *wurde von 1954 bis 1959 eine Richtfunkstation der SED betrieben. Die 50 Meter hohe Antenne verband Cottbus mit Dresden. Auf den Resten entstand die heutige, Franz von Assisi gewidmete Kapelle zur Erinnerung an die Wiedervereinigung.*

Nachdem wir zwei Querwege gekreuzt haben, erreichen wir den Gipfel des ❶ **Valtenbergs** mit seiner **Bergbaude** und dem 22 Meter hohen **König-Johann-Turm,** von dessen Aussichtsplattform man das Zittauer und das Elbsandsteingebirge sehen kann. Auch wenn der Anstieg anstrengend war – im Grunde sind wir gerade erst losgewandert –, ist dies die letzte Einkehrmöglichkeit bis zu unserem Endziel.

**Kilometer:** 12,4
**Höhenmeter:** 380
**Stunden:** 4
**STRECKE**

Vom Gipfel folgen wir nun Weiß-Rot-Weiß zur **Wesenitzquelle.** 300 Meter geht es über einen Asphaltweg, der uns in Serpentinen abwärtsführt, ehe er hinter einer Links-

Die 83,6 Kilometer lange **Wesenitz** leitet ihren Namen vom sorbischen Wjazońca, Ulme, ab. Vor der letzten Eiszeit floss sie in die Spree, wurde aber durch Moränen in die Elbe umgeleitet. Schon vor 1900 trieb ihre Wasserkraft 63 Anlagen an, meist Mühlen.

kurve zu einem weicheren Waldweg wird. Bald stoßen wir auf einen breiteren Forstweg, wenden uns nach links und erreichen wenige Meter weiter an einem Abzweig den kurzen Abstieg zur **2 Wesenitzquelle.**

Etwa 50 Meter unterhalb der Quelle finden wir eine Picknickbank mit Tisch, zu der wir hinuntergehen, dann dem neu angelegten Pfad nach rechts folgen und knappe 100 Meter weiter auf die breite Forststraße treffen, von der wir weiter oben den Einstieg zur Quelle genommen hatten. Wir wenden uns nach links und folgen der Waldstraße, deren Asphalt deutlich bröckelt und allmählich in überwachsenen Schotter übergeht. An der nächsten T-Kreuzung folgen wir Weiß-Gelb-Weiß Richtung **Hohwaldschänke.** Etwa 300 Meter dahinter trifft von rechts eine deutliche Schneise auf unseren Forstweg, links führt eine weitaus undeutlichere Schneise in den Wald. Wer ein wenig Abenteuerlust verspürt, kann mit dieser Schneise nach links etliche Meter der wenig interessanten Forstpiste ab-

Großvaterstuhl

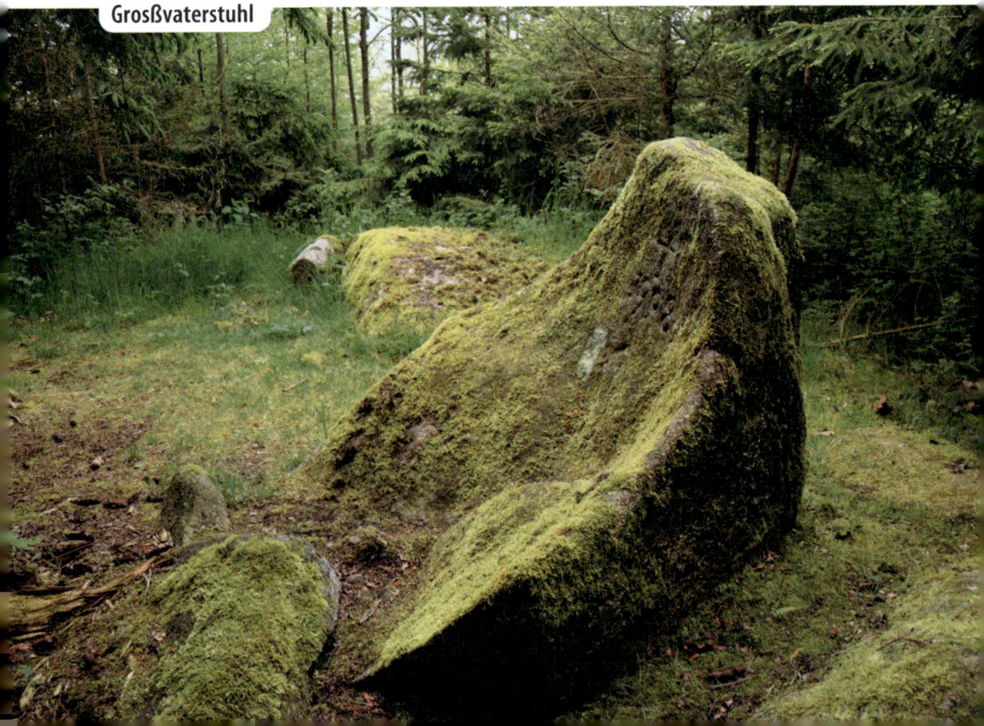

kürzen. Es geht in Teilen über Stock und Stein, auch etwas Morast muss bei Nässe umgangen werden. Für Gruppen ist dieser Pfad ungeeignet. Nach etwa 300 Metern treffen wir auf den **Löcherweg** und wenden uns nach links. Wem das zu unsicher ist, folgt weiter Weiß-Gelb-Weiß bis zu einem Wegestern und biegt dort scharf links ab in den als Loipe markierten Löcherweg. Diese Variante ist ca. 500 Meter länger.

**Für die Seele**
**Lichte Wälder und berauschendes Grün für den Geist, ein Anstieg und geistige Getränke für den Körper.**

Warnschilder weisen auf einen ehemaligen Steinbruch hin, der hinter einem bewachsenen Erdwall verborgen liegt. Wo der Wall abflacht, ist der Löcherweg asphaltiert. Etwa 500 Meter weiter stoßen wir rechts auf eine kleine begraste Lichtung, von der ein deutlicher **Schneisenweg** abzweigt. Der Asphaltweg windet sich nach vorne und hinten in etwa gleicher Entfernung in die Richtung des Schneisenwegs. Gegenüber der Lichtung geht nach links ein unscheinbarer Pfad

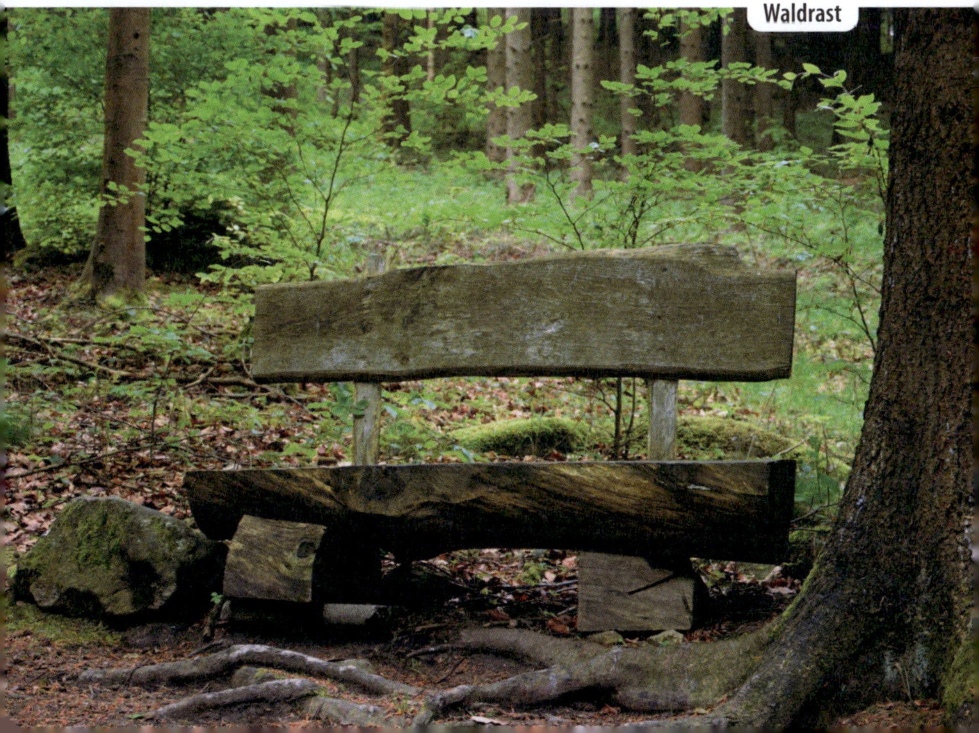
Waldrast

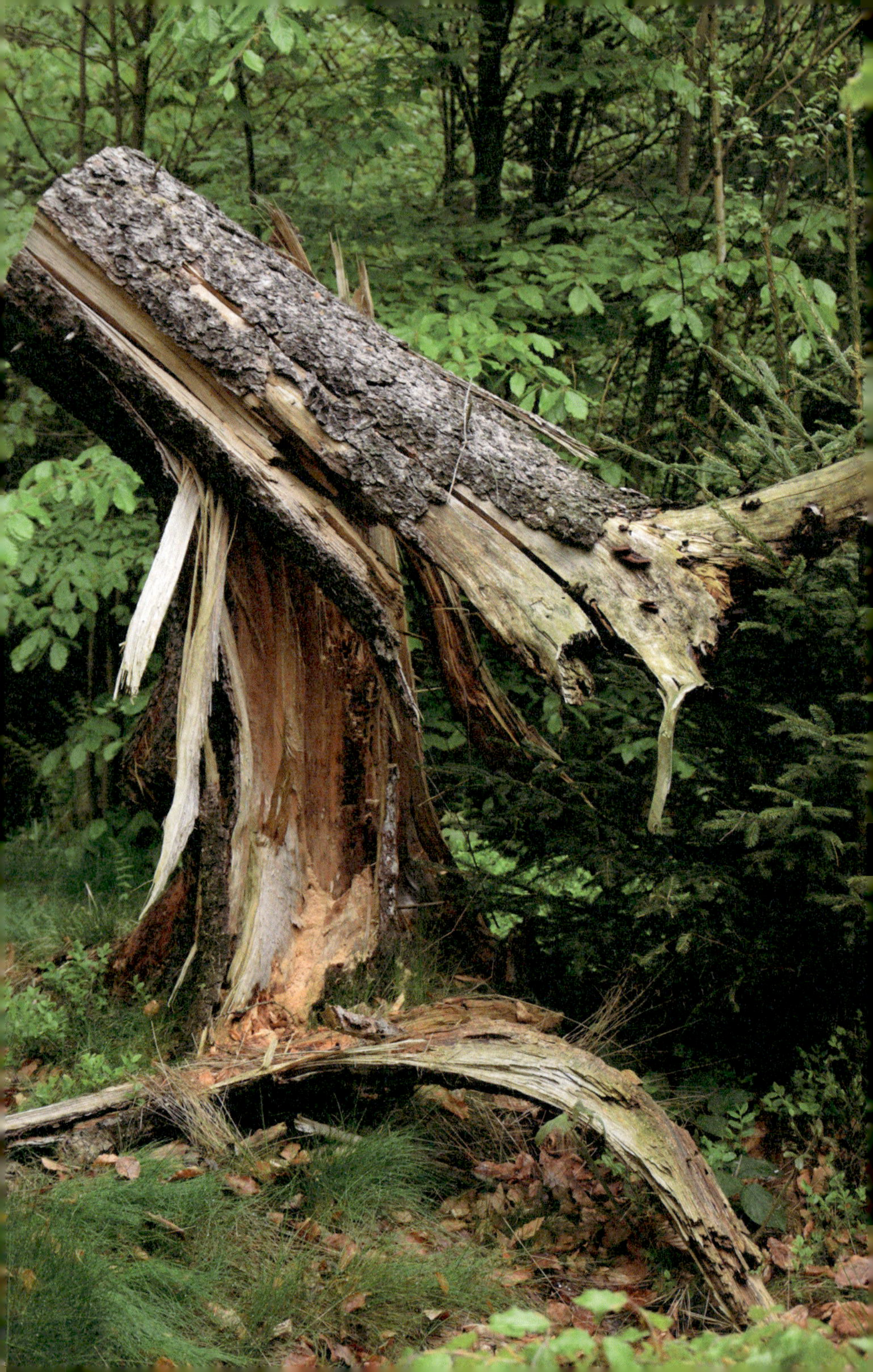

ab, den wir nehmen und sofort den Asphalt unter unseren Füßen vergessen. Durch junge Buchen und bald Birken führt uns der Pfad zu einer kleinen ③ **Brücke über die Wesenitz,** die 1800 für Fuhrwerke errichtet wurde. Dahinter geraten zwei breite Querwege in den Blick: Wir nehmen den hinteren mit Weiß-Rot-Weiß nach rechts. Die nächsten ca. 600 Meter geht es schnurgerade durch den Wald. Dann folgen wir der Markierung nach rechts und nach weiteren 200 Metern, nachdem wir erneut die Wesenitz überquert haben, nach links. Ca. 100 Meter von der Wesenitz entfernt mäandert der Weg nun dahin, zuerst als Forstpiste, die allmählich schmaler wird, schließlich als Waldweg.

*Der Hohwald war einst eine Goldgräbergegend. Aufzeichnungen belegen das Schürfen und Graben nach Gold ab ca. 1300. Legenden und auch eine Reihe von Flurnamen, wie die* ***Goldbergwiesen,*** *zeugen bis heute von dem allerdings wenig ertragreichen Goldbergbau*

So erreichen wir die ④ **Goldbergwiesen,** die sich nach rechts öffnen. Bei der Infotafel zu den Wiesen verlassen wir Weiß-Rot-Weiß und biegen nach links auf den grünen Punkt Richtung **Neukirch Bhf Ost** ein. Zunächst durchschreiten wir die lieblichen Bachauen der Wesenitz, queren sie erneut und wandern bald durch die Reste eines ⑤ **historischen Hohlweges,** der wohl durch Fuhrwerke entstanden ist. Angesichts der vielen geschotterten Pisten im Umfeld ist kaum mehr vorstellbar, dass man früher mit Fuhrwerken auf solchen Wegen fuhr. Romantisch war das sicher nicht!

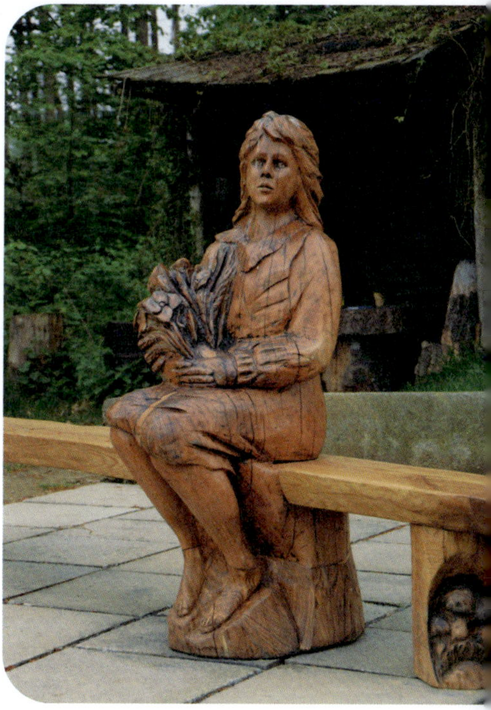

Hinter einer Linkskurve erreichen wir schließlich unseren Rastplatz, den ⑥ **Helenenblick.** Neben der hölzernen Helene sitzend, lässt sich die Aussicht über die Felder auf Steinigtwolmsdorf genießen, die ein Mann des Dorfes einst seiner Frau Helene gewidmet haben soll. Die Skulptur wurde erst viel später, nämlich 2012, gestiftet.

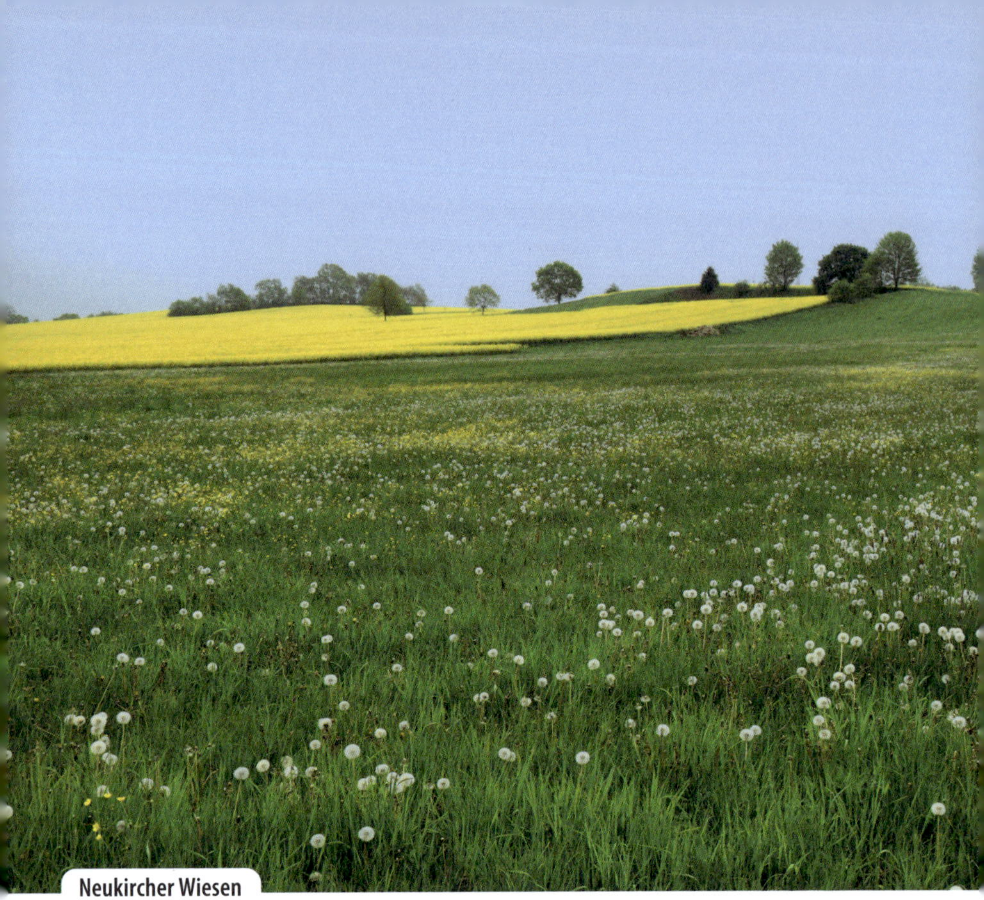

Neukircher Wiesen

Gut erholt folgen wir dem Weg vor der Helene abwärts bis auf den 50 Meter unterhalb verlaufenden Querweg, wenden uns nach links und erreichen bald wieder die Höhe der Helene, wo unser Weg eine Rechtskurve beschreibt. Kurz darauf erreichen wir die Abzweigung zum **7 Großvaterstuhl,** einem kurzen Abstecher zu einem: nun ja – der Name trifft es schon! Der Stein erinnert an einen Todesfall aus dem Jahr 1908 und erweckt den Eindruck eines verwitterten, gemütlichen Lehnstuhls. Etwas weiter treffen wir auf den **8 Selkeblick,** an dem wir eine Bank vorfinden, von der aus sich ein schöner Blick über die Felder erneut hinunter nach Steinigtwolmsdorf bietet. Nun folgen wir dem grünen Punkt zuerst nach links und 100 Meter weiter nach rechts. Nach 200 Metern nehmen wir an einer Gabelung den linken Weg, der zwar keine Wandermarkierung zu bieten hat, dafür aber eine Ausschilderung Richtung **Ghs Waldschlößchen.** Auf weichem Boden geht es durch Mischwald. Wir absolvieren eine Rechts-links-Schikane und genießen die vielen Grüntöne auf diesem Weg, der auf manchen Karten als Loipe eingezeichnet ist, auf anderen fehlt. An der nächsten T-Kreuzung biegen wir nach rechts ab, passieren eine Info-Tafel zum Borkenkäfer und erreichen nach ca. 300 Metern die **ehemalige Bergschänke Waldschlößchen.** An dem Wegekreuz nehmen wir für den letzten Abschnitt Weiß-Gelb-Weiß Richtung **Neukirch Mitte,** zweigen einmal rechts ab und kurz dahinter wieder links – noch einmal gibt es ein Potpourri aus Waldboden, der teils von riesigen Forstmaschinen zerfurcht ist, und den Füßen schmeichelnden Wiesenwegen. So erreichen wir die ersten Häuser von Neukirch an der **Waldsiedlung,** passieren einen Sportplatz und biegen vor der Bahnlinie nach rechts ab. Bald verlassen wir die Siedlung und wandern zwischen den Gleisen und Feldern dahin, bis wir auf der **Ernst-Thälmann-Straße** die Bahngleise an der Schranke überqueren. Dahinter folgen wir erst der **Poststraße,** dann der **Bergstraße,** dann erneut der **Poststraße,** alle nach

*Birnen- und Marillenbrand, Trester, selbst Zibartenbrand: Das sind vertraute Getränke in der* ***Schaubrennerei.*** *Ungewöhnlicher sind da schon Bockbierbrand oder Zwiebackdestillat. Auch für einen Whisky muss man nicht nach Schottland oder Irland reisen.*

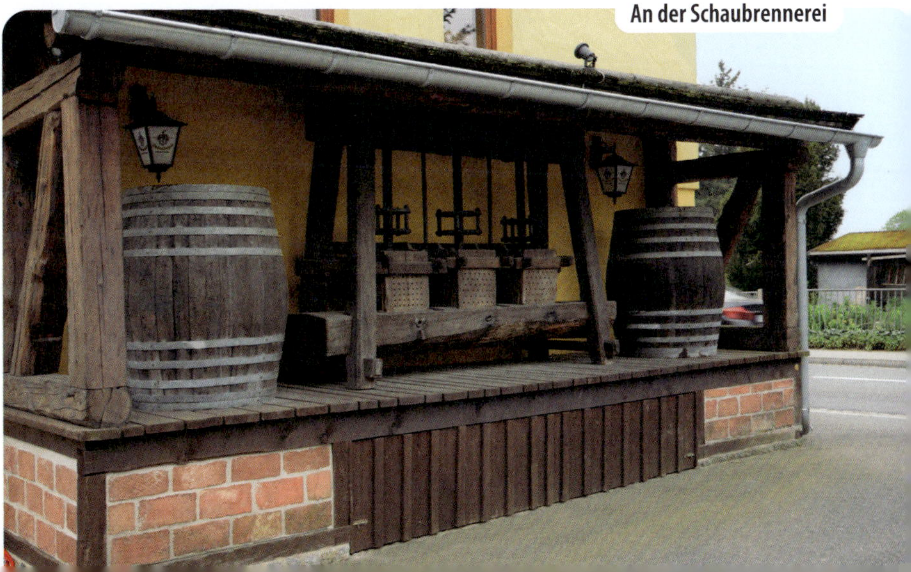
An der Schaubrennerei

rechts, und stehen nach 500 Metern kurz vor dem **Bahnhof Neukirch (Lausitz) Ost.**

Wer hier geparkt hat, kann mit dem Auto zum letzten Höhepunkt der Wanderung fahren: **9 Schusterlieb's Schaubrennerei.** Zu Fuß sind es etwa 600 Meter über die Straße **Am Ostbahnhof,** dann geradeaus in die **Bautzener Straße** bis zum Hofladen. Von der Fliesenlegerei zur Brennerei: Das ist die erstaunliche Geschichte dieser noch jungen Brennerei, die eine ganze Palette unterschiedlicher Brände, Geiste und Liköre herstellt. Regionalität ist hier ein Ziel, aber keine Doktrin: So kommt der Trester aus dem nahen Meißen, die Marillen jedoch aus der Nähe der österreichischen Wachau, da sie dort einfach besser gedeihen.

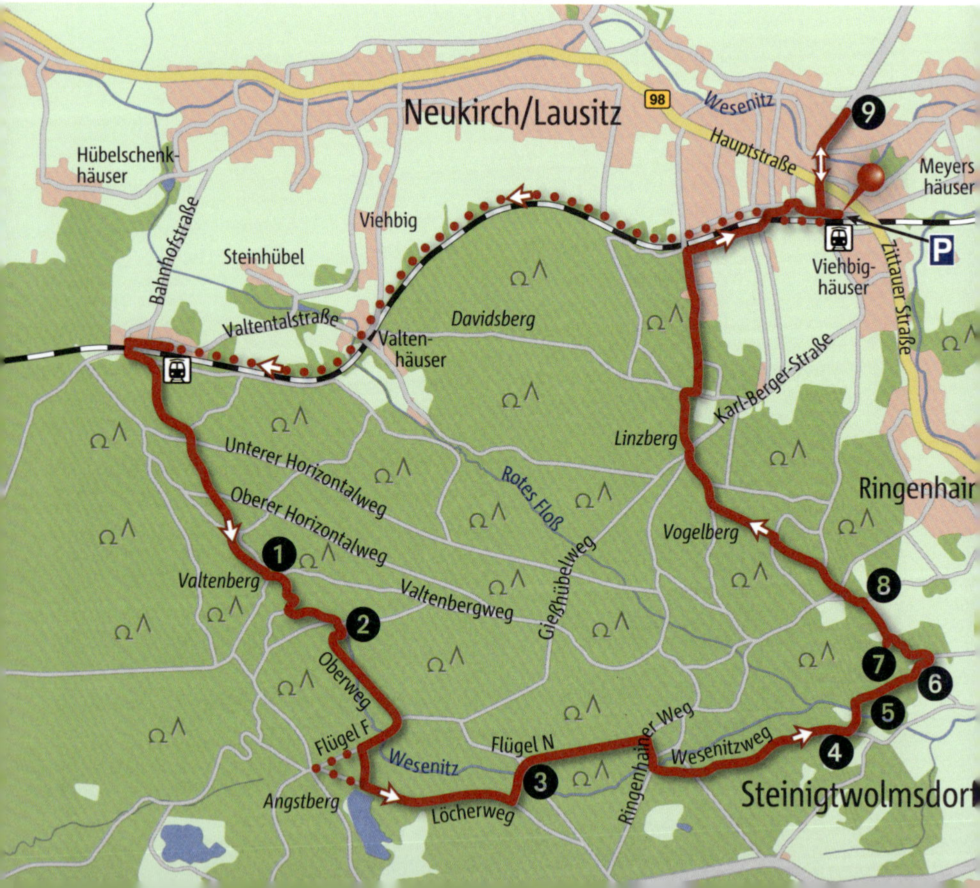

# ALLES AUF EINEN BLICK

**Entspannung** 4/5
**Abenteuer** 4/5
**Vielfalt** 3/5

## WIE & WANN

**Meist anspruchslose Forst- und Waldwege, kürzere Strecken auf Pfaden, teils asphaltierte Waldwege, in den Dörfern Straße. Ganzjährig möglich.**

## HIN & WEG

**Auto:** Parkplätze am Bahnhof Neukirch (Lausitz) Ost, Am Ostbahnhof oder an der Poststraße, 01904 Neukirch/Lausitz (Transfer zum Start mit der Bahn bis Bahnhof Neukirch (Lausitz) West)
**ÖPNV:** Bahnhof Neukirch (Lausitz) West

## ESSEN & ENTSPANNEN

1 **Bergbaude Valtenberg,** Karl-Berger-Straße 18, 01904 Neukirch/Lausitz, Tel. (03 59 51) 3 15 69 (**Turmbesteigung nur zu den Öffnungszeiten der Bergbaude)**

9 **Schusterlieb's Schaubrennerei Ramona und Steffen Lindner,** Bautzener Straße 22 b, 01904 Neukirch/Lausitz, Tel. (03 59 51) 3 08 26, www.schusterliebs.de

## ENTDECKEN & ERLEBEN

2 **Wesenitzquelle**
3 **Brücke über die Wesenitz**
4 **Goldbergwiesen**
5 **Historischer Hohlweg**
6 **Helenenblick**
7 **Großvaterstuhl**
8 **Selkeblick**

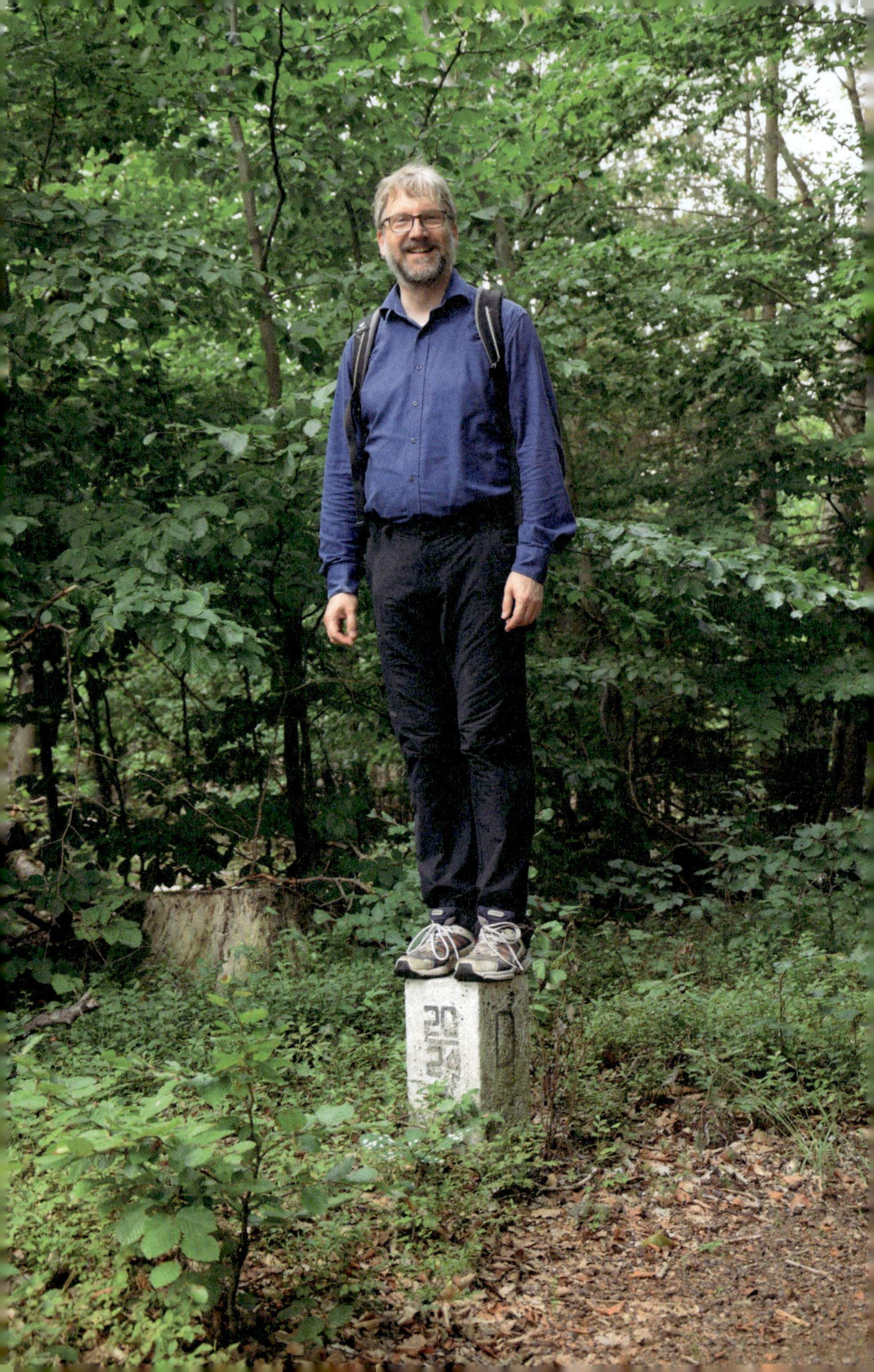
D

# Altes und Reifes

## Um Wehrsdorf

Bereits am Parkplatz werden wir auf vergangene Zeiten eingestimmt, zunächst – zur Dresdener Straße hin – mit einer Reihe von Tafeln zur Bedeutung möglicher frühzeitlicher Sonnenkultstätten. Eine davon, das Steinzeitkino, werden wir später in Augenschein nehmen. Nicht ganz so weit zurück führt das Hinweisschild zum ❶ **Kirchsteig,** auf dem wir die Tour beginnen. Bis zur Gegenreformation war Wehrsdorf ein Pertinenzstück zu Hainspach, gehörte also zum heutigen Lipová: gute fünf Kilometer zur Kirche, zu Fuß durch den Wald auf einem Weg, der sicherlich nicht so ausgebaut war wie heute. Für uns ist der Kirchsteig zunächst höchst bequem: Auf gepflastertem Weg geht es südlich aus Wehrsdorf hinaus. Ein paar schöne Blicke zurück auf den Ort und die Kirche sollte man nicht verpassen. Bald hört das Pflaster auf, und wir gehen den breiten Waldweg weiter bis zur **Wehrsdorfer Bank,** einer Rastbank an einer Kreuzung. Der Weg in die Schneise nach links ist als einziger nicht mit einem Hinweisschild versehen. Diesen nehmen wir und stapfen die nächsten 400 Meter durch Gras und niedriges Unterholz vorbei an Fichten, Birken und Buchen. Der Weg endet auf einem langgestreckten Kleebett an einer geschotterten Forstpiste, auf die wir nach links einbiegen. Nach einer langgezogenen Linkskurve verläuft die Piste oberhalb eines vor nicht allzu langer Zeit gerodeten Hanges, der nun allmählich wieder zuwächst. Hinter einer langgezogenen Rechtskurve verläuft die Piste ein längeres Stück geradeaus. Von der Geraden

**Kilometer:** 9,9
**Höhenmeter:** 300
**Stunden:** 3,5
**RUNDWEG**

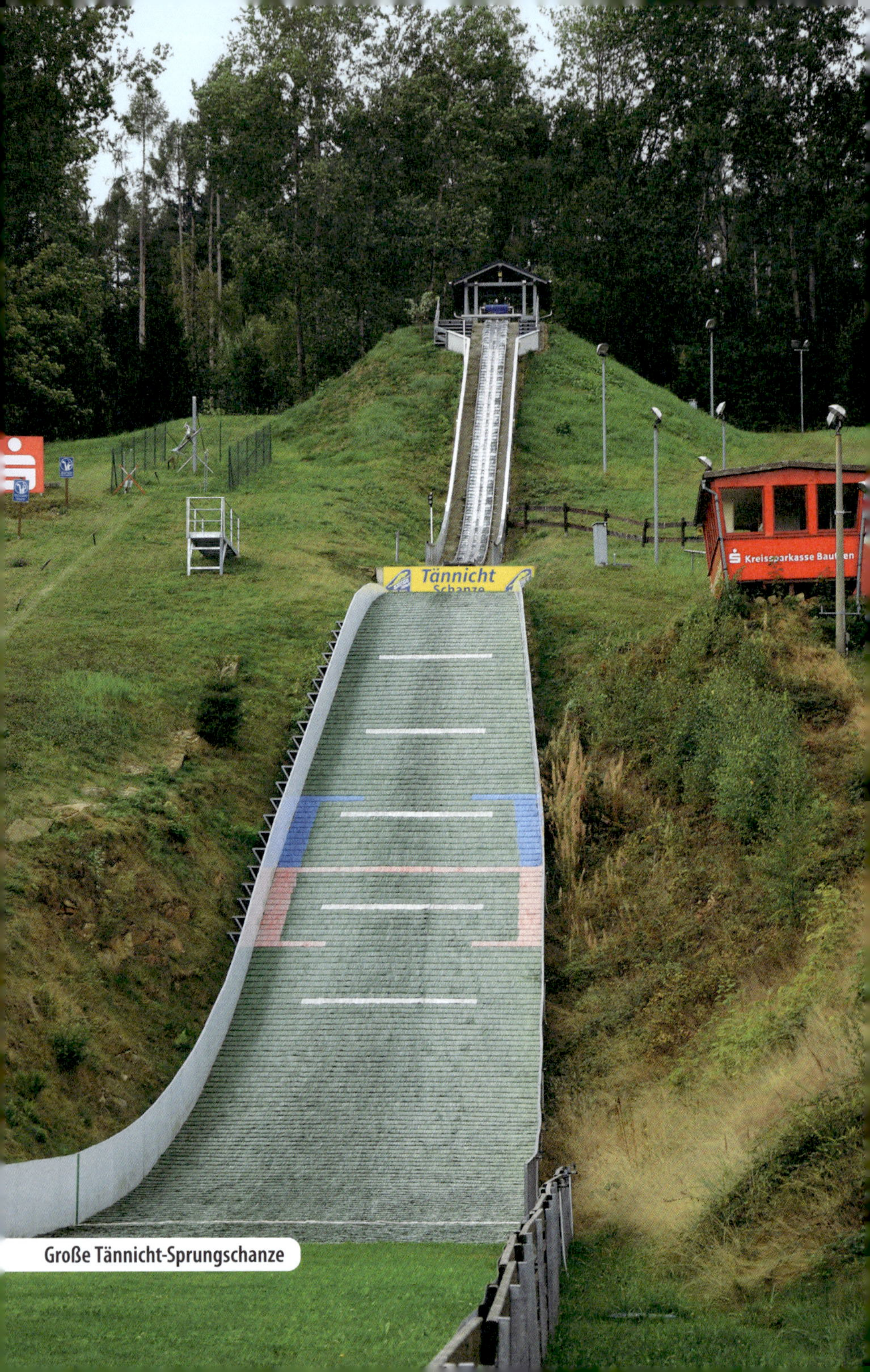


Große Tännicht-Sprungschanze

zweigen zwei unmarkierte Wege rechts ab, die wir beide nehmen können. Leichter zu identifizieren ist der zweite, der deutlich in spitzem Winkel nach rechts rückwärts abzweigt (GPS 51.046477, 14.393378). Wir biegen also spitz nach rechts auf einen Naturweg, der sich bald leicht nach links krümmt, ehe er sich mit einem von rechts kommenden Pfad vereinigt. Wer die erste Abzweigung genommen hat, kommt hier heraus. Auf weichem Boden geht es weiter durch junges Gehölz, bis uns der Weg zur **Schanzenbaude Tännicht** führt. Auf die Loipenschilder sind wir schon zuvor gestoßen; hier sehen wir nun einen kleinen Lift und vor allem: drei **2 Sprungschanzen.** Immerhin ging es für einige Sportasse von hier zu Olympischen Spielen oder Weltmeisterschaften.

**Für die Seele**
**Ein steinzeitlicher Sonnenkult und gereifter Käse: auf Pfaden an der sächsisch-böhmischen Grenze.**

Wir verlassen das Skiareal über die schmale Straße und gehen bei der nächsten Abzweigung die Allee geradeaus weiter in den **Fichteweg.** Nach insgesamt knappen 300 Metern Straße folgen wir an der nächsten Rastbank dem Schild zum **Prinz-Friedrich-August-Turm** nach rechts auf einen Wirtschaftsweg. An der nächsten Gabelung vor einer Schranke nehmen wir den linken Weg. Wo der geschotterte Weg eine Linkskurve beschreibt, weisen die Zeichen in die Richtung, aus der wir gekommen sind. Für uns geht es hier geradeaus weiter aufwärts auf einen Waldweg. Nach etwa 300 Metern stoßen wir auf einen Querweg, an dem wir auch wieder Zeichen finden: einen gelben Punkt und Weiß-Blau-Weiß. Wir biegen nach rechts auf den breiteren Waldweg ein, nehmen kurz dahinter an einer Gabelung den linken Weg und erreichen wenig später das Hinweisschild zum **3 Steinzeitkino.** Der fragliche Stein liegt einige Meter nach rechts in den Wald hinein hinter einer Infotafel.

Wir setzen dann unsere Wanderung auf dem vorherigen Weg fort und erreichen wenige Minuten spä-

*Die beiden großen* ***Schanzen in Tännicht*** *wurden 1972 respektive 1975 gebaut und 2015/16 modernisiert. Ausgelegt auf Sprungweiten von 28 bzw. 14 Metern können sie zwar mit den ganz großen Anlagen nicht mithalten, sind aber immer noch eindrucksvoll genug.*

*Bei* ***Steinzeitkino*** *könnte man Fred und Barney vor einer Felsleinwand erwarten. Tatsächlich handelt es sich wohl um eine frühzeitliche Sonnenkult- und Opferstätte, die astronomische Beobachtungen manifestiert. Der große Stein enthält ein Opferbecken.*

ter den ④ **Prinz-Friedrich-August-Turm** mit der **Gaststätte.** Der Turm eröffnet eine schöne Aussicht, besonders in Richtung Zittauer Gebirge und Böhmen. Fast die Hälfte der Wanderung ist absolviert. Wer sich verpflegen lassen möchte, findet bei geöffneter Gaststube hier die letzte Gelegenheit. Für alle, die den Proviant im Rucksack haben: Die Bänke am Waldrand nach Süden vorbei an dem kleinen Spielplatz mit Blick über Neudorf bieten die erste von mehreren guten Rastmöglichkeiten. Anschließend geht es am Minigolfplatz vorbei Richtung **Himmelskuppel,** bald auch mit Weiß-Blau-Weiß, auf einem mit Steinen eingefassten Waldweg, der kurz darauf den Waldsaum erreicht, an dem wir uns nach rechts wenden. Wenige Meter weiter verläuft der Weg zwischen den Feldern nach links auf den gegenüberliegenden Waldrand zu und dann links an ihm entlang. Zügig passieren wir eine weitere Rastbank, ausgestattet mit einem Bibelspruch – als ob der Kirchsteig gewisse Nachwehen zur Schau trüge. An der nächsten T-Kreuzung wenden wir uns nach rechts und folgen dem Schotterweg etwa 200 Meter weit bis zum nächsten Pfahl mit Loipen- und Wanderschildern.

Blick über Neudorf

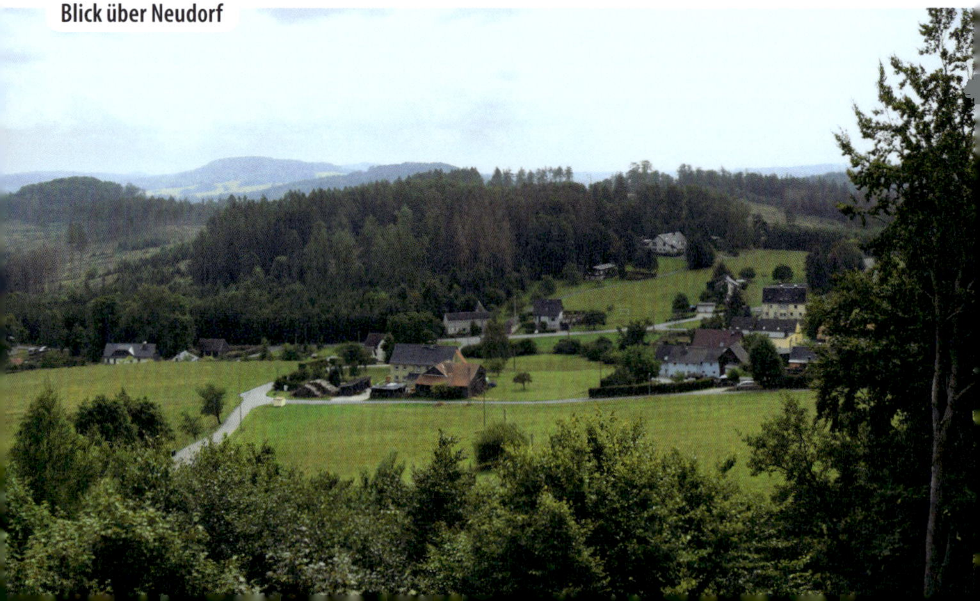

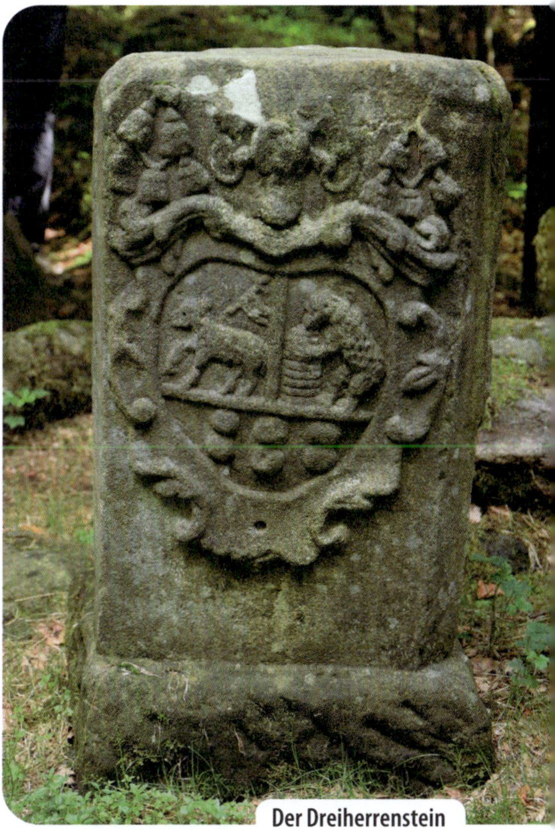

Der Dreiherrenstein

Hinter dem Baumstreifen zieht sich eine rechteckige Lichtung etwa 100 Meter nach links, die wir auf dem Pfad an ihrer linken Seite überqueren. Am Ende der Lichtung finden wir den **Grenzweg** und einen Grenzstein zur Tschechischen Republik sowie linker Hand die **5 Neudorfhütte,** die nicht nur mit gutem Blick über die Felder nach Neudorf lockt, sondern auch mit putzig dekoriertem Tisch. Unser Weg führt aber nach rechts, respektive nordwärts nun immer mit Weiß-Blau-Weiß auf der Grenze entlang. Hier könnte man sich auch an den zahlreichen Grenzsteinen orientieren; der schmale Pfad lässt ohnehin kaum Abweichungen zu. Bald erreichen wir die **Dreiherrensteinhütte.** Dahinter knickt der Grenzverlauf nach links ab und wir mit ihm. Nach wenigen Metern stehen wir vor dem **6 Dreiherrenstein,** einem alten Grenzstein von 1750. Der dreieckige Stein trägt die Wappen der Herrschaftsgebiete, die hier zusammenstießen: **L**eopold **G**raf **z**u **S**alm (L:G:Z:S:) zeichnete unter dem Wappen der Grafen von Salm-Reifferscheidt-Hainspach, **A**ugust **S**iegmund **v**on **d**er **S**ahla (A:S:V:d:S:) unter dem Wappen der Herren von der Sahla, während das Domkapitel Bautzen nur mit Wappen vertreten ist. Weiter geht es mal mit dem Fuß in Sachsen, mal in Böhmen.

Wir queren den **Kirchsteig,** dessen Hinweisschild – hier nun passend – auch mit einem Bibelspruch versehen ist. Der Grenzpfad gehört sicherlich zu den schönsten Abschnitten der Tour: über Wurzel und Stein, über Planken, vorbei an Borke und Geäst, mit genug Zeit, die kleinen Dinge am Rande zu beobachten: Baumstümpfe, die Socken aus Moos tragen, Frösche, die sich in Sicherheit bringen, die Ordnung der Grenzsteine und vieles mehr. Direkt hinter einem gatterbewehrten Rechtsknick erreichen wir die **Almhütte** – und entdecken darin nun nicht nur einen weiteren Sinnspruch, sondern gleich eine Ausgabe des Neuen Testaments. Da meint es jemand ernst. An der Almhütte vorbei geht es mit Weiß-Blau-Weiß nun geradeaus weiter, an einer Reihe von aufgereihten, findlingshaften Steinen vorbei – weiterhin auch treulich von den Grenzsteinen begleitet. Nach einiger Zeit finden wir eine Ausschilderung nach rechts Richtung **Wehrsdorf Bad** und **Wehrsdorf.** Dieser folgen wir und verlieren allmählich an Höhe. Zunächst ein Waldweg, wird der Weg immer breiter und gestampfter, bis wir nach etwas mehr als einem Kilometer das **Waldbad** in Wehrsdorf erreichen. Damit lassen wir den weichen Waldboden hinter uns: Ab nun geht es auf Asphalt oder Pflaster durch das Dorf, zunächst entlang der gewundenen **Waldbadstraße,** dann geradeaus in den **Schmiedeweg** bis zum **Alten Grenzweg,** in den wir nach links einbiegen. Ein Brückchen über den **Kaltbach** bringt uns hinunter zur befahrenen **Dresdener Straße,** an der wir uns nach rechts wenden, aber schon nach 60 Metern nach links in die ruhige **Lessingstraße** abzweigen, von der wir nach weiteren 150 Metern links in die **Weifaer Straße** einschwenken und direkt vor der **7 Hofkäserei Vetter** landen. Für eine Verkostung bitte unbedingt mindestens einen Tag vorher anrufen und einen Termin vereinbaren. Es steht zwar noch die Kirche St. Trinitatis auf dem Programm, aber wir haben insgesamt nur noch 600 Meter vor uns. Im Rucksack ist auch wieder genügend Platz, der nun mit Käse, wie dem Alten Wehrsdorfer, befüllt werden kann.

*1993 entstand neben einem Landwirtschaftsbetrieb die **Hofkäserei Vetter,** anfangs als Hobby. Bis heute stammt die Milch aus der Familienproduktion und wird in aufwändiger Handarbeit und mit Lust zum Experiment zu Käse, Joghurt und Quark verarbeitet.*

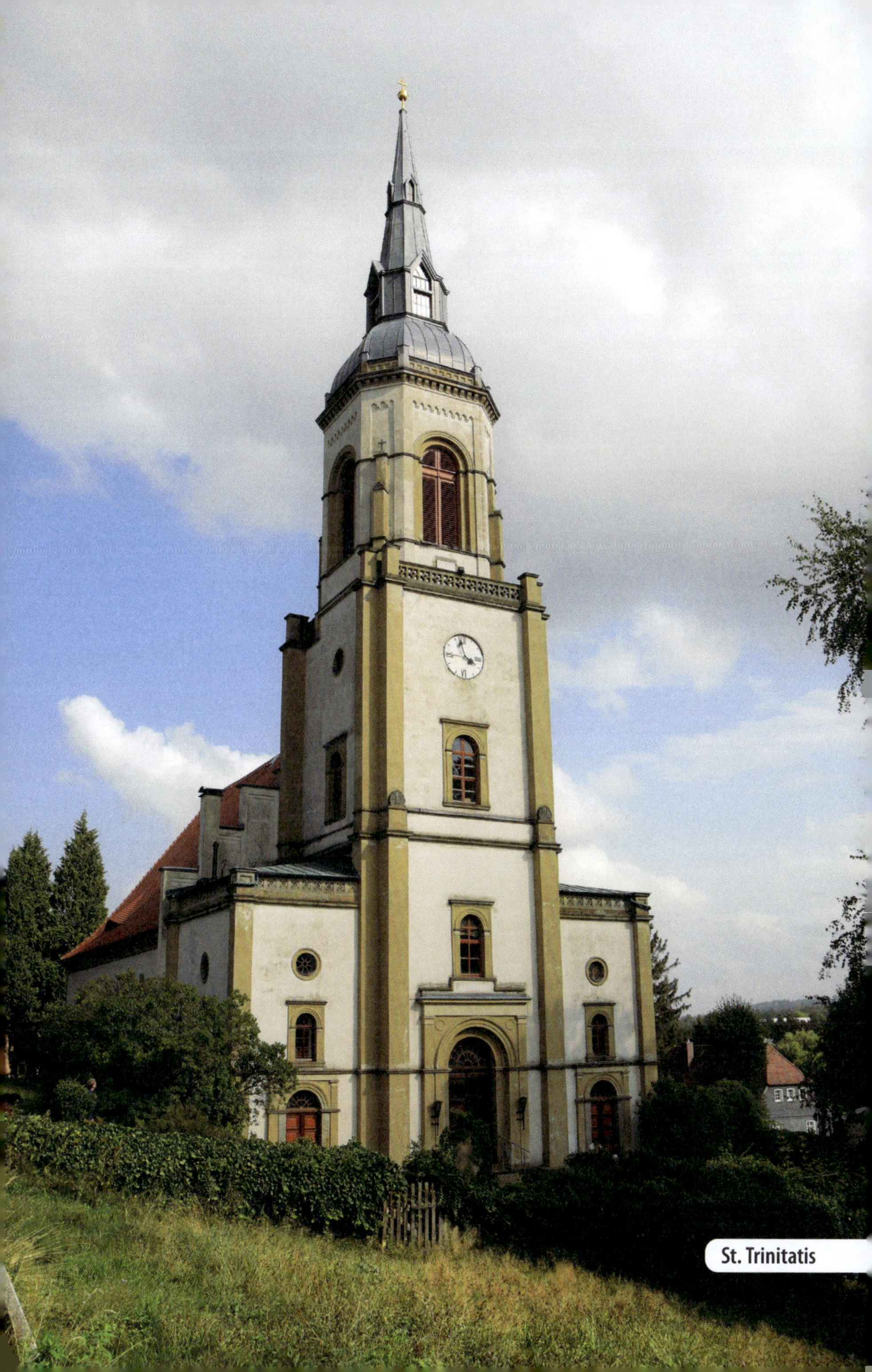

St. Trinitatis

Nachdem das Pertinenzverhältnis zu Hainspach im Zuge der Gegenreformation gelöst war, besuchten die Wehrsdorfer zunächst die Kirche in Sohland. Am 11. Mai 1725 erfolgte die Grundsteinlegung von **St. Trinitatis,** die genau sechs Monate später geweiht wurde.

Eingedeckt oder gesättigt gehen wir die Weifaer Straße weiter hoch und biegen direkt hinter der Hofkäserei nach rechts in den schmalen Fußweg ein, an dessen Ende wir dem **August-Matthes-Weg** mehr oder weniger geradeaus folgen und bald die **8 Kirche St. Trinitatis** erreichen, die wir schon mehrfach gesehen haben.

Vom Tor zum Kirchhof nehmen wir die Gasse, die gegenüber, auf der rechten Seite des Wiesenstücks abwärtsführt, queren dann leicht nach rechts versetzt die **Lessingstraße** und erreichen den **Eduard-Kauffer-Weg.** Diesmal etwa 20 Meter nach rechts versetzt, geht es in einen schmalen Fußweg, der uns erneut über den Kaltbach führt. Bei der **Poststraße** wenden wir uns nach links und haben noch 100 Meter bis zum Parkplatz vor uns.

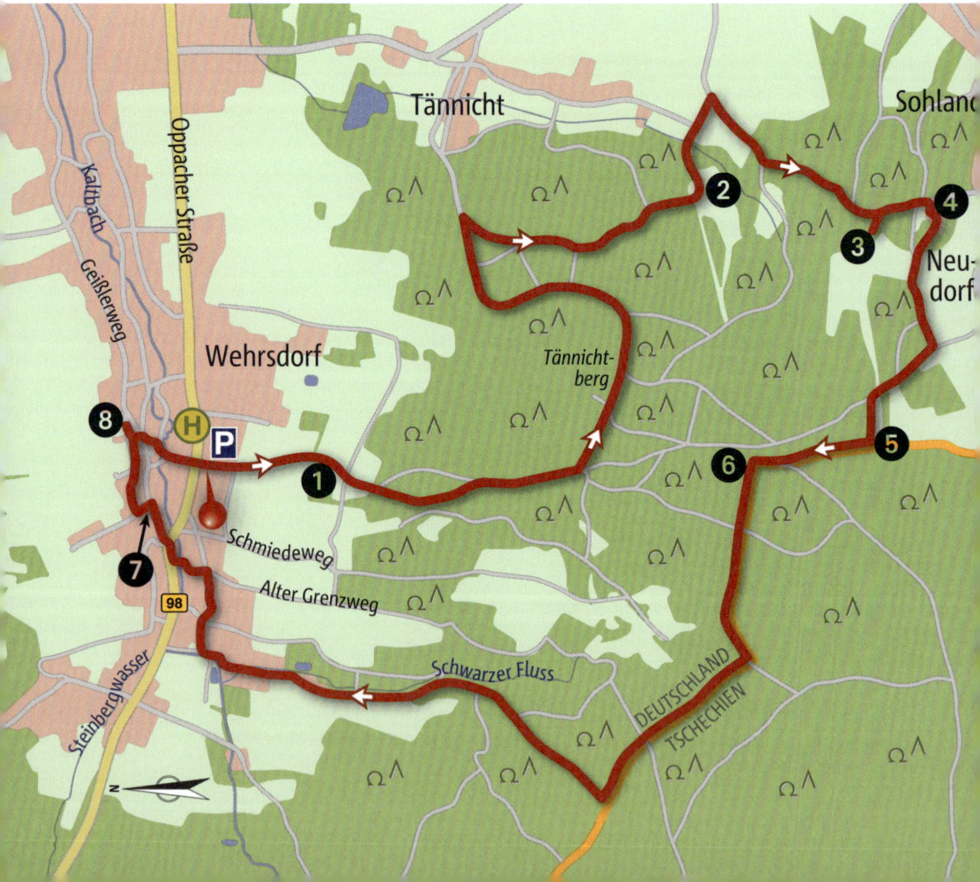

# ALLES AUF EINEN BLICK

**Entspannung** 4/5
**Abenteuer** 4/5
**Vielfalt** 3/5

### WIE & WANN

**Meist Waldwege und Forstpisten, teils Schneisen, im Ort Straße oder asphaltierte Fußwege. Am besten März bis Oktober, im Winter ggf. Loipenbetrieb.**

### HIN & WEG

**Auto:** Parkplätze Wehrsdorf, 02689 Sohland an der Spree,
Parkplatz Dresdener Straße 1 oder Parkplatz Schenks Berg 2
**ÖPNV:** Bushaltestelle Wehrsdorf, Erbgericht

### ESSEN & ENTSPANNEN

4 **Prinz-Friedrich-August Baude,** Baudenweg 4, 02689 Sohland an der Spree/ OT Wehrsdorf, Tel. (03 59 36) 15 99 99, www.prinzenbaude.com

7 **Hofkäserei Vetter,** Weifaer Straße 1 a, 02689 Sohland an der Spree/ OT Wehrsdorf, Tel. (03 59 36) 3 04 16, www.hofkaeserei-vetter.de

### ENTDECKEN & ERLEBEN

1 **Kirchsteig**
2 **Sprungschanzen**
3 **Steinzeitkino**
5 **Neudorfhütte**
6 **Dreiherrenstein**
8 **Kirche St. Trinitatis**

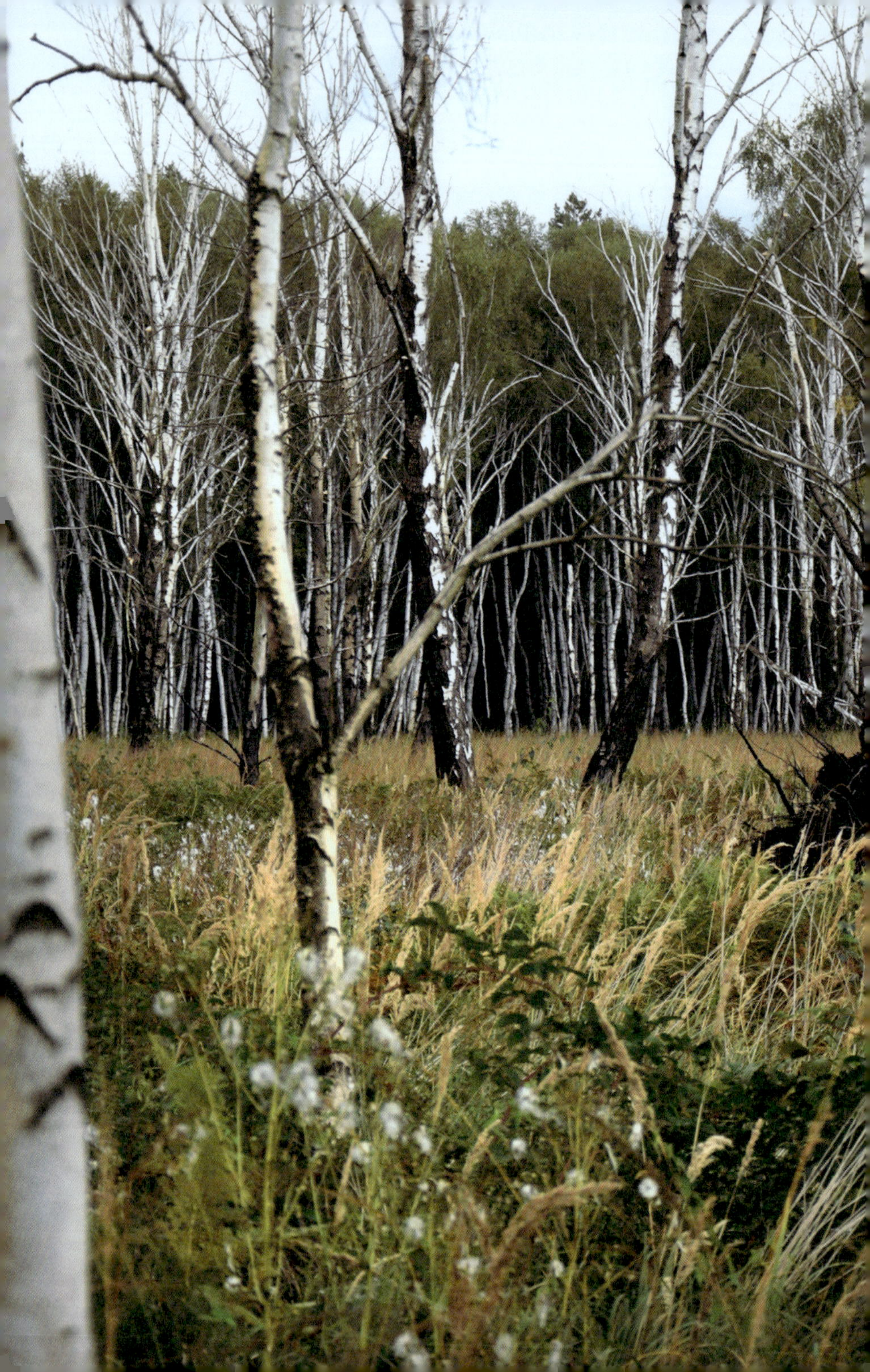

# Birkenschimmer

## Durch den Loben

Vom Bahnhof nehmen wir die **Bahnhofstraße** aufwärts an den Sonnenkollektoren vorbei. Dahinter verweisen zwei ca. 120 Meter hohe Schornsteine auf das Kraftwerk Plessa und damit auf eine ältere Form der Energiegewinnung. Heute findet sich dort ein Erlebniskraftwerk. Bald wechselt der Untergrund von Asphalt zu einer festgefahrenen, teils geschotterten Lehmschicht. Wo der lehmige Fahrweg einen Linksknick beschreibt, zweigen zwei Waldwege ab: Der linke, den wir nun beschreiten, führt nahezu geradeaus weiter; der rechte geht leicht schräg nach rechts in den Wald; von ihm werden wir am Ende der Wanderung hierher zurückkommen.

Etwa einen halben Kilometer geht es nun durch den Wald, bis wir wieder eine Schotterpiste erreichen und uns nach links wenden. Diese Stelle sollte man sich merken: Falls man am Ende der Tour den letzten Abzweig nicht findet, kommt man hier von rechts an **(Merkpunkt).** Bald passieren wir einen **Funkmast,** und etwa 200 Meter dahinter treffen wir auf eine Kreuzung. Der rechts abgehende Weg ist etwas deutlicher ausgeprägt und führt über Waldboden, später über Gras. Nach 100 Metern gabelt er sich. Wir ignorieren den breiteren Grasweg rechts und wählen den Pfad nach links abwärts, der uns durch eine eichen- und buchenbestandene Senke bis zum nächsten Schotterweg bringt, auf den wir nach rechts einschwenken. Am nächsten Hochstand, etwa 200 Meter weiter, biegen wir links auf einen weiteren Schotterweg ein, bei dem aber bald

**Kilometer:** 12,6
**Höhenmeter:** 66
**Stunden:** 3,5
**RUNDWEG**

*__Natura 2000__ ist ein wachsendes Netz von Schutzgebieten, das sich seit 1992 über die EU erstreckt. Zertifiziert werden Fauna- und Florahabitate (FFH) sowie Vogelschutzgebiete. Deutschland verfügt über mehr als 4500 FFH und über 740 Vogelschutzgebiete.*

der Waldboden durchkommt. Wir passieren einen Abzweig rechts, der auf einen Hochstand zuführt. Einen weiteren Abzweiger, der rechts in scharfem Winkel zurückführt, lassen wir ebenfalls aus. Bald kommen wir an eine Gabelung von zwei etwa gleich breiten und gleich beschaffenen Wegen. Wir nehmen den rechten, der nach ca. 100 Metern eine Schotterpiste kreuzt. Wir gehen geradeaus und finden an der Kreuzung ein Hinweisschild, das den Loben als Europäisches Schutzgebiet im Rahmen der **Natura 2000** ausweist.

Der Wald macht nun allmählich einen „aufgeräumteren" Eindruck, paradoxerweise, weil weniger eingegriffen wird. Das teils wuchernde Unterholz weicht einem lichten Buchenwald – wie er im Buche steht. Nach einiger Zeit auf dem nun angenehm weichen Waldweg schlagen wir einen Halbkreis um den **❶ See der ehemaligen Grube Louise Anna.** Spiegelungen des jenseitigen Ufers mit Birken und Kiefern, die Wasserpflanzen, darunter ein paar Seerosen, und schlammig gefallene Flächen, aus denen abgestorbene Baumstümpfe ragen, stimmen langsam auf das Moor ein.

Hinter dem Grubensee stoßen wir erneut auf eine erhöhte Schotterpiste, wenden uns nach rechts, verlassen die Piste aber schon nach 100 Metern wieder. Die Piste beschreibt eine Biegung nach rechts, wir aber gehen geradeaus in die grasige Schneise auf einen Hochstand zu. Dort treffen wir auf die ersten Birkenhaine, folgen dem Weg nach rechts, erreichen bald wieder die Schotterpiste und biegen nun nach links auf sie ein. Für die nächsten 400 Meter müssen wir leider mit ihr vorliebnehmen. Dann weist uns ein Schild nach links zur **Moorplattform** auf einen schmalen Pfad. Nach wenigen Metern können wir die Plattform betreten und sehen den **❷ Seerosenteich** vor uns. Nun beginnt der schönste Teil der Wanderung. Am gegenüberliegenden Ufer wird der See von Birken eingefasst, Schilf und Unmengen an Seerosen fächern das Wasser auf, Enten ziehen ihre Kreise, in der Saison finden sich

*Der __Loben__ ist eines der größten Moore im südlichen Brandenburg mit einer Naturschutzfläche von heute knapp 1700 Hektar. Das wieder weitgehend intakte Torfmoosmoor wurde jedoch lange für Torfstich, Holzgewinnung und Braunkohleabbau genutzt.*

Kraniche ein, mit Glück erblickt man eine eher scheue Kreuzotter oder Schlingnatter. Der Pfad verengt sich zusehends, und es wird immer deutlicher, dass wir auf einem Damm mitten durch das Moor wandeln. Rechts öffnen sich sumpfige Wollgrasflächen, aus denen sich die Stümpfe von ❸ **Moorbirken** wie Baumgeister erheben, die Moorlegenden heraufbeschwören. Bald wird der Boden trockener, und wir stehen vor ausgedehnten ❹ **Birkenhainen,** Sehnsuchtsorte in weiß-schwarzem Geflimmer unter grünem Dach, in einer verwirrend schwirrenden Tiefenschärfe, die den Hain bis zur letzten Birke auszuloten scheint und doch keine einzelne hervorhebt. Nachdem der Dammweg etwas breiter geworden ist, kommt ein Hochstand in den Blick. Mittlerweile säumen Kiefernhaine unseren Weg. Wir biegen am Hochstand rechts in die Schneise ein und treffen bald in spitzem Winkel auf einen Weg, der mal mehr, mal weniger Schotter hat und in der Mitte oft grasbewachsen ist. Bald geht es erneut durch die

**Für die Seele**

**Birkenhaine verzaubern mit ihrem weiß-schwarzen Schimmer. Der Sog der Moore zieht die Sinne in sich.**

Am Seerosenteich

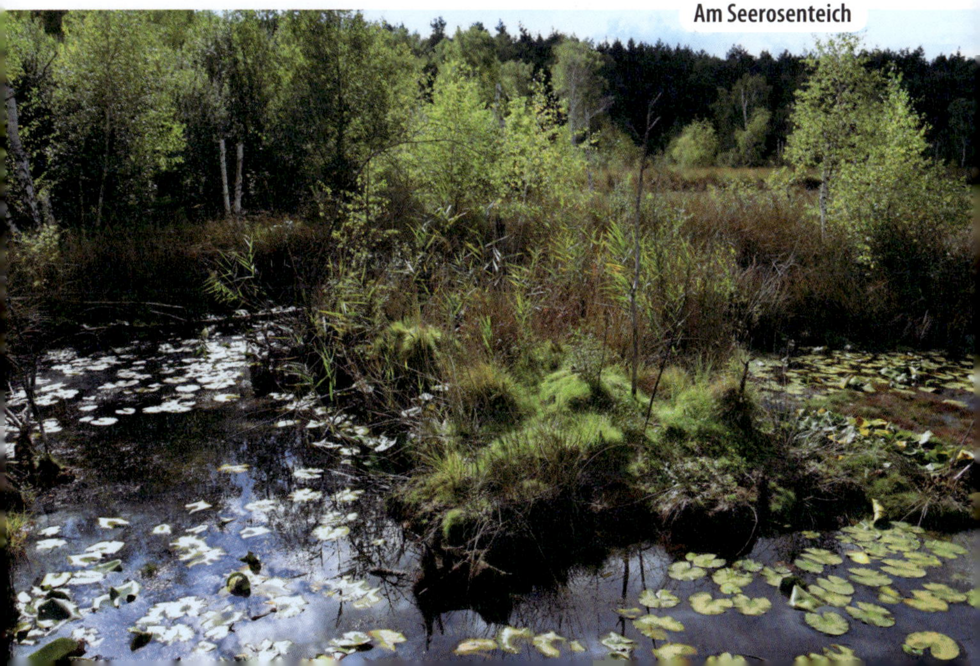

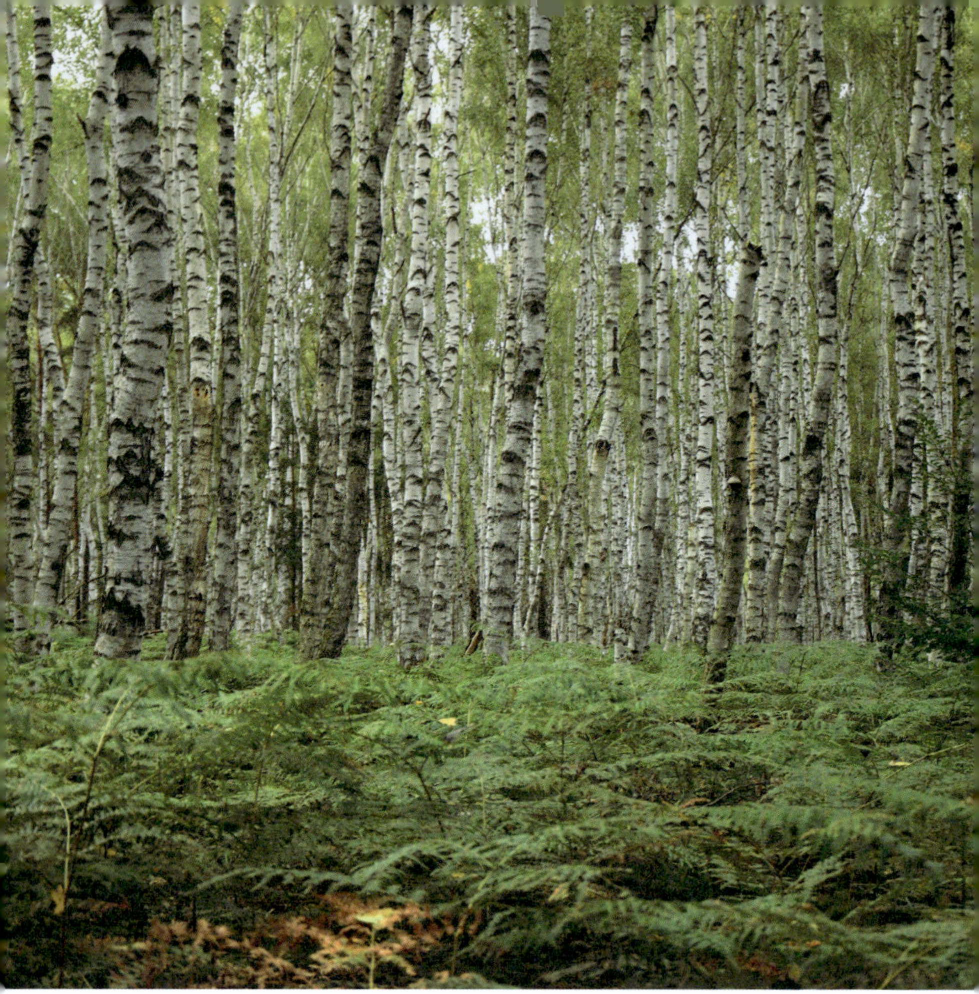

scheinbare Unendlichkeit der Birkenwälder, weiß-schwarzes Flirren diesmal zwischen Kronengrün oben und Farngrün unten. Nostalgisch-melancholische, skandinavisch anmutende Landschaften tauchen vor dem inneren Auge auf oder Taiga-Bilder wie aus der *Doktor Schiwago*-Verfilmung.

Bald erstrecken sich linker Hand ausgedehnte Wiesen, die deutlich trockeneren Boden aufweisen. Hinter einem Stückchen Wald öffnen sich **5 Moorwiesen** mit Wollgras nach rechts, dann tauchen wir wieder in Wald ein; mal geht es durch Birkenhaine, mal durch Kiefern-, dann Buchen- oder Eichenhaine. Edward Griegs *Waldesstille* aus den *Lyrischen Stücken* käme nun zupass. Nach fast 2 Kilometern entlang der Windungen des deutlich erkennbaren Hauptweges erreichen wir den 1740–44 angelegten Floßgraben, der nun linker Hand neben dem Weg liegt. Kurz darauf stößt der Weg auf eine T-Kreuzung. Links führt er über eine geklinkerte Brücke. Wir aber wenden uns nach rechts, gehen nun mal durch Mischwald, mal durch Birkenhaine, die auch in der Wiederholung nichts von ihrer Anziehungskraft verlieren, und passieren an einem querlaufenden Kanal ein kleines Sperrwerk. An der nächsten Kreuzung nehmen wir den Grasweg geradeaus. Links erhebt sich nach wenigen Metern eine Anhöhe, rechts öffnen sich manchmal Ausblicke auf kleinere Moorwiesen, dann führt der Weg die Anhöhe hinauf und wird zu einem schmalen Waldpfad. Links unten kann man nun einen Tagebaurestsee mehr erahnen als wirklich sehen. Zügig erreichen wir eine Lichtung, an der sich rechts ein Sandberg erhebt. Wir behalten unsere Richtung bei und finden nun linker Hand Warnschilder zu einem Sperrbereich, an dessen Grenze der Weg entlangführt, eine deutliche Mahnung, dass wir uns in ehemaligem Bergbaugebiet befinden. Schnell lassen wir diese Warnungen jedoch hinter uns, stoßen erneut auf eine T-Kreuzung und folgen der Piste jetzt nach rechts. Nach 500 Metern fällt rechts eine weitere ehemalige, langgestreckte **Grube** tief ab, die zum Tagebau ❻ **Agnes** gehört. Von der direkt neben dem Weg liegenden Abbruchkante (Vorsicht!) sieht man, wie die Vegetation am Grund wieder Raum greift.

*Seit 1894 wurde in der **Grube Agnes** zuerst im Tiefbau, dann im Tagebau Braunkohle gefördert. Bergwerksdirektor Friedrich von Delius ließ 1924 die erste Abraumförderbrücke der Welt errichten, die 1925 in Betrieb ging und den Tagebau revolutionierte.*

Kurz hinter dem Ende der Grube treffen wir erneut auf eine T-Kreuzung und wenden uns wieder nach rechts. Nach ca. 300 Metern wird aus der Piste eine Asphaltstraße, die Zufahrt zum Sand- und Tonabbaugebiet, die wir aber an der nächsten Biegung nach 200 Metern wieder verlassen. Am dortigen Löschteich führen zwei Wege halbwegs geradeaus. Wir nehmen den linken der beiden und finden nun auch eine weiß-rot-weiße Markierung. Nach neuerlichen 200 Metern führt eine etwas überwachsene Schneise nach links, die wir auslassen; nach weiteren 100 Metern zweigt erneut ein Pfad nach links ab, dem wir nun folgen und nach 300 Metern auf die Gabelung stoßen, die wir vom Anfang der Wanderung bereits kennen. Wer diesen Abzweig verpasst, erreicht nach noch einmal 200 Metern auf der Schotterpiste den **Merkpunkt** vom Anfang der Wanderung, biegt hier links ein und erreicht zügig die Gabelung. Egal, wie wir hierhin kommen: Von hier aus geht es auf bekanntem Weg zurück zum Bahnhof. Wer noch Proviant für die Rückfahrt benötigt, besucht die Filiale der **7 Bäckerei Hartmut Anders.**

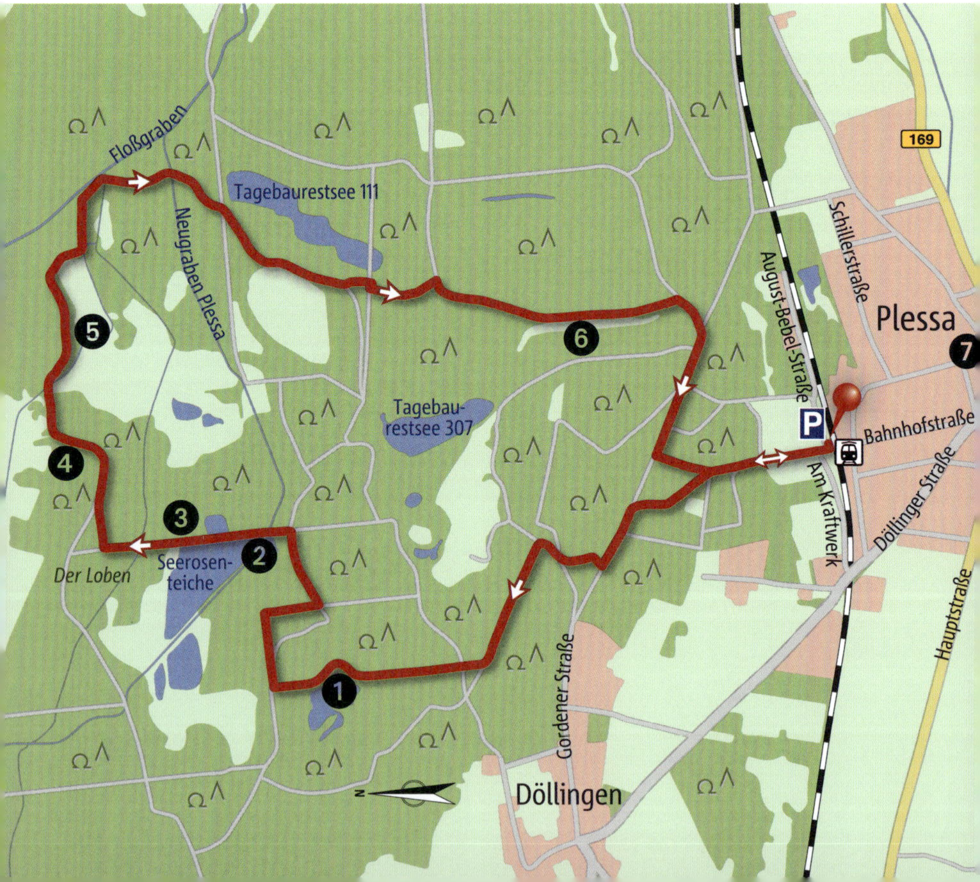

# ALLES AUF EINEN BLICK

Entspannung 4/5
Abenteuer 5/5
Vielfalt 3/5

**WIE & WANN**

**Längere Abschnitte auf Forstwegen und teils überwachsenen Schotterpisten, sonst Waldwege und -pfade. In Dorfnähe kurze Stücke Asphalt. Am besten von April bis Oktober.**

**HIN & WEG**

**Auto:** Bahnhof Plessa, Bahnhofstraße/Ecke August-Bebel-Straße, 04928 Plessa
**ÖPNV:** Bahnhof Plessa

**ESSEN & ENTSPANNEN**

7 **Bäckerei Hartmut Anders,** Finsterwalder Straße 1 a, 04928 Plessa, Tel. (0 35 33) 4 89 09 98, www.baecker-anders.de

**ENTDECKEN & ERLEBEN**

1 **See der ehemaligen Grube Louise Anna**
2 **Seerosenteich**
3 **Moorbirken**
4 **Birkenhaine**
5 **Moorwiesen**
6 **Grube Agnes**

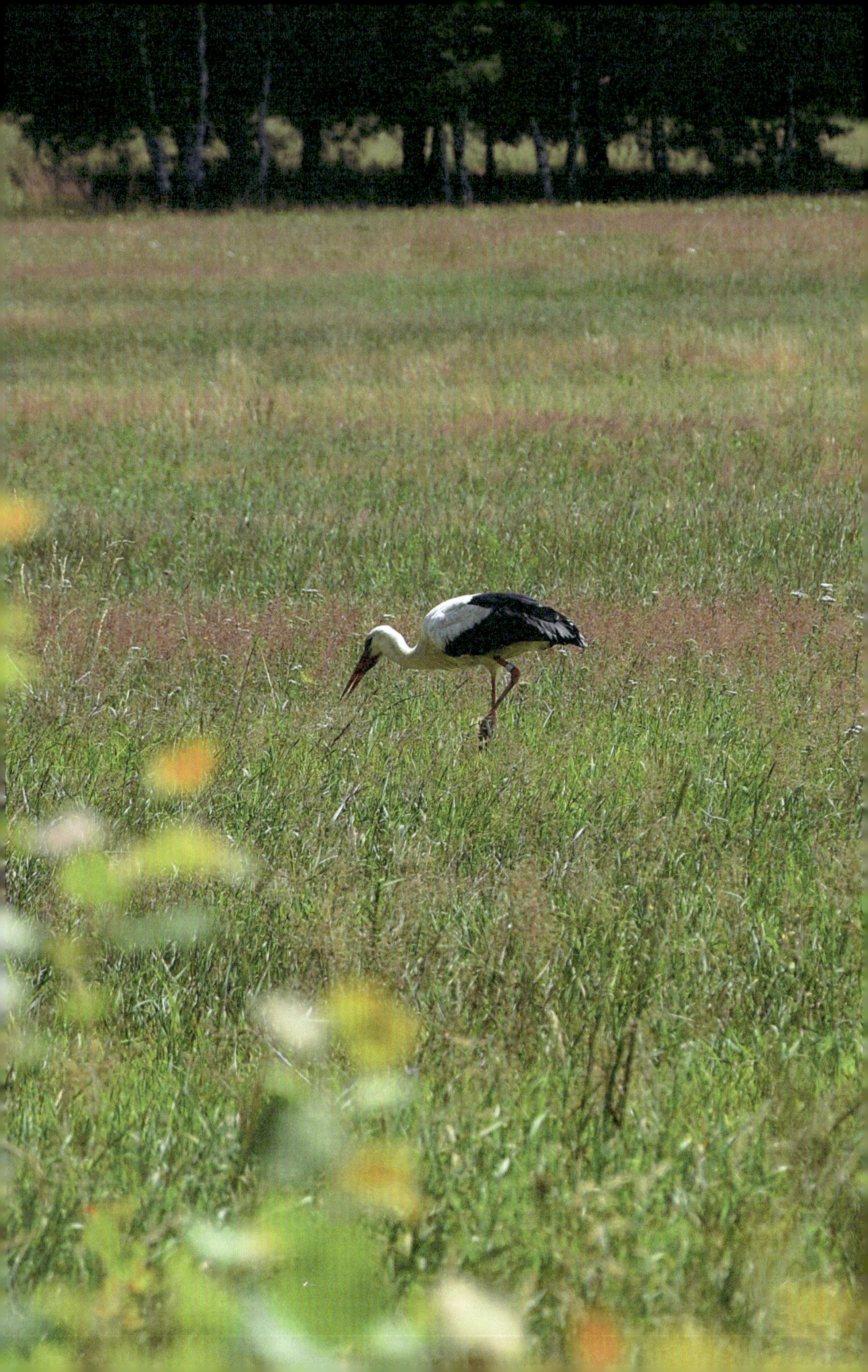

# Des Moores Anmut

## Durch das Dubringer Moor

Wer ein Bilderbuchmoor erwartet, sieht sich getäuscht. Dunkel schimmernde, wässerige Modderflächen, aus denen jederzeit eine Moorleiche aufzutauchen scheint, gibt es nur wenige im Dubringer Moor. Dafür lockt die Tour mit anmutigen Blicken über offene Flächen, deren Flora deutlich den nassen Untergrund zu erkennen gibt, ebenso wie mit der Aussicht, eine Vielfalt an Vögeln beobachten zu können.

*Um die **Fluchtburg Dubring** rankt sich die Sage eines zur ewigen Ruhelosigkeit verdammten Ritters. Die historische Anlage diente vermutlich als Fluchtburg. Eine ältere Besiedlung bezeugen Scherben aus der Billendorfer Phase (ca. 750–500 v.Chr.).*

Vom Parkplatz am Waldbad geht es die Straße etwa 100 Meter weiter bis zu einer T-Kreuzung, an der wir uns nach links wenden auf die Gebäude der ❶ **Schowtschick-Mühle** zu. Die ca. 1500 gebaute, unter Denkmalschutz stehende Mühle ist in Privatbesitz. Auf den Koppeln ringsherum ist allerlei Vieh zu finden; mit etwas Glück trottet eine Schar Gänse vor einem den Weg entlang. Vielleicht sprintet ein laut bellender Hofhund auf uns zu, der aber damit auch schon seine Pflicht getan hat und uns umstandslos weiterziehen lässt. An der Mühle wechselt der Untergrund von Schotter in einen angenehmeren Waldweg, der sich etwa 200 Meter weiter gabelt. Wir gehen nach rechts, zunächst weiter in den Wald hinein. Bald aber öffnet sich der Blick mal nach links, mal nach rechts auf sumpfige Wiesen. Wir folgen dem breiten Waldweg bis zur zweiten Abzweigung, an der wir an einem Baum die Forstabteilungsnummer respektive **Jagenzahl 25** finden. Hier machen wir einen Abstecher nach links zur ehemaligen ❷ **Fluchtburg Dubring,** die wir nach etwa 200 Metern erreichen.

**Kilometer: 15,0**
**Höhenmeter: 16**
**Stunden: 4**
**RUNDWEG**

Eher auf dem Rückweg entdeckt man außerdem das Schild zu einem ehemaligen **Pflanzgarten** des 1248 gegründeten Klosters St. Marienstern im nahegelegenen Panschwitz-Kuckau, zu dem der größte Teil der Dubringer Waldfläche gehörte. Zurück an der Abzweigung wenden wir uns nun nach links und setzen den vorherigen Weg fort, der zunächst eine Rechts-, dann eine Linkskurze beschreibt. Bald queren wir zum ersten Mal den **Vinzenzgraben.** An der T-Kreuzung kurz dahinter biegen wir links ab. Zu beiden Seiten verlaufen nun Gräben, die ebenso wie der Farn von der Nässe im Boden zeugen. Wir queren ein zweites Mal den Vinzenzgraben und wenden uns an der nächsten T-Kreuzung nach rechts, nun auf einen Schotterweg. Der breite Forstweg zieht sich nach links, und wir passieren mehrere Kreuzungen und Abzweigungen, bis wir an einer Abzweigung die gegenüberliegenden Jagenzahlen 16 und 17 finden. Etwa 150 Meter weiter, bei einer einsam vor den Kiefern stehenden Birke, zweigt rechts im 45°-Winkel eine grasige Schneise ab, mit der wir den breiten Weg verlassen. Nach etwa 200 Metern stoßen wir wieder auf einen leicht geschotterten Waldweg, auf den wir nach rechts einbiegen. Wer die Schneise verpasst, biegt an der nächsten Kreuzung rechts auf denselben, leicht geschotterten Waldweg ab. Schöner ist zweifellos die Schneise selbst.

Bald beschreibt der Weg eine Linksbiegung und zieht sich dann gerade durch das Gelände, mal durch Kiefern, mal mit Blick auf moorige Graslandschaften. Bei der nächsten Kreuzung finden wir eine Steinmarkierung, an der die Jagenareale 82, 83 und 99 zusammenstoßen. Hier biegen wir nach rechts ein und wenige Meter weiter nach links auf einen ❸ **Moorsteg,** der uns ein paar Meter neben dem Markierungsstein wieder auf unseren Weg zurückbringt. Dabei wandeln wir einmal – wohlbehütet – durch das Moor über stehendes Wasser hinweg und können die **Flora und Fauna** genauer in Augenschein nehmen.

*Das Dubringer Moor beherbergt eine breite **Flora und Fauna.** Neben Wollgras sind Sonnentau, Glockenheide und verschiedene Formen des Stendelwurzes zu finden. Neben vielen Vogelarten begegnen uns vielleicht Blindschleichen, Kreuzottern oder Frösche.*

Wir setzen den Weg fort, bis vor uns eine Schranke auftaucht. Rund 100 Meter vor ihr zweigt rechts, etwa in einem 60°-Winkel, eine Schneise ab, der wir durch den Kiefernbestand folgen. Auf angenehm weichem Boden umfängt uns harzige Luft. Nach ca. 400 Metern stoßen wir an einen Querpfad, folgen aber weiter der Schneise. Manchmal sind Reitwegmarkierungen an den Bäumen zu finden. Nach weiteren 500 Metern, gefühlt mitten durch den Wald, wenden wir uns an der nächsten T-Kreuzung nach links, queren nach wenigen Metern einen breiteren Weg und nehmen den grasbewachsenen Pfad geradeaus, vorbei an der Steinmarkierung mit den Jagenzahlen 96 und 97. Nach knappen 100 Metern schimmert links einer der **4 Pechteiche** durch das Unterholz. Am hinteren Ende des Teiches wird der Pfad unscheinbarer und beschreibt einen weiten Rechtsbogen oberhalb einer Böschung, immer weiter ins Unterholz hinein. Allmählich nimmt der Farnbewuchs zu und zieht sich vermehrt unter den Birken entlang. Am Ende des Bo-

**Für die Seele**

**Wollgras und Farne, Birkenhaine und Teiche, darin Störche, Schwäne, Bekassinen: Anmut wandelt uns an.**

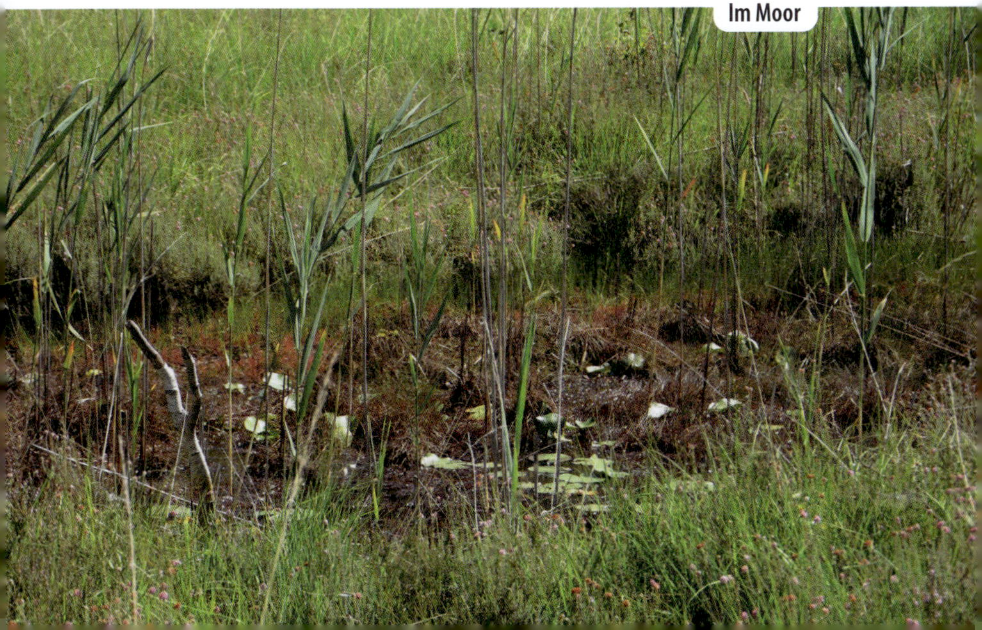

Im Moor

gens sehen wir einen **Pfad durch den Farn** vor uns, eingesäumt von Birken links und Kiefern rechts. Bald stoßen wir auf einen Forstweg, biegen nach links ein, bewältigen 50 Meter weiter die kleine Anhöhe und erreichen dahinter bei den Jagenzahlen 118 und 119 eine geschotterte Forstpiste, auf die wir nach rechts einbiegen. Zum ersten Mal sehen wir auch eine Wandermarkierung: einen roten Kreis.

*Aus **Kiefernharz,** wie auch aus dem Harz der Pistazie, werden Kolophonium und Terpentinöl gewonnen. Mit dem Ersten Weltkrieg versiegten in Deutschland die Importe, und es begann die deutsche Kiefernharzproduktion, die in der DDR eine Blütezeit erlebte.*

Etwa 100 Meter hinter einem leichten Knick nach rechts stoßen wir auf eine ❺ **Tafel zur Harzgewinnung und Waldstreunutzung.** Einige Kiefern dahinter verdeutlichen die Technik und weisen das typische Fischgratmuster auf, das in Wäldern der ehemaligen DDR häufiger gefunden werden kann. Nach der Wiedervereinigung war die hiesige Produktion angesichts der Weltmarktpreise jedoch nicht mehr konkurrenzfähig.

An der nächsten Gabelung geht es geradeaus weiter durch sich öffnende Feuchtwiesen auf die Ortschaft **Michalken** zu, die wir **Am Anger** erreichen. Vor der Feuerwehr gehen wir nach rechts, ein Stück durch das Dorf. Hinter der **Bushaltestelle Michalken** verlassen wir das Dorf, nun auf einer Schotterpiste, die uns nach einiger Zeit an den ❻ **Beobachtungsstand Dubringer Moor** geleitet. Vom zweiten Stock dieses kleinen Turmes hat man einen schönen Blick über die weiten Moorwiesen mit ihren Bächlein und Rinnsalen. Neben dem Turm finden wir eine Tafel, die die örtliche Vogelwelt vorstellt.

*Das **Dubringer Moor** ist mit ca. 1711 Hektar das größte erhaltene Moor der Oberlausitz. Das Durchströmungsmoor wurde durch Endmoränenwälle der Elstereiszeit vor ca. 400.000 bis 320.000 Jahren gebildet, die das Wasser auf drei Seiten aufstauten.*

Bald knickt der Schotterweg nach links und führt zwischen Teichen auf die Wirtschaftsgebäude der Teichwirtschaft zu, vor denen wir rechts abbiegen und weiter am **Mittelteich** entlanggehen. Beim **Kahnverleih** knickt die Zufahrtsstraße nach links ab und führt uns zur ❼ **Fischgaststätte Dr. Zelder.** Unser Weg aber führt geradeaus weiter, und wir blicken vergnügt über das Wasser der ❽ **Teichlandschaft.** An den nächsten Gabelungen halten wir uns immer links auf dem Schotterweg und passieren bald den **Großen Stockteich** mit seinen Inselchen zu unserer Rechten. Es folgt, ebenfalls

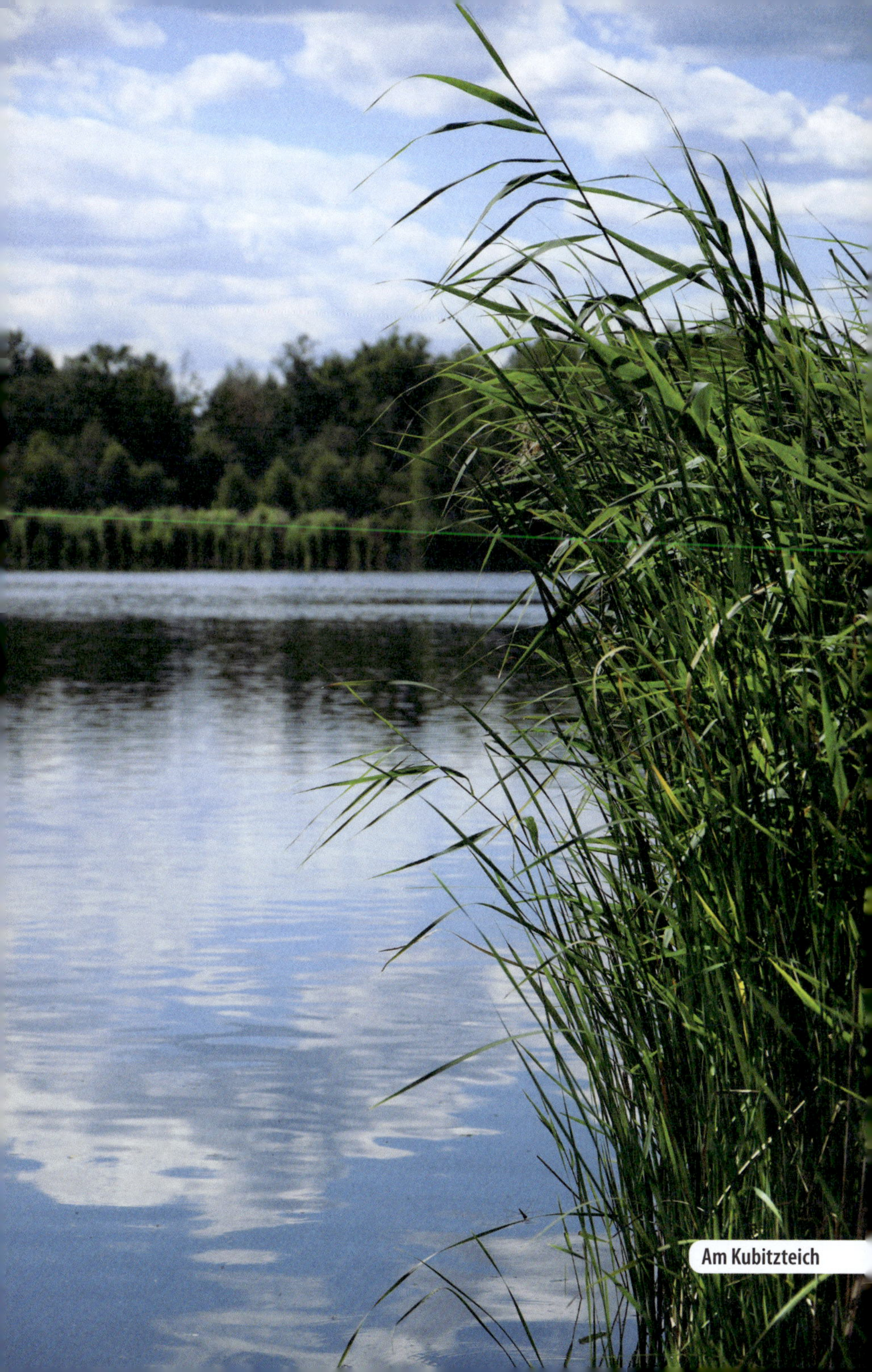

Am Kubitzteich

zu unserer Rechten, der **Kleine Stockteich,** ehe wir an einer T-Kreuzung auf den **Kubitzteich** treffen und uns erneut nach links wenden. Eine sich im Wasser spiegelnde Aussicht folgt auf die nächste, Blindschleichen huschen davon, Frösche hüpfen sich in Sicherheit, Schwäne und Kraniche bevölkern die Teiche. Zahlreiche Holzstege ermöglichen den genaueren Blick, sollten allerdings mit Vorsicht betreten werden.

Hinter dem Kubitzteich wandern wir durch Felder und biegen kurz vor Erreichen der S 95 nach rechts auf den **Schowtschickweg** ein, der uns durch weitere Felder und anmutige Wiesen bis kurz vor die uns bekannte, gleichnamige Mühle bringt, an der wir nach links zum Parkplatz am Waldbad einbiegen.

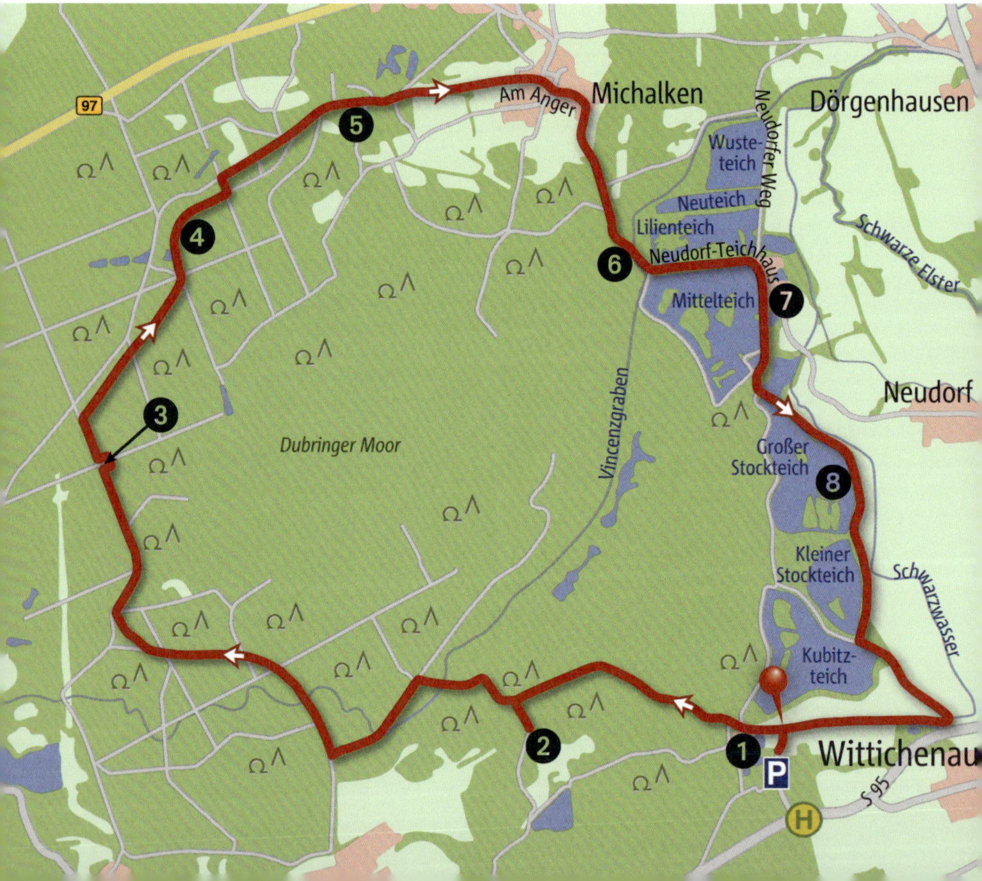

# ALLES AUF EINEN BLICK

**Entspannung** 3/5
**Abenteuer** 4/5
**Vielfalt** 3/5

## WIE & WANN

**Meist Forstwege und -pisten, teils Pfade und unbefestigte Schneisen, im Ort Asphalt. Ganzjährig möglich.**

## HIN & WEG

**Auto:** Parkplatz am Wald- und Strandbad Wittichenau, Kamenzer Straße 60, 02997 Wittichenau
**ÖPNV:** Bushaltestelle Bad Wittichenau

## ESSEN & ENTSPANNEN

1. **Dr. Zelders Fischgaststätte,** Neudorf-Teichhaus 46, 02997 Wittichenau, Tel. (03 57 25) 7 03 33, www.zelders-fisch.de/gaststaette.html (Sa./So.)

Bitte an Rucksackverpflegung denken!

## ENTDECKEN & ERLEBEN

1. **Schowtschick-Mühle**
2. **Fluchtburg Dubring und Pflanzgarten**
3. **Moorsteg**
4. **Pechteich und Farnpfad**
5. **Tafel zur Harzgewinnung und Waldstreunutzung**
6. **Beobachtungsstand Dubringer Moor**
8. **Teichlandschaft**

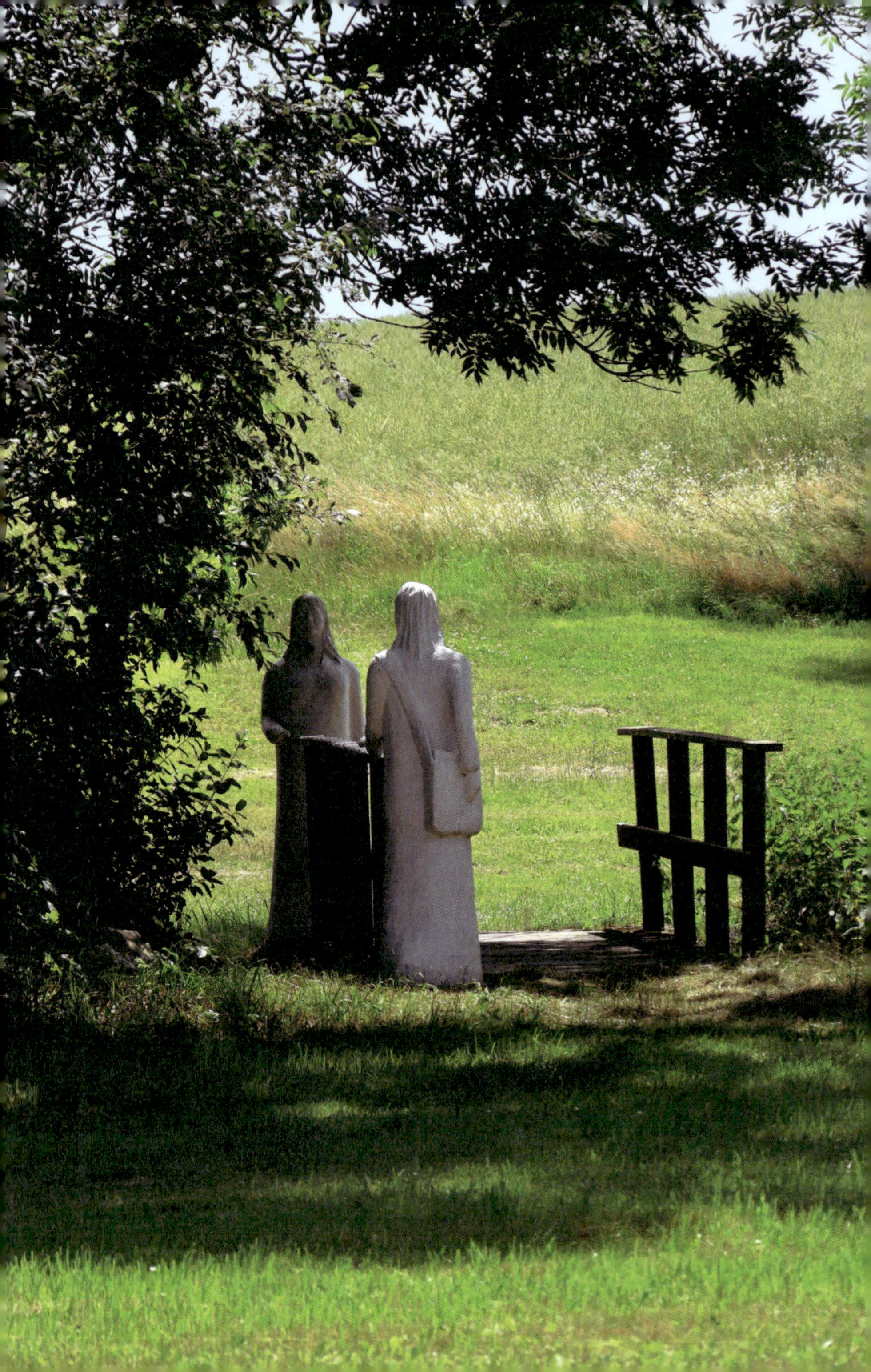

# Seelenheil

## Herrnhut und Großhennersdorf

Vom Parkplatz geht es zunächst knappe 100 Meter den **Uttendörferweg** hinein, bis wir bei den **Zinzendorfeichen** mit der grünen Diagonale auf die Markierung des **Zinzendorf-Lehrpfades** treffen und nach rechts in den Wald einbiegen. Nach wenigen Metern prangt die Übersichtstafel des ❶ **Skulpturenwegs** vor uns, dem wir die nächsten 6 Kilometer folgen werden.

Der Weg ist fast durchgängig mit Holzschildern mit der Aufschrift *Skulpturenweg* markiert. Nach 50 Metern finden wir die erste Skulptur, die ebenso praktisch wie metaphorisch und spirituell den Auftakt bildet: *Ich bin der Weg … Geh* lesen wir und machen uns, so eingestimmt, frohgemut auf denselben, hinein in den Mischwald des Eulbuschs. Vorbei am *Gleichnis vom Senfkorn* und dem *84. Psalm*, dem ausdrucksstarken *Streit* und der *Buße*, schimmert bald der ❷ **Forellenteich** durchs Unterholz. Ein Reiher mag sich an der Aussicht auf Beute ergötzen, uns dagegen locken Bänke mit dem Blick über die Wasserfläche hin zu einem grünen Inselchen. Hier finden wir auch das *Abendmahl* in einer abstrakten Darstellung, die ganz auf Ikonographie setzt. Die zentrale Position von Jesus als Agnus dei ist offensichtlich, die Anordnung der Jünger schon schwieriger. Fernwandernden dürfte die Pilgermuschel als Zeichen für den Jakobsweg vertraut sein. Sie verweist auf Jakobus, d. Älteren. Bei den anderen darf gerätselt werden.

Weiter geht es am hinteren Ende um den Teich herum, an dem wir hinter einer Brücke auf die Skulptur *Gehalten* treffen. Kurz da-

*Der* ***Skulpturenweg*** *wurde im Jahre 2000 zum 300. Geburtstag des Gründers von Herrnhut, dem Grafen von Zinzendorf, angelegt. Die mittlerweile 19 Skulpturen illustrieren christliche Motive und laden auf vielfache Weise zur besinnlichen Einkehr ein.*

**Kilometer:** 14,0
**Höhenmeter:** 160
**Stunden:** 4
**RUNDWEG**

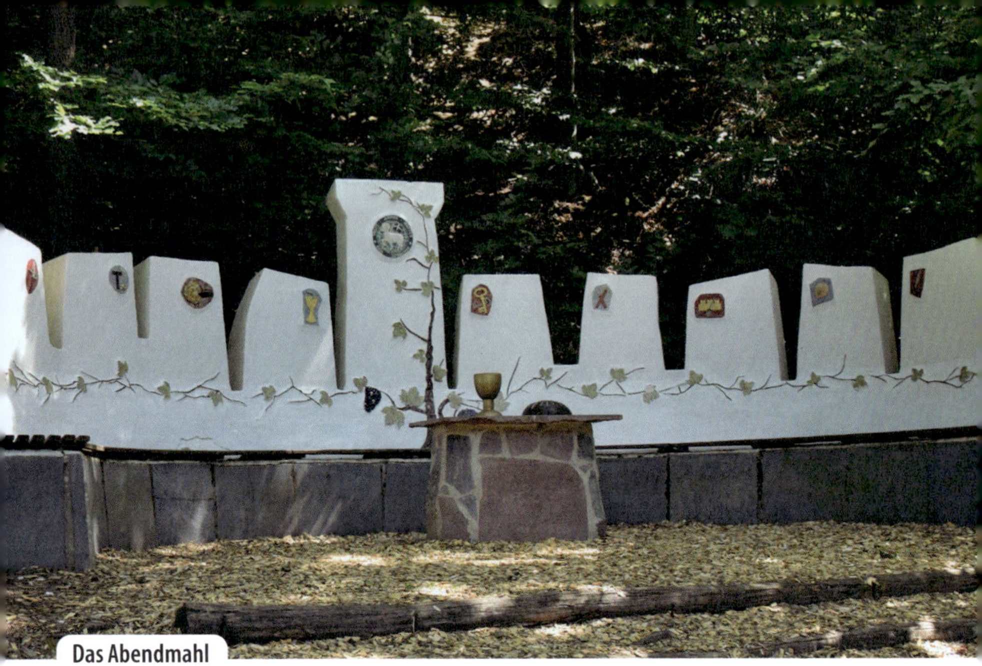

Das Abendmahl

rauf zweigt der Lehrpfad nach rechts ab; wir werden später erneut auf ihn treffen. In mehreren Bögen geht es vorbei an der *Gemeinschaft*, die fast einem Spielplatz ähnelt, hin zum *Buch*. Hier ist die Markierung zunächst undeutlich: Es geht über den unteren Weg durch die Wiesen und bald rechts über ein Brückchen weiter. Nach einigen Höhenmetern passieren wir *Das Einige Notwendige*. Es lohnt sich, den Hammer zu nehmen und das Lied auf den hängenden Ton-Stangen nachzuspielen. Neben all der Erweckung ist auch der Weg selbst durch die wechselnden Baumbestände, durch Wiesen und Felder, mit seinen Gerüchen und Lauten erquickend. Die schönsten Wegstücke liegen allerdings noch vor uns. Wir sehen den *Eremiten*, dessen Hütte einen Brunnen birgt, und die *Einkehr*, von der wir eine schöne Aussicht genießen können. Wenig später begegnen wir der *Großen Zahl*, an der auch der **3 Dreiländerblick** zu einer kleinen Pause einlädt. Über Polen hinweg, reicht der Blick ins nordöstliche Tschechien bis hin zum Riesengebirge. Weiter geht es zur *Wirklichkeit*. Der Weg ist nun zeitweise nur noch ein schmaler Pfad, der sich durch Wiesen, Haine und Felder schlängelt. Wir treffen auf die *Mission* und dahinter bald auf die **S 128,** die wir für knappe 300 Meter nach rechts nehmen müssen. Hinter den ersten Gehöften von **Großhennersdorf** folgen wir dem Skulpturenweg nach links in die **Untere Dorfstraße,** die hier leider kein Straßenschild aufweist. Nach einer Linkskurve überqueren wir den Erlichbach, wenden uns nach rechts und wandern über die Untere Dorfstraße durch das schmucke Dorf, passieren das *Arbeitsethos* und überqueren das schmale Brückchen gegenüber der Hausnummer 10. Links öffnet sich der Blick auf den Badeteich, und wir erreichen die malerische ❹ **Ruine des Schlosses Großhennersdorf.** Mit den an der Ruine gelegenen *Empfange*, *Kinder* sowie *A und O* gelangen wir ans Ende des Skulpturenwegs. Der Ententeich links komplettiert das Idyll.

**Für die Seele**

**Erbaulich: Ein Skulpturenweg bringt uns näher zu unserer Seele und ein Naturlehrpfad näher zur Natur.**

Hinter dem Teich biegen wir links in die **Bernstädter Straße** ein und nehmen nach wenigen Metern, hinter dem Kindergarten, den Fußweg nach rechts, der uns zur **Hirschfelderstraße** führt, einer Gasse, der wir nach links folgen. An ihrem Ende wenden wir uns erst nach links, queren eine Brücke und zweigen dann nach rechts in die Straße **Am Markt.** 200 Meter weiter, vorbei an einem Park und der Feuerwehr, biegen wir rechts in die **Kirchgasse** ein, die uns zu ❺ **St. Nikolaus von 1834** bringt. Die Kirche ist meist verschlossen, bietet aber ihren besten Anblick ohnehin erst im weiteren Verlauf der Wanderung. Von der Front der Kirche folgen wir etwa 50 Meter nach links versetzt von einem kleinen Parkplatz der Ausschilderung **Königsholz** quer durch die Felder. Hier zeigt nun der Blick zurück, wie anmutig die Kirche neben den Gehöften scheinbar im Grünen ruht. Hinter der nächsten Kuppe und der Autostraße K 8610 versinkt St. Nikolaus allmählich, bis nur noch die Turmspitze herausragt. Bald erreichen wir an einer Wegekreuzung ein paar Eichen mit Bank.

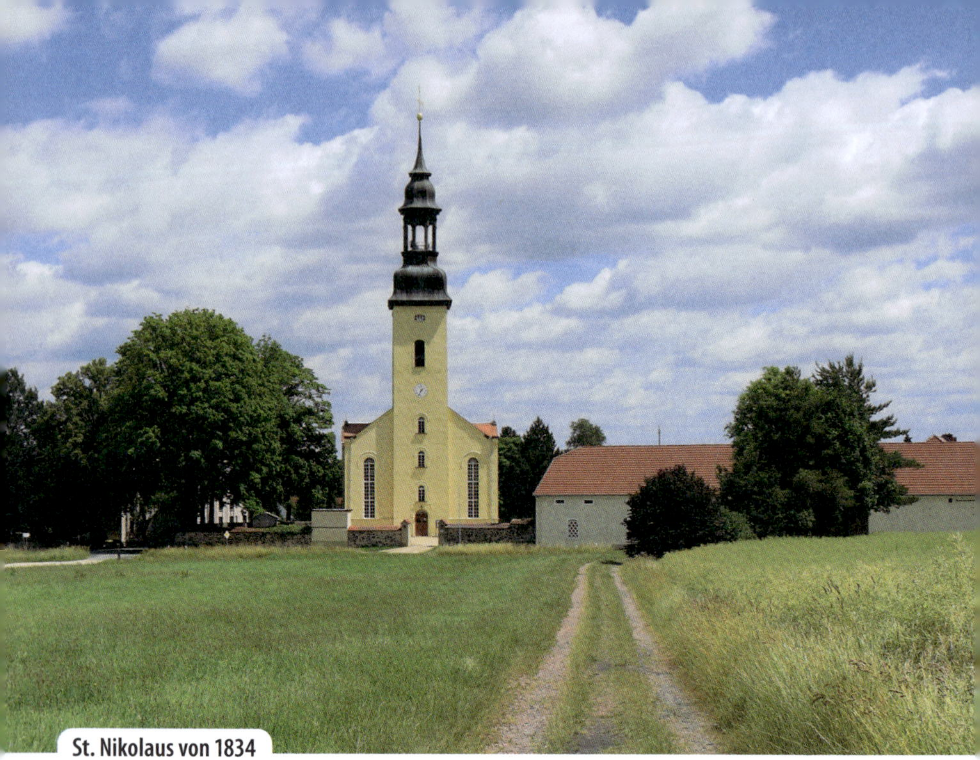

St. Nikolaus von 1834

Es geht weiter geradeaus auf dem Schotterweg, der sich erkennbar leicht nach rechts durch die Felder auf den Waldsaum hinzieht. Und wieder der Blick zurück: Hier ist alles metaphorisch. Die Eichengruppe sieht aus wie ein riesiger Fingerzeig gen Himmel. Am Waldsaum biegen wir nach rechts und sehen bald rechter Hand wieder St. Nikolaus. Bei einem Hochstand an einem mit der **Nummer 84** markierten Baum zweigen wir nach links in die unscheinbare und fast überwachsene Schneise ab. Der Blick zurück zeigt, dass sie auf St. Nikolaus ausgerichtet ist. Bald stoßen wir auf einen geschotterten Forstweg, biegen nach rechts und erreichen nach 1,2 Kilometern das **6 Landhotel Eulkretscham,** in dessen hübschem Garten sich eine vergnügliche Pause einlegen lässt. Vom Garten durch das Tor erkennt man – natürlich: St. Nikolaus. Das denkmalgeschützte Gasthaus hat seit 1529 Schankrechte, und wir werden der Geschichte des Hauses später nochmal begegnen.

*Der **Zinzendorf-Lehrpfad** vermittelt vielfältige Informationen zu Geschichte, Geologie und den Baumbestand der Gegend, alte Handelsstraßen oder Bandengruben. Die Baumtafeln wurden von Herrnhuter Schülern geschrieben.*

Erfrischt gehen wir ein Stück den Weg zurück und biegen etwa 80 Meter hinter dem letzten Gehöft mit der grünen Diagonale auf einen schmalen Pfad nach rechts ins Feld ein. Wir sind nun wieder auf dem **Zinzendorf-Lehrpfad.**

Wir folgen der deutlichen Markierung über den Petersbach, bei einer Wippe nach rechts, und kommen auf einer längeren Geraden zu einem ❼ **Rindenrätsel.** Zunächst mutet es an wie buddhistische Gebetsmühlen. Es sind aber Stücke von Baumstämmen, die man an der Rinde erkennen soll. Die Lösung und weitere Infos zum jeweiligen Baum finden sich im Inneren der Stämme. Immer der Markierung folgend passieren wir einen ❽ **Waldspielplatz,** der sich vor allem mit Kindern für eine Pause anbietet. Es gibt auf dem ansonsten gut markierten Lehrpfad drei kritische Stellen: Ein Stück hinter dem Spielplatz queren wir eine Straße und müssen den schmalen, im 45°-Winkel nach links abgehenden Pfad nehmen. Hinter der nächsten Brücke weist die grüne Diagonale in alle Richtungen: Wir gehen rechts, bald wieder über eine Brücke und mäandern den **Hengstberg** hinauf.

*Hier ging einst eine Handelsstraße von Zittau nach Löbau entlang. Leider war der Anstieg für viele Gefährte zu steil. Der Wirt des Eulkretscham- Hofes hielt daher Miet-Hengste bereit, die zusätzlich angespannt werden konnten. Daher der Name **Hengstberg.***

Nach einigen Windungen, wenige Meter vor einer Bank, die über einem Abgrund thront, scheint die Markierung nach links an der Bank vorbeizuweisen.

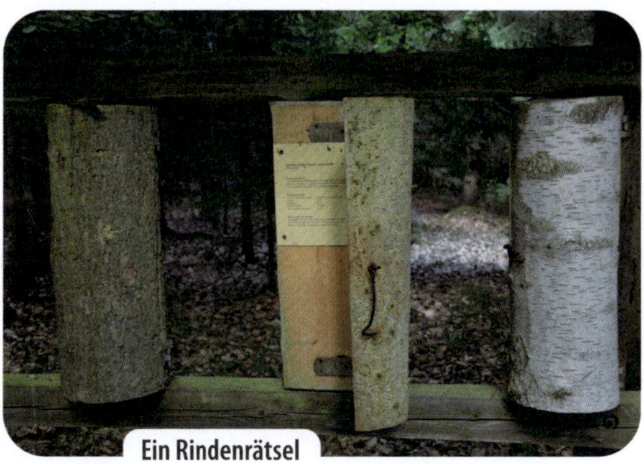

**Ein Rindenrätsel**

***Nikolaus Ludwig Graf von Zinzendorf und Pottendorf** (1700–1760) war der Gründer der Herrnhuter Brüdergemeinde. Unter seiner Ägide begann die intensive Missionsarbeit. Seine zeitweise Verbannung ist deutliches Zeichen der Religionsstreitigkeiten jener Zeit.*

Tatsächlich geht es aber noch vor der Bank, gleich bei der Markierung nach rechts ab. Der Weg schlängelt sich weiter durch den Wald, bis wir auf einen Asphaltweg stoßen, den **Langsamen Tod** – nun ja … etwas angestrengt ist man schon, aber so sehr nun auch wieder nicht. Nach rechts geht es zu den Häusern von Herrnhut hinauf und rechts um die vor uns liegende Villa herum. Der Parkplatz liegt dann direkt vor uns. Wer noch einen Abstecher hinein nach Herrnhut unternehmen will, nimmt gegenüber vom Parkplatz den Fußweg durch den **9 Herrschaftsgarten,** vorbei am *Mutterglück* hin zum ehemaligen Herrschaftshaus. Dahinter liegen der zentrale Zinzendorfplatz und der Kirchensaal mit der **Büste von Zinzendorf.**

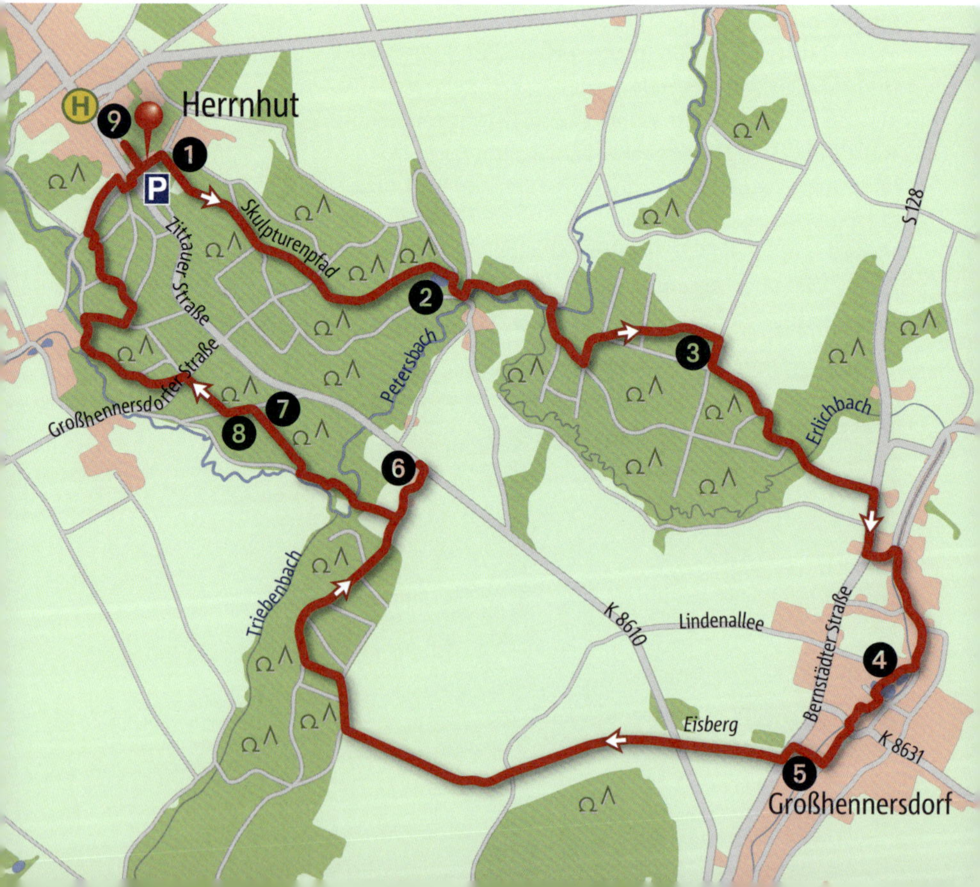

# ALLES AUF EINEN BLICK

Entspannung 5/5
Abenteuer 2/5
Vielfalt 4/5

### WIE & WANN

**Wald- und Forstwege, mal geschottert, mal schmale Graspfade, in den Ortschaften Straße. Ganzjährig möglich.**

### HIN & WEG

**Auto:** Parkplatz Uttendörferweg 1, 02747 Herrnhut
**ÖPNV:** Bushaltestelle Herrnhut, Zinzendorfplatz (ca. 450 Meter über Zittauerstraße und Uttendörferweg)

### ESSEN & ENTSPANNEN

6 **Landhotel Eulkretscham,** Am Stausee 4, 02747 Herrnhut/OT Euldorf, Tel. (03 58 73) 44 01 00, www.eulkretscham.de

### ENTDECKEN & ERLEBEN

1 **Skulpturenweg**
2 **Forellenteich**
3 **Dreiländerblick**
4 **Ruine Schloss Großhennersdorf**
5 **Kirche St. Nikolaus von 1834**
7 **Rindenrätsel**
8 **Waldspielplatz**
9 **Herrschaftsgarten**

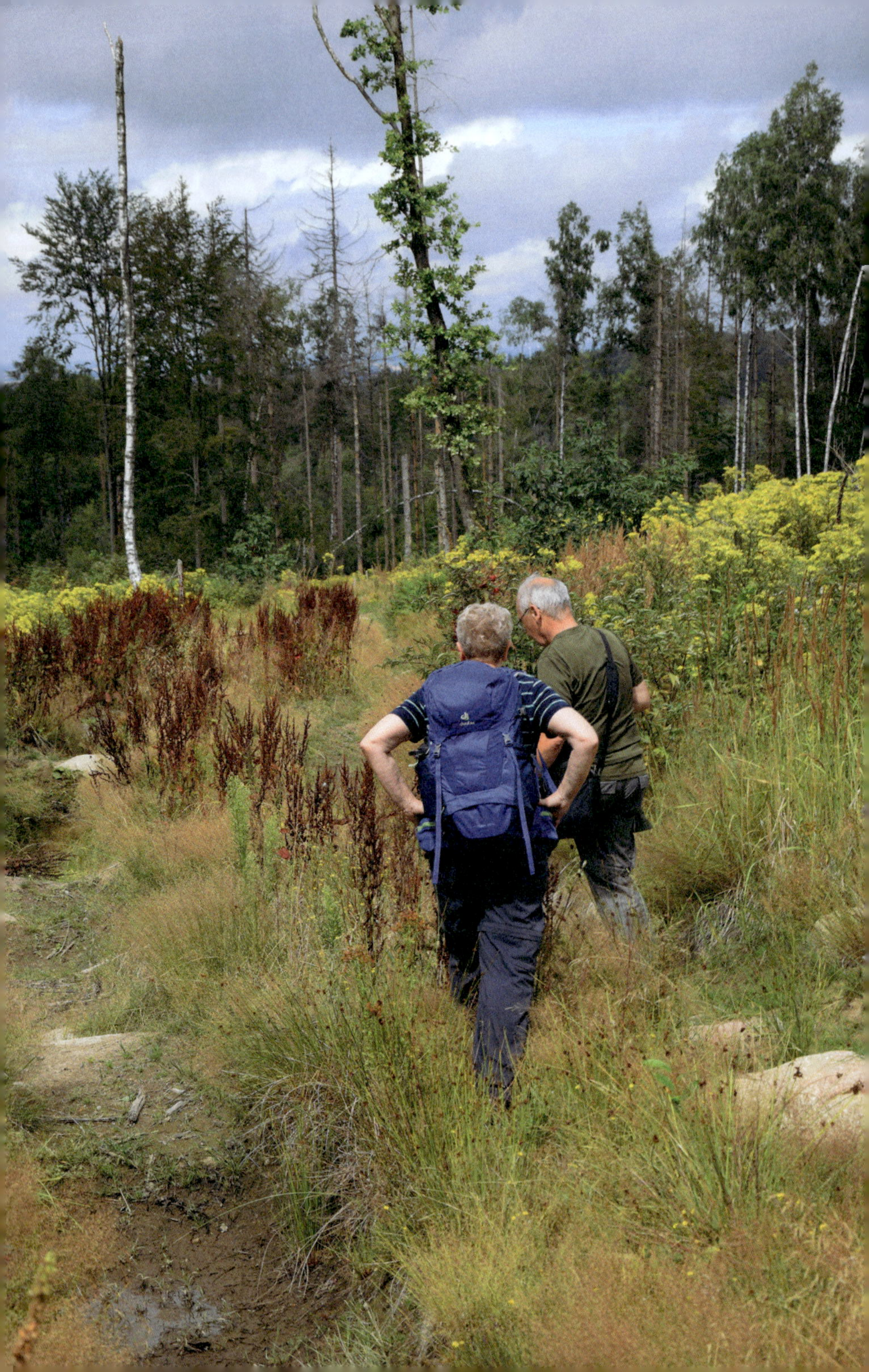

# Des Teufels Weg

## Um den Czorneboh

Vom Parkplatz folgen wir zunächst der Markierung Weiß-Gelb-Weiß Richtung **Hochstein.** Bald verlassen wir den Asphalt und gehen auf einem Forstweg weiter bis zu einer Wegekreuzung, an der wir nun dem grünen Punkt nach links auf den **Rundwanderweg Kleindehsaer Ring** folgen, der uns eine ganze Weile zuverlässig leiten wird. Zunächst geht es am Waldrand entlang. Im Hochsommer treffen wir hier auf die ersten Brombeersträucher, die ihre Früchte feilhalten. Der grüne Punkt führt uns, mal rechts, mal links, zweimal für knappe 100 Meter auch über Asphalt an der Bergkulisse von Hochstein, Steinberg, Ziegelberg und Czorneboh vorbei. Immer wieder erhaschen wir Blicke auf die bewaldeten Abhänge, wenngleich auch hier der Borkenkäfer und die Trockenheit der letzten Jahre ihre Spuren hinterlassen haben. Einen Kilometer hinter einer Schutzhütte werden wir an einer Kreuzung nach links geführt und gelangen kurz darauf auf offenes Wiesenland. Von links, wenngleich kaum sichtbar, gesellt sich der Elzebach zu uns. Rechts erheben sich Ziegelberg und **Czorneboh,** links sein kleinerer Bruder, der **Bieleboh.**

*Die Namen **Czorneboh** und **Bieleboh,** also schwarzer und weißer Gott, verweisen auf Vorstellungen vom Glauben der slawischen Bevölkerung. Beide Bezeichnungen setzten sich erst im 19. Jahrhundert in der Romantik durch, ebenso wie die Teufelsanspielungen.*

Wir haben die ❶ **Wiesen am Elzebach** erreicht. Die Aussicht auf die umliegenden Berge ist beeindruckend, die Wiesen selbst ziehen aber bald die gesamte Aufmerksamkeit auf sich. Unser Weg schwingt sich an Baumgruppen vorbei, allerlei Wiesenblumen blühen um die Wette: ein lieblicher Flecken Erde.

Bald betreten wir wieder Wald, mit weiteren wohlmarkierten Abzweigungen führt uns

**Kilometer:** 16,5
**Höhenmeter:** 390
**Stunden:** 4,5
**RUNDWEG**

der grüne Punkt am Rande von Cunewalde vorbei, und wir erreichen die trefflich bezeichnete **Waldstraße.** An ihr liegt eine überdachte Picknickbank, die zu einer ersten Pause einlädt, ehe es an den Aufstieg geht. Gleich hinter einem Seniorenheim bekommen wir statt eines Asphaltwegs wieder einen bequemen Forstweg unter die Füße. An einer Gabelung, an der ein Abzweig erkennbar zu einem Funkmast führt, halten wir uns rechts und erreichen ca. 60 Meter weiter eine Abzweigung, an der der grüne Punkt nach links abbiegt. Hier verlassen wir unser Zeichen und gehen geradeaus weiter auf dem Forstweg, der nun allmählich ansteigt. Nach 250 Metern treffen wir auf eine Kreuzung und folgen dem Forstweg nach links. Nach weiteren 150 Metern passieren wir eine Bank und biegen kurz dahinter in spitzem Winkel nach rechts aufwärts ab. Hier finden wir eine weiß-grün-weiße Markierung. Nach erneuten 250 Metern weist die Markierung an einer Abzweigung geradeaus. Wir aber wenden uns nach links und steigen steil auf. Der Forstweg wird nun schmaler und überwachsener. Vermutlich aufgrund von Forstarbeiten führt er uns etwas anders als auf Karten angezeigt. Nach gut 200 Metern biegen wir an einer T-Kreuzung auf den Wiesenweg nach rechts ab und erreichen die **❷ Quelle Butterborn,** die in der Senke vor einer Bank liegt. Es ist nur ein kleines Rinnsal, das aus der Steineinfassung quillt. Dennoch scheint es bedeutend, immerhin finden wir in einem Kasten, nun: kein Gipfelbuch, sondern ein Quellenbuch, in das man seine Anwesenheitspoesie eintragen kann.

Wir ignorieren die Abzweigung nach rechts und steigen weiter auf. In halboffenem Gelände erreichen wir nach etwa 100 Metern eine T-Kreuzung, an der wir uns nach links wenden. Der Bewuchs ist erkennbar jung: Büsche und junge Bäume füllen die Freiräume zwischen verbliebenen Altbäumen, die den Stürmen getrotzt haben. Nach ca. 150 Metern biegen wir rechts ab, über ein paar querliegende Stämme hinweg oder um sie herum. Und weiter geht es durch Grün- und Gelbtöne, bis wir nach neuerlichen 150 Metern an einer Kreuzung in spitzem Winkel nach rechts abbiegen und weiter aufsteigen. 100 Meter nach der Kreuzung zweigt links ein Pfad ab, und wir erblicken gute 50 Meter weiter vorne eine Kuppe. Wir lassen die Kuppe aus und biegen links auf den Pfad, der uns nach kurzem Waldstück wieder durch halboffenes Gelände führt. Wir sind nun recht weit oben und können die ersten Blicke ins weite Land genießen. Bald erreichen wir eine Kreuzung, an der wir dem blauen Punkt nach rechts auf den **Kammweg** folgen. Für den Großteil des verbleibenden Weges werden wir vom blauen Punkt geleitet.

**Für die Seele**

**Zwischen Teufeln und Kobolden sagt man hier zum Augenblick: Verweile doch! Du bist so schön!**

Der Kammweg präsentiert sich als weicher Wiesenpfad, wenngleich hin und wieder Felsstücke zum Vorschein kommen; ein Weg, der durch die Sagenwelt führt. Nach kurzer Zeit erreichen wir den ❸ **Teufelshuf.** Im Fels am Boden erkennt man deutlich den Abdruck, den des Teufels ziegenartiger Huf hinterlassen hat. Kurz darauf passieren wir die aufragende Felsformation ❹ **Hromadnik** oder Döhlener Berg. Mit

Der Teufelshuf

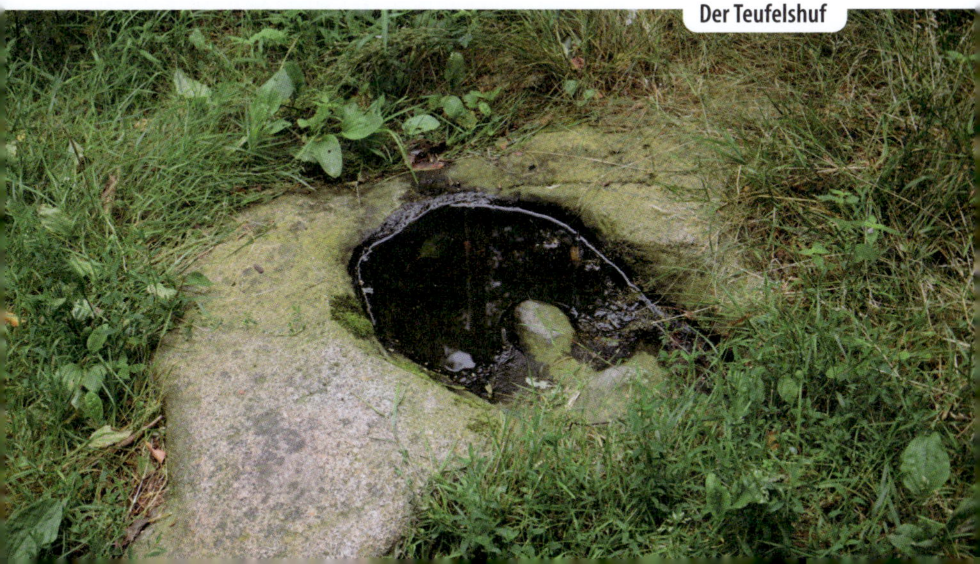

einer Schlucht unter dem Berg ist eine jener zahlreichen Sagen verbunden, die von der Verführung durch Gold und schnellen Reichtum erzählen.

Immer weiter geht es auf dem schmalen Kammweg, auf dem sich mehrmals Ausblicke nach Norden auf Bautzen und das deutlich erkennbare Kraftwerk Boxberg bieten. Als Nächstes kommen wir zum ❺ **Teufelswaschbecken,** zu dem ein kurzer Abstecher nach rechts führt. In einem großen Felsblock finden sich zwei Vertiefungen, die größere, die angeblich nie austrocknet, der Kessel oder das Waschbecken, und die kleinere, der Kacheltopf oder die Seifenschale. Der Teufel scheint ein recht reinlicher Kerl gewesen zu sein. Auch sein Domizil hier oben war weitläufig. Nach etwa 700 Metern passieren wir einen der Baumstümpfe mit blauem Punkt, an dem zusätzlich ein Zeichen des **Koboldsteigs** geradeaus weist. Hier machen wir einen Abstecher nach rechts zum ❻ **Teufelsfenster.** Eine große Felsformation bildet die Wand des Domizils und in ihr eine ausgewaschene Grauwackendruse als Fenster, die als mantisches **Frageloch** bezeichnet wird. Und erneut finden wir eine der Moralgeschichten von der Verführung durch das Gold. Zurück auf dem Kammweg wenden wir uns nach rechts und erreichen nach wenigen Metern den ❼ **Czorneboh** mit seinem **Berggasthof** und dem **Turm.** Wer im Spätsommer wandert, dürfte allerdings mittlerweile fast satt sein, denn seit dem Butterborn begleiten uns verführerische Brombeer- und Himbeerbüsche, deren Beeren teuflisch lecker sind und besser als Gold. Dennoch lockt auch der Berggasthof mit warmer Speis und kühlem Trank – und mit der Aussicht vom Turm.

*Der 23 Meter hohe **Turm** auf dem **Czorneboh** wurde 1851 eingeweiht. 90 Stufen führen auf den ältesten gemauerten Aussichtsturm in der Oberlausitz, für dessen Besuch zunächst 10 Pfennig Eintritt erhoben wurden. Am 30. Mai 1852 eröffnete die Gaststätte.*

Wir folgen weiter dem blauen Punkt, der uns zweimal ein Stück über die Zufahrtsstraße zum Gasthof führt, ehe wir zu einem Wanderparkplatz kommen. Autos dürften wir bis dahin kaum gesehen haben. Mit dem blauen Punkt biegen wir hinter dem Parkplatz nach links in den **Polenzweg** ein, der kurz darauf an ei-

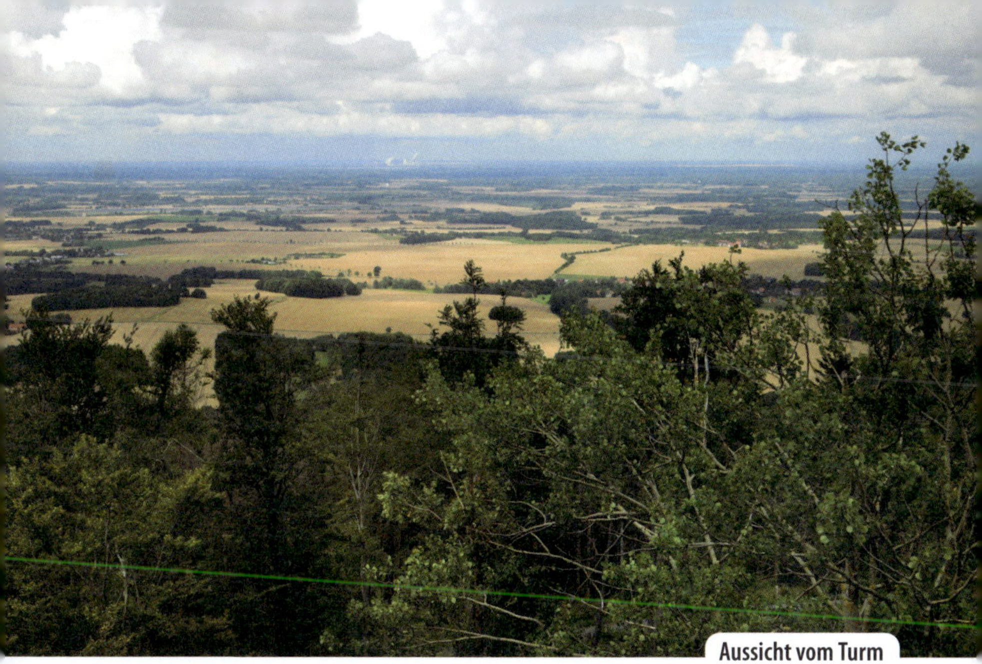

Aussicht vom Turm

ner Gabelung nach rechts abzweigt. Wir aber bleiben unverdrossen mit dem blauen Punkt auf dem Kammweg und wenden uns nach links über den **Steinberg** hinweg. Dabei eröffnen sich immer wieder weite Blicke nach Norden. Bald erreichen wir eine Kreuzung, an der uns ein Schild geradeaus zum Hochstein in 600 Metern weist; links geht es in 2,5 Kilometern nach Halbau. Von hier werden wir später nach Halbau zurückgehen. Zunächst aber steht ein Abstecher zum Hochstein an. Wer schon erschöpft ist, kann hier 1,6 Kilometer sparen. Für alle anderen geht es weiter auf dem weichen Pfad. Kurz darauf weist ein Schild nach rechts zur **8 Polenzkanzel,** die wir nach 200 Metern erreichen. Ein grünes Dreieck führt uns auf schmalem Pfad zu dieser in den Berg gebauten Kanzel, die früher bestimmt eine gute Sicht bot. Heute ist sie gut für heiße Sommertage, an denen sie einen schattigen Ruheplatz bietet. 100 Meter weiter kommen wir zurück auf den Kammweg, auf dem wir 200 Meter weiter rechts den Abzweig zum **9 Hochstein** erreichen. Vor uns erheben sich ein paar imposante Felsen, von denen einer mit Vorsicht erklettert werden kann.

*Der* ***Hochstein*** *liegt an einem alten Handelsweg. Um 1350 wurden Wegelagerer, die hier hausten, von der Löbauer Bürgerwehr vertrieben. Löbau gehörte seinerzeit zum Oberlausitzer Sechsstädtebund, zusammen mit Bautzen, Görlitz, Kamenz, Lauban und Zittau.*

Nun geht es zurück. Ohne den Abstecher zur Polenzkanzel erreichen wir zügig wieder den Abzweig nach **Halbau,** der zuerst etwas im Gras versteckt liegt, aber nach wenigen Metern ein deutlich sichtbarer Pfad ist und uns schnell abwärtsführt. Nach knappen 200 Metern schwenken wir nach links auf einen breiten Forstweg, den wir nach weiteren 200 Metern in einer leichten Linkskurve wieder nach rechts verlassen, nun wieder vom grünen Punkt geleitet. Nach einem letzten erholsamen Stück auf grasigem Grund durch lockeren Baum- und Buschbestand erreichen wir Halbau an der Stelle, an der wir am Anfang nach links auf den grünen Punkt eingeschwenkt waren, und schlendern die letzten Meter bis zum Parkplatz.

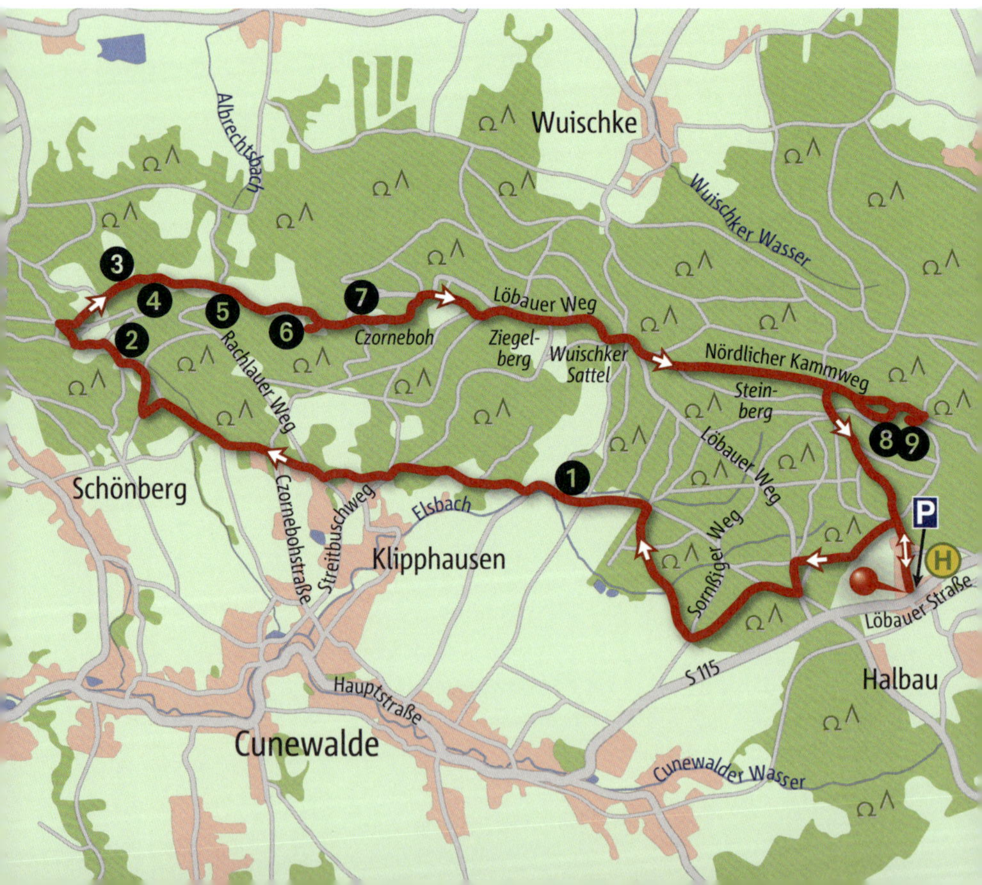

# ALLES AUF EINEN BLICK

**Entspannung** 3/5
**Abenteuer** 3/5
**Vielfalt** 4/5

## WIE & WANN

**Meist Wald- und Forstwege, in Dorfnähe und auf dem Czorneboh kurze Stücke Asphalt. Am besten von April bis Oktober.**

## HIN & WEG

**Auto:** Wanderparkplatz Cunewalde Halbau, Löbauer Straße, 02733 Cunewalde
**ÖPNV:** Bushaltestelle Halbau

## ESSEN & ENTSPANNEN

7 **Berggasthof Czorneboh,** Löbauer Weg, 02627 Hochkirch, Tel. (03 58 77) 89 91 68, www.czorneboh-berggasthof.de

## ENTDECKEN & ERLEBEN

1 **Wiesen am Elzebach**
2 **Quelle Butterborn**
3 **Teufelshuf**
4 **Hromadnik**
5 **Teufelswaschbecken**
6 **Teufelsfenster**
7 **Aussichtsturm Czorneboh**
8 **Polenzkanzel**
9 **Hochstein**

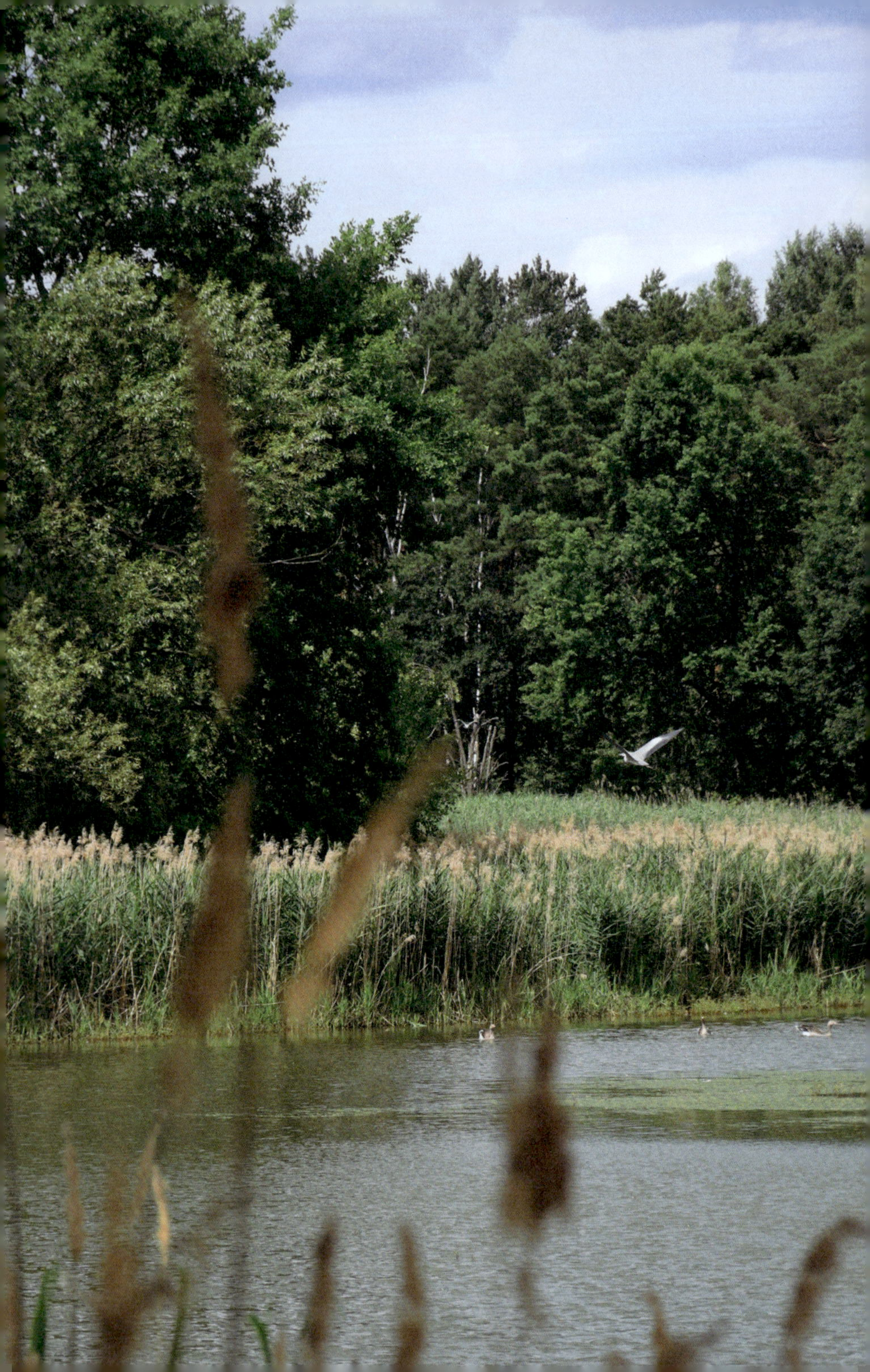

# Teichpfade

## Durch Mücka und Kreba

Die Tour beginnt am beschrankten Bahnübergang in **Mücka,** oder sorbisch: **Mikow,** den wir überqueren und die **Hoyerswerdaer Straße** nordwärts etwa 100 Meter bis zur nächsten Abzweigung nach rechts gehen. Hier finden wir das weiß-gelb-weiße Wanderzeichen, das uns mehrfach leiten wird. Hinter ein paar Gewerbebauten betreten wir bald einen angenehmen Waldweg. Mal durch in Reih und Glied stehende Fichten, mal durch Laubwald mit Eichen, Buchen und Birken wandernd, fügen sich die Lichtschattierungen, die blitzenden Spinnennetze, die Farne, die Laubteppiche, Käfer und Schnecken zu einem Blickbankett, das wir ebenso aufnehmen wie das Geruchsgewebe aus feuchter Erde und harzigen Baumstämmen und die Klangkulisse von knarrenden Bäumen, dem Sirren und Surren der Insekten oder den Vogelrufen. Rechts öffnet sich kurz der Blick auf Felder. In der Ferne ragen die dampfenden Kühltürme des **Kraftwerks Boxberg** auf.

*Die Landschaft der Lausitz wird nachhaltig durch den Braunkohletagebau verändert. Das – unfallträchtige – **Kraftwerk Boxberg** war ab den 1980ern das größte Kohlekraftwerk der DDR mit erheblichen Emissionen. Die letzten Blöcke sollen 2038 abgeschaltet werden.*

An einer T-Kreuzung folgen wir Weiß-Gelb-Weiß nach links und nehmen etwa 200 Meter weiter an einer Gabelung den schmaleren Weg links in Richtung **Schwarze Lache.** An einer langgestreckten Lichtung lädt eine Bank zum Verweilen ein. Nach einiger Zeit treffen wir auf einer breiteren Forstpiste wieder auf Weiß-Gelb-Weiß, wenden uns erneut nach links und sehen bald linker Hand die ersten Gehöfte der Siedlung Lache vor uns. Kurz hinter dem ersten Gehöft weist die Markierung auf einen Waldweg nach rechts, und gut 100 Meter weiter stehen wir am Ufer der **1 Schwarzen Lache.** Hier kön-

**Kilometer:** 16,2
**Höhenmeter:** 11
**Stunden:** 4
**RUNDWEG**

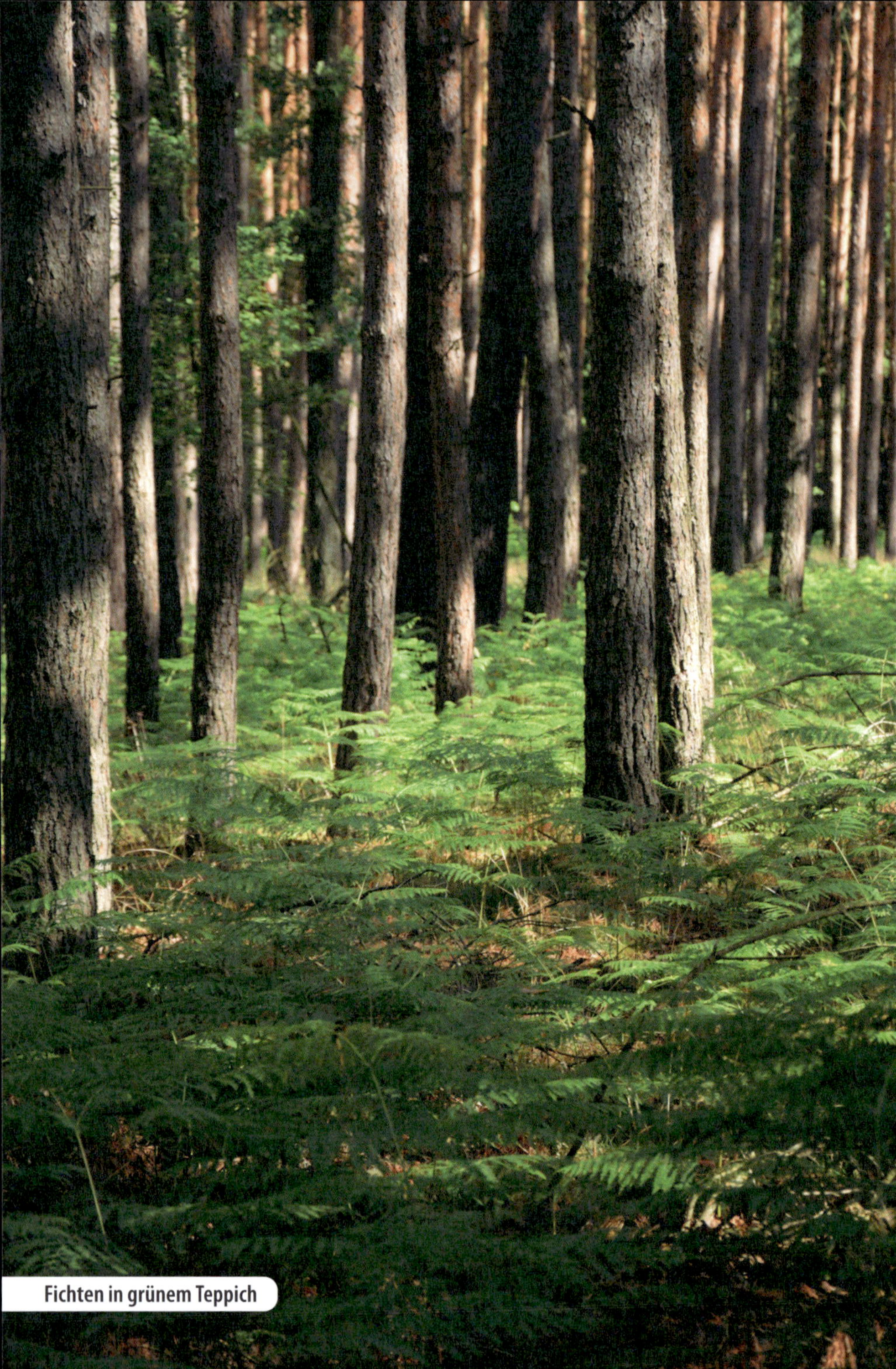

Fichten in grünem Teppich

nen wir vom Rastplatz den Ausblick über den See mit seinen Inselchen genießen – die erste Wasserfläche für heute. Es geht den Weg weiter, bei den nächsten Häusern links auf einen Schotterweg, beim Ortsschild Lache wieder nach links. Bald gehen wir auf Asphalt. Immerhin passieren wir an der nächsten Abbiegung nach links noch einen niedlichen ❷ **Pavillon** mit zwei hölzernen Gänsen. Ein knapper Kilometer Straße liegt nun vor uns, der aber zum Glück kaum befahren ist und nach links einen schönen Blick über die Felder bietet. Am Ortseingang zu **Kreba** (Chrjebja) biegen wir nach links in die Töpferecke, dann nach rechts auf den Feuerwehrweg ein und erreichen vorbei an derselben die **Boxberger Straße.** Knappe 100 Meter rechts findet sich die ❸ **Bäckerei Höfchen,** in der wir uns eventuell noch mit Proviant versorgen können.

**Für die Seele**

**Wasser auf die Mühlen der Seele: mal lauschige Flüsse, mal romantische Teiche, mal erfrischende Seen.**

Weiter geht es aber geradeaus in die **Hoyerswerdaer Straße,** in der wir nach knappen 200 Metern auf den bis 1992 genutzten ❹ **Wasserturm** rechts und den **Eisenhammer** links stoßen, der auf die lokale Geschichte der Eisenherstellung verweist. Am Ufer des Hammersees laden Bänke zu einem Imbiss mit Teichblick ein. Ausgeruht geht es links neben dem Wasserturm vorbei an zahlreichen Infotafeln zu den Themenwegen von Kreba. Wir nehmen mit Weiß-Grün-Weiß den schmalen Pfad zwischen dem **Schwarzen Schöps** und dem Sportplatz, immer am Ufer entlang mit einigen lauschig-romantischen Ausblicken. Am Ende des Sportplatzes erhebt sich das barocke ❺ **Schloss Kreba.** In der Mitte des 18. Jahrhunderts errichtet, befindet sich heute unter anderem die Grundschule darin. Man kann es als ABC-Schütze schlechter treffen.

Wir laufen links am Schloss entlang über die Straße **Am Sportplatz** bis zum **Schmiedeweg** und dann nach links, dem Hinweis zum **Teichpfad** folgend, über den Schwarzen Schöps. Hinter der Brücke nehmen wir den

*Die Geschichte der* ***Teiche in Kreba*** *reicht ca. 500 Jahre zurück. Ihre heutige Gestalt erhielten sie aber ab 1875, als Teichmeister Kintze 13 Teiche anlegen ließ. Er experimentierte mit neuen Zuchtmethoden und zog die Karpfen nach Altersklassen getrennt auf.*

oberen der beiden Wege nach rechts und gelangen in die einzigartige Teichlandschaft von Kreba. Zügig passieren wir den Großen Herrenteich und wandeln für die nächste Zeit auf den Dämmen zwischen den Teichen, eingerahmt von Uferlandschaften. Wir schwelgen in den wechselnden Aussichten über die Teiche und Inselchen; allenthalben schwimmen oder fliegen Reiher, Schwäne, Enten oder Möwen. Manchmal plantschen Fische an die Oberfläche. An der Abzweigung **Frauenteich** biegen wir nach links ein und werden bald mit einer Rechtskurve zwischen Frauenteich und Großem Natiteich hindurchgeführt. Dahinter zweigt der Teichpfad nach links ab; wir aber gehen eine größere Runde und deshalb geradeaus weiter, nun am **Oberteich** entlang. Erst an einer Kreuzung an dessen Ende biegen wir links ab und genießen den Blick auf die baumbestandene Insel des Schubertteiches, die Sammelpunkt vieler Vögel ist. In der Sommersonne staut sich die feuchtwarme Luft auf den Dammwegen, und man läuft geradezu hinein in Luftfladen.

An der nächsten T-Kreuzung wenden wir uns nach rechts und unternehmen einen Abstecher zur **6 Wassertierbeobachtungsstelle,** einer lederstrumpfhaft auf Stelzen in den Schubertteich gebauten Hütte, von der aus wir noch einmal einen unverstellten Blick auf die Vogelwelt werfen können. Wieder zurück an der T-Kreuzung geht es nun geradeaus vorbei an der für uns dritten Seite des Oberteiches, weiter entlang an Hadria- und Großem Münsterteich, bis wir nach einer Linkskurve wieder die uns schon bekannte Brücke über den Schwarzen Schöps erreichen. Vor der Brücke wenden wir uns nunmehr nach rechts und gelangen bald an manchmal nicht bespannten, das heißt trocken gelegten Teichen vorbei bis an die **Hoyerswerdaer Straße.**

Leicht nach rechts versetzt führt uns die Tour in den **Tauerweg,** über den wir nach etwa 150 Metern eine **7 Streuobstwiese** erreichen. Wer jetzt auf reichlich Fallobst hofft, freut sich zu früh. Die Obstbäume sind noch jung, bilden aber eine Auswahl an alten Sorten ab. An der nächsten Kreuzung biegen wir links ab Richtung **Köhlerhütte.** Nach wenigen Metern passieren wir das Modell eines Rennofens aus Lehm, in dem früher Eisen produziert wurde. Hinweisen dazu sind wir bereits vorher am Eisenhammer begegnet. Damit befinden wir uns nun auf dem **8 Wiesen- und Waldpfad.** Hier folgen wir auch wieder Weiß-Gelb-Weiß, frei flottierend mal als Balken, mal als Diagonale.

*Der **Wiesenpfad** und der **Waldpfad** sind Lehrpfade für Jung und Alt. Wir treffen auf insgesamt 15 Infotafeln, Anschauungsmaterial und Mitmachstationen und werden eingeführt in die Waldwirtschaft, das Ökosystem und das Köhlerhandwerk.*

Bei Station 18 zum Ökosystem Wald finden wir auch eine Picknickbank, die sich gut für eine Pause eignet, ehe wir den verbleibenden Weg in Angriff nehmen. Immer dem relativ gut markierten Hauptweg nach, geht es mal an Wiesen und Weiden vorbei, später durch Mischwald, bis wir in **Neudorf** (Nowa Wjes) auf die geteerte Gasse **Am Baruther Berg** stoßen, uns nach links wenden und wenig weiter den Hinweis zu den Hausnummern 3 und 4 entdecken. Hier biegen wir in wenigen Minuten ein, unternehmen aber zuvor noch den knapp 100 Meter langen Abstecher zur Brücke über den Schwarzen Schöps, wo wir eine Station des Flusspfades finden. Mit Trichtern können wir in den leise fließenden Bach lauschen, der so verstärkt vernehmlich rauscht und tönt. Zurück folgen wir nun dem Schild **Am Baruther Berg 3 u. 4.** Der Forstweg leitet uns mit Weiß-Gelb-Weiß nach einem guten Kilometer an eine Bahnlinie. Hier macht der Weg einen Knick und führt zunächst wieder weg von der Bahn. Etwa 100 Meter weiter

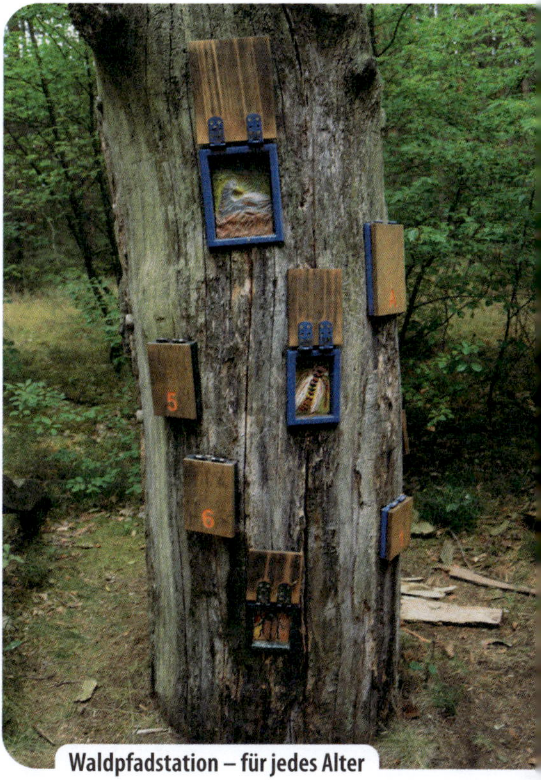

**Waldpfadstation – für jedes Alter**

gilt es, die Abzweigung auf einen schmaleren Waldweg bei einem weißen Stein nach rechts nicht zu verpassen. Kurz hinter der Einbiegung sehen wir wieder unser Zeichen. Schnell gelangen wir an eine breite Piste, folgen ihr nach rechts und stoßen hinter einer Biegung auf einen Granitstein, den die letzte Eiszeit von Süd-Finnland oder den Åland-Inseln hergebracht hat. Bald unterqueren wir die Bahnlinie und erreichen kurz darauf Mücka bei der Freiwilligen Feuerwehr in Sichtweite der **Bautzener Straße.** Wir folgen ihr nach links, passieren den Alternativparkplatz der Tour vor dem Gemeindeamt, biegen dort links auf die **Hoyerswerdaer Straße** ein und beschließen unsere Wanderung nach 400 Metern am Ausgangspunkt.

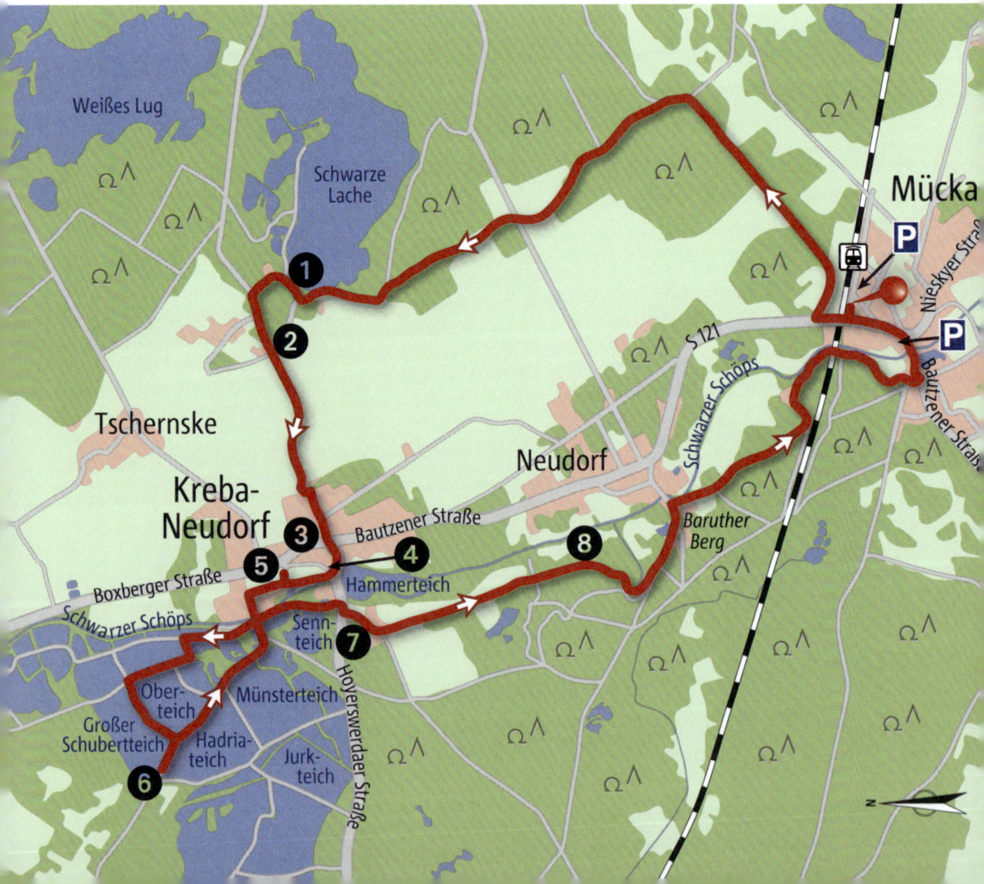

# ALLES AUF EINEN BLICK

**Entspannung**
**Abenteuer**
**Vielfalt**

## WIE & WANN

**Meist Wald-, Feld-, Wiesen- und Dammwege, in den Dörfern längere Stücke Asphalt. Um Kreba herum barrierefrei für geländegängige Rollstühle. Ganzjährig möglich.**

## HIN & WEG

**Auto:** Parkplatz am Bahnhof, 02906 Mücka; alternativ: Am Markt 1, 02906 Mücka (Die Tour beginnt und endet dann dort.)
**ÖPNV:** Bahnhof Mücka

## ESSEN & ENTSPANNEN

2 **Bäckerei Höfchen,** Boxberger Straße 4, 02906 Kreba-Neudorf, Tel. (03 58 93) 5 80 66, https://baeckerei-hoefchen-filiale-kreba.business.site

## ENTDECKEN & ERLEBEN

1 **Schwarze Lache**
2 **Pavillon**
4 **Wasserturm und Eisenhammer**
5 **Schloss Kreba**
6 **Wassertierbeobachtungsstelle**
7 **Streuobstwiese**
8 **Wiesen- und Waldpfad**

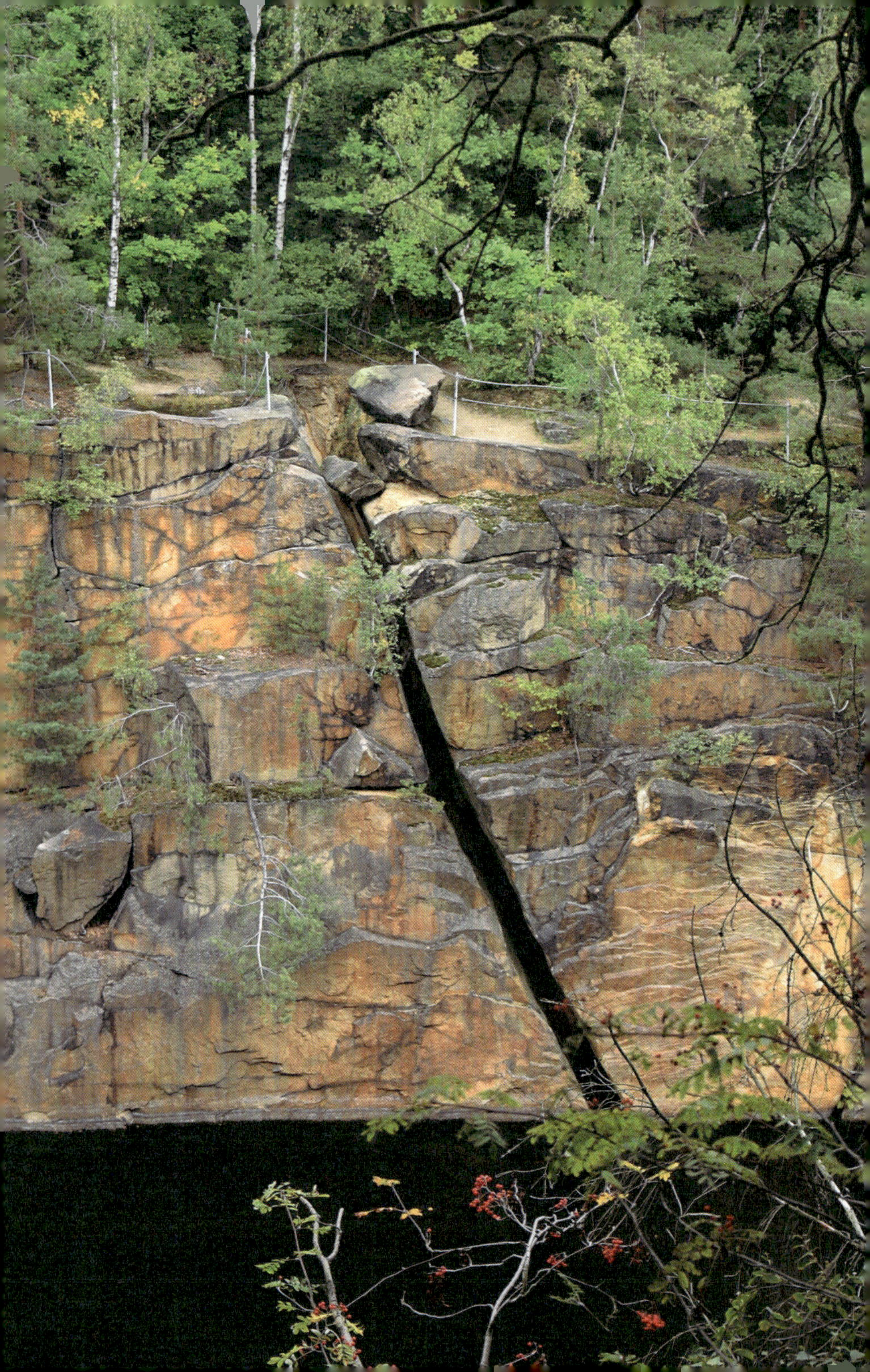

# Steinwelten

## Die Königshainer Berge

Von der unteren Ecke des Parkplatzes nehmen wir den westwärts führenden Wanderweg, der mit einem roten Punkt markiert ist und nach einem kurzen Stück im Wald über offenes Feld führt. Wir bleiben unterhalb des Viehzauns und treten bald wieder in den Wald ein. Knappe 50 Meter im Wald zweigt rechts ein schmaler Pfad ab, den wir für einen Abstecher zum Königsbruch nutzen. Es geht nun beständig bergan. Wir passieren einen nur noch ansatzweise lesbaren Gedenkstein und erreichen wenig später den ❶ **Königsbruch I.** Es ist der erste der ehemaligen Granitsteinbrüche auf der Tour. Sie alle bilden heute kleine Seen mit steil aufragenden, eindrucksvollen Wänden, an denen man noch die Granitstruktur sowie Abbauspuren erkennen kann. Nachdem wir uns sattgesehen haben, geht es wieder abwärts, zurück zum roten Punkt, dem wir nun nach rechts durch den Buchenwald folgen. Nach 200 Metern nehmen wir an einer Abzweigung die grüne Diagonale nach rechts aufwärts. Etwa 20 Meter vor der Zufahrtsstraße zur Hochsteinbaude stoßen wir auf eine Kreuzung. Ein unscheinbarer Pfad nach rechts führt nach wenigen Schritten zum **Königsbruch II,** der kleiner ist, aber mit seinem grünen Wasser durchaus seinen Reiz hat. Im Grunde aber biegen wir am Bruch nach links ab, meiden so den Asphaltweg und erreichen auf weichem Waldboden bald eine T-Kreuzung, an der wir wieder auf den roten Punkt treffen und ihm rechts aufwärts bis zur ❷ **Hochsteinbaude** folgen. Damit haben wir den höchsten Punkt der Wande-

**Kilometer:** 11,9

**Höhenmeter:** 320

**Stunden:** 4

**RUNDWEG**

rung bereits erreicht und können noch ein paar Meter hinzufügen, indem wir den **Aussichtsturm** besteigen, von dem man selbst bei leicht trübem Wetter noch bis zur Lausche schauen kann.

Weiter geht es mit einer Vielzahl von Markierungen rechts an der Baude vorbei Richtung **Teufelssteine.** Zügig erreichen wir einen weiteren Wegweiser zum ❸ **Teufelsstein,** einem Abstecher von 100 Metern. Er ist kleiner als der Hochstein, aber ein durchaus sehenswertes Gefüge von Quadern. Warum er des Teufels ist, bleibt sein Geheimnis. Zurück an der Kreuzung biegen wir nun nach links ab und gehen den Jakobsweg leicht abwärts, bis uns ein Schild zum 50 Meter links liegenden ❹ **Kuckuckstein** weist.

*Im **Kuckuckstein** wird eine heidnische Sonnenkultstätte vermutet. Die Form eines Vogelkopfes weist als „Auge" ein Loch auf, durch das in den Tagen der Wintersonnenwende die Mittagssonne scheint. Eine Nachbildung befindet sich an der Sternwarte Sohland.*

Für uns ist dies lediglich ein weiterer Abstecher; wir gehen deshalb die 50 Meter zurück und setzen unseren ursprünglichen Weg fort. Nach ca. 200 Metern erreichen wir den rechts vom Weg liegenden **Harrystein.**

*Der **Harrystein** erinnert an Harry Georg von Wiedebach und Nostitz-Jänkendorf. Das Adelsgeschlecht lebte seit dem 13. Jahrhundert in der Lausitz und wurde nach dem Zweiten Weltkrieg enteignet, worüber Tagebuchaufzeichnungen detailliert Auskunft geben.*

Ca. 600 Meter weiter stößt am Beginn einer gestreckten Rechtsbiegung von links ein Forstweg auf unseren Waldweg, den wir ignorieren. Etwa 50 Meter dahinter, fast am Ende der Rechtsbiegung, zweigt ein weiterer Weg nach links ab, der uns nach knappen 100 Metern zum ❺ **Predigerstein** führt. Die Bedeutung des Steins mit der Jahreszahl 1813 ist verloren gegangen. Auch dies ist ein Abstecher, und so gehen wir die 100 Meter wieder zurück und setzen unseren vorherigen Weg fort, der nun mal durch Wald, mal durch Wiesen führt. Wir passieren ein grünes Tor in einem zwei Wiesen teilenden Streifen aus Bäumen und Gebüsch und erreichen kurz darauf die **Königshainer Straße.** Auch hier gibt es einen Gedenkstein. Wir folgen nun der Auszeichnung Richtung **Schoorstein** zunächst geradeaus am Waldrand hinauf, ebenso an der nächsten T-Kreuzung, bis wir, nun auch mit Weiß-Gelb-Weiß, nach weiteren 400 Metern auf eine breite Forstpiste treffen. Hier geht es nach rechts, der Fahrradausschilderung **Görlitz** nach. Schon nach 200 Metern verlassen wir die breite, sandige Piste nach links Richtung **6 Schoorstein,** den wir kurz darauf hinter einem Teich entdecken und der an gestapelte Eierkuchen erinnert. Die Hälfte der Tour ist geschafft, und die Bänke und Felsen bieten eine gute Gelegenheit zur Rast – wenn auch leider ohne frische Eierkuchen.

**Für die Seele**
**Geschichte der Steine und Steine der Geschichte: hin zu fantasieanregenden Felsen und tiefen Seen**

Vom Schoorstein geht es geradewegs nach Nordwesten durch ein Wiesen- und Gebüschstück, an dessen Ende man schon das nächste Wanderschild sieht. An der Ecke dort finden wir den **Otto-von-Bose-Gedenkstein** mit der Jahreszahl 1927. Wir biegen nach rechts ab, weiter mit Weiß-Gelb-Weiß, nun Richtung **Wiesa.** Hinter dem Kiefernwald öffnet sich der Blick nach rechts abwärts. An der nächsten Kreuzung verlassen wir Weiß-Gelb-Weiß, biegen nach rechts ab und werden bald auf einem Forstweg im Bogen durch den offenen Hang geführt, den wir von oben bereits gesehen hatten. Als Nächstes stoßen wir wieder auf den Fahrradweg und queren ihn

Des Teufels Stein

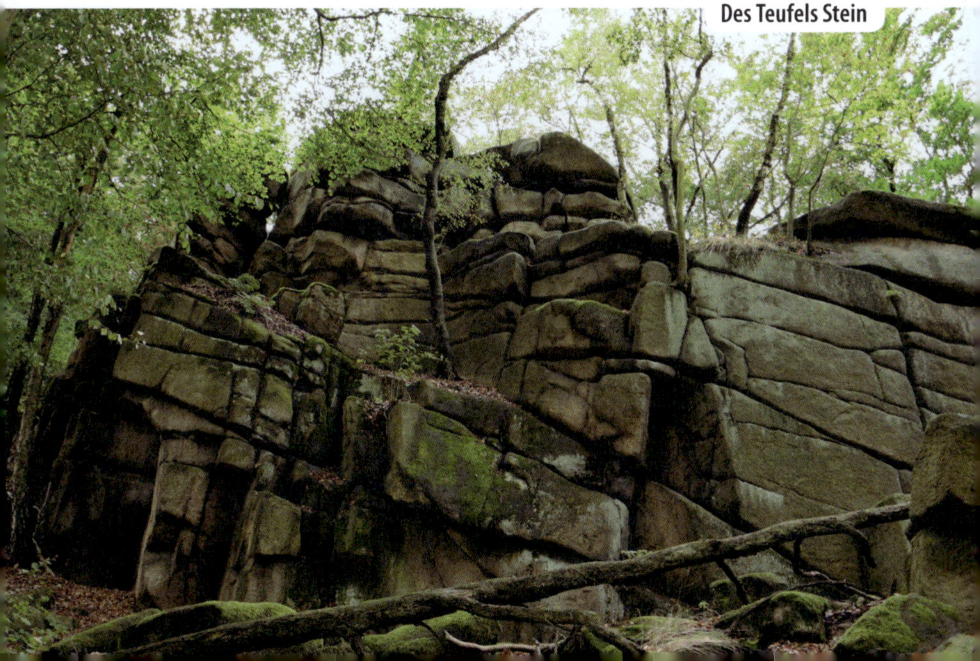

Richtung **Untere Holzstraße.** Der nächste Kilometer schlängelt sich auf dem Forstweg durch dichten Mischwald. Wir ignorieren alle Abzweigungen, die insbesondere in Kurven abgehen. Am nächsten breiten Forstweg biegen wir mit dem gelben Punkt nach rechts ab Richtung **Hochsteinbaude.** An der folgenden Gabelung schwenken wir mit dem Jakobsweg nach rechts. Der Weg vollzieht kurz dahinter eine langgestreckte Linkskurve und führt uns auf die heutige **Obere Holzstraße.**

Wir wenden uns nach rechts und an der T-Kreuzung 500 Meter weiter nach links, immer Richtung **Hochstein,** bis wir erneut die **Königshainer Straße** erreichen. Etwa 20 Meter müssen wir auf der kaum befahrenen Straße nach rechts absolvieren bis zum **Eichedreieck.** Hier biegen wir nach links auf den Forstweg Richtung **Hochsteinbaude** und entdecken auf den nächsten Metern eine ganze Armada von Wanderzeichen. 600 Meter geht es nun durch lockeren Buchenwald, bis von links hinten in spitzem Winkel ein Waldweg auf unseren Forstweg stößt. An einem Baum findet sich ein Jakobsmuschel-Zeichen. Hier biegen wir nach links ab auf den ansteigenden Weg und passieren nach knappen 100 Metern den vor Entengrütze grünen Teich unterhalb des **7 Totensteins,** einem weiteren vorgeschichtlichen Kultplatz, den wir über eine Leiter ersteigen können. Wieder unten, die Leiter im Rücken, wenden wir uns nach links, ignorieren das Schild, das nach links zum Steinernen Tisch weist und gehen rechts daran vorbei. Nach 100 Metern stehen wir vor dem eindrucksvollen **8 Hamannbruch,** der tief in senkrecht abfallende Granitwände eingebettet ist. Er lohnt eine Erkundung aus verschiedenen Blickwinkeln. An der Absperrung entlang gehen wir zunächst nach links bis etwa in die Mitte des langgestreckten Sees. Dort steht man – durch Stahlseile gesichert – direkt über dem Abgrund und kann die gegenüberliegende Felswand bestaunen. Danach geht es zurück auf

*200 Jahre lang, bis 1975, wurde in den Königshainer Bergen Granit abgebaut und über aufwändige Bremsbahnen zum Verladebahnhof gebracht. Zeugen moderner Industriegeschichte und vor allem Reste der Transporttechnik werden auf einem **Lehrpfad** erläutert.*

den Weg und gegen den Uhrzeigersinn um den Bruch herum bis zur Mitte der anderen Längsseite, auf der wir auf den **Kaffeekrug** stoßen. Jetzt können wir auf die Felswand schauen, auf der wir kurz zuvor noch gestanden haben. Am Hamannbruch begegnet uns auch die erste Tafel eines **Lehrpfades.**

Den Kaffeekrug im Rücken gehen wir nun geradewegs vom Bruch weg. Bei den auf Tafel 29 ausgewiesenen „Resten eines sehr alten Gemäuers" biegen wir nach rechts zum **Paradiesfelsen,** von dem wir von hoch oben in den **Bruch III** hinabblicken. Wir gehen nach rechts weiter durch eine kleine Senke und dann abwärts, gelegentlich markiert mit einer grünen Diagonale. Häufiger aber finden wir weitere Infotafeln des Lehrpfades, Fundamente und den **Kleinen Pulverbunker.** Gute 100 Meter hinter dem Pulverbunker liegt der erste der beiden **Firstensteinbrüche** genannten Brüche I und II.

Auf dem Weg zwischen Bruch I und II passieren wir rechter Hand die **Schachmannsäule,** ehe wir die freilichtbühnenhafte Kulisse von Bruch II bestaunen können. Hier treffen wir auch auf das Außengelände des **9 Granitbaumuseums.** Wir folgen dem Weg nach

*Carl Adolph G. von **Schachmann** (1725–1789) begründete 1780 mit seiner Schrift Beobachtungen über das Gebirge bey Königshayn in der Oberlausitz die wissenschaftliche Erforschung des Gebietes. Er gilt auch als durch Herrnhut geprägter Sozialreformer.*

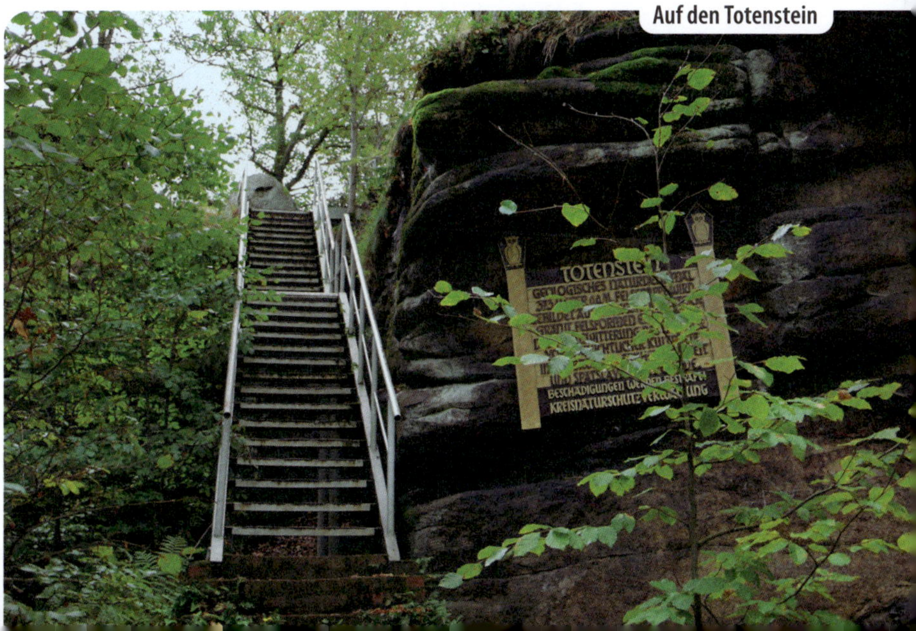
**Auf den Totenstein**

rechts am **Museumsgebäude** entlang, dahinter halbrechts und wenige Meter weiter in der Rechtskurve nach links auf den schmalen Pfad Richtung **Bahnhof Königshain,** der immer geradeaus bis zu einem asphaltierten Fahrradweg führt. Dahinter verläuft der alte Schienenstrang am ehemaligen Bahnhof vorbei. 200 Meter weiter nach rechts gelangen wir knapp unterhalb des Parkplatzes auf die Dorfstraße.

Im Anschluss empfiehlt sich ein Besuch der **10 Feinbäckerei Melzer** unten im Dorf, in der man gemütlich im verglasten Wintergarten oder im Hof sitzen kann und wo die einzige Sorge des Lebens darin besteht, sich für einen der leckeren Kuchen entscheiden zu müssen.

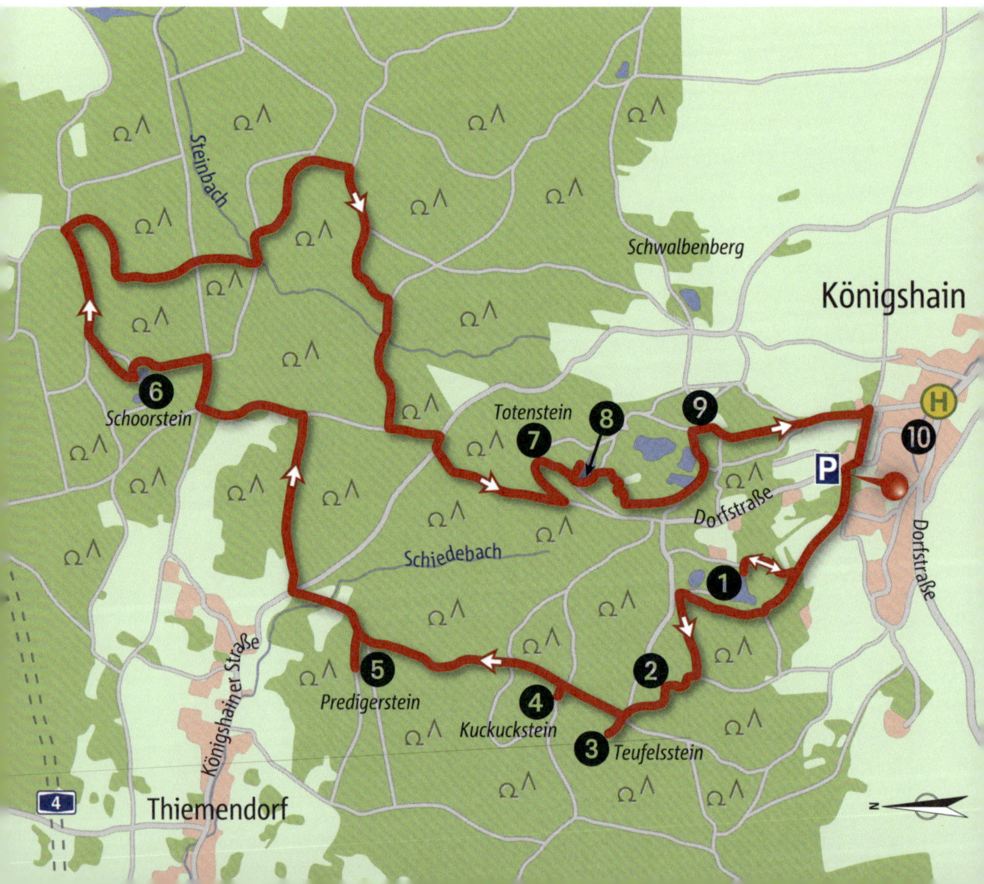

# ALLES AUF EINEN BLICK

Entspannung
Abenteuer
Vielfalt

## WIE & WANN

**Meist Wald- und Forstwege, am Ende ca. 200 Meter asphaltierter Radweg. Ganzjährig möglich.**

## HIN & WEG

**Auto:** Wanderparkplatz, Dorfstraße 147, 02829 Königshain
**ÖPNV:** Bushaltestelle Königshain, Oberdorf (Rufbus, nur nach vorheriger Anmeldung; bei Hausnummer 159 ca. 250 Meter bergauf in die Nebenstraße bis über die Schienen)

## ESSEN & ENTSPANNEN

2 **Hochsteinbaude und Turm,** Dorfstraße 146, 02829 Königshain, Tel. (03 58 26) 6 01 16, www.hochsteinbaude.de/
10 **Feinbäckerei Melzer – Café am Holzbackofen,** Dorfstraße 155, 02829 Königshain, Tel. (03 58 26) 6 02 05, www.feinbaeckerei-melzer.de

## ENTDECKEN & ERLEBEN

1 **Königsbruch I**
3 **Teufelsstein**
4 **Kuckuckstein**
5 **Predigerstein**
6 **Schoorstein**
7 **Totenstein**
8 **Aussicht Hamannbruch, Kaffeekrug**
9 **Museumsgelände**

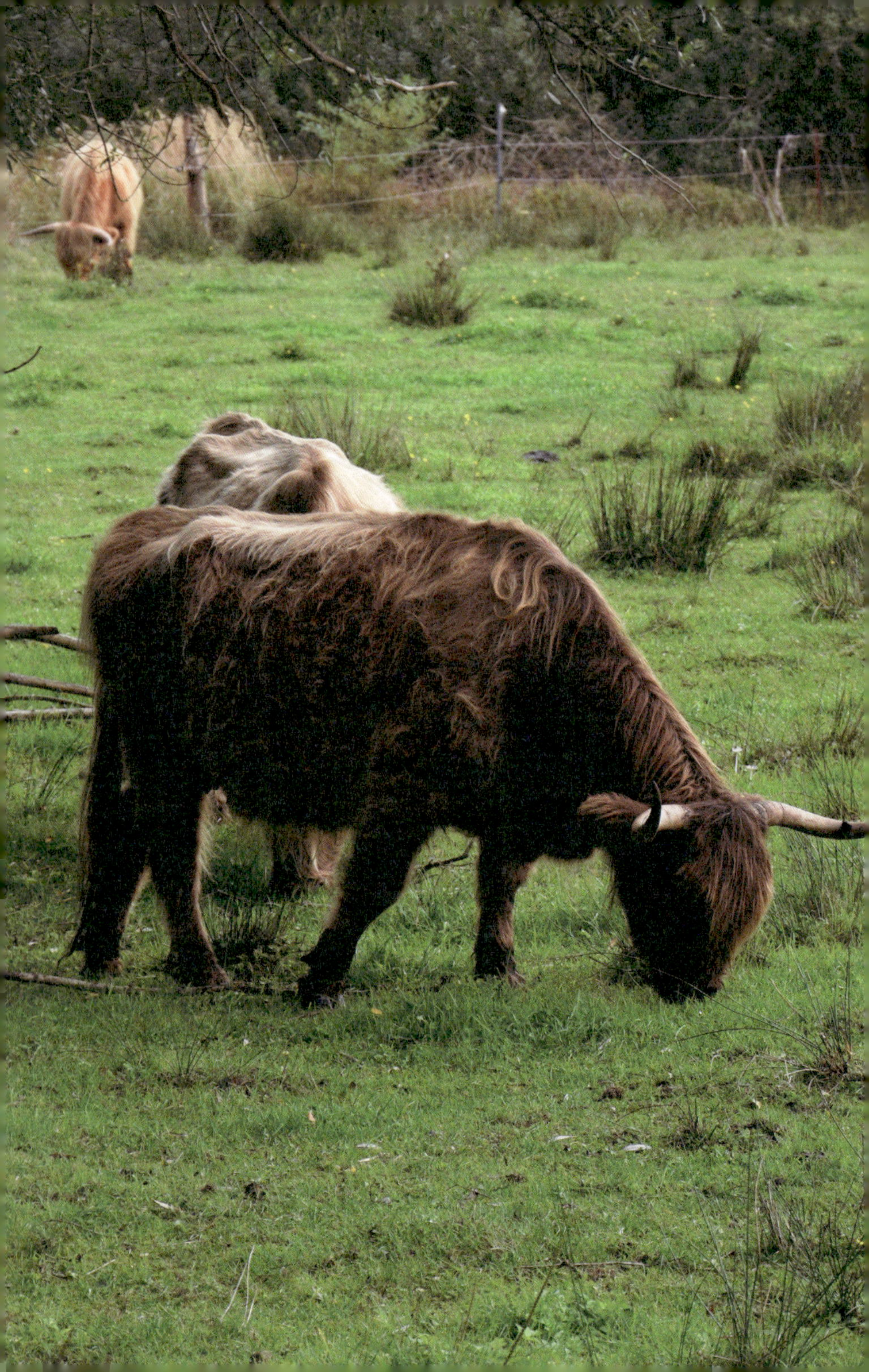

# Flanierzeit

## Um den Mochowsee

Natter, Reh, Otter, Kranich, Biber – so heißen die markierten Pfade, denen wir auf dieser Tour folgen: fast ein kleiner Zoorundgang. Vom Parkplatz starten wir am ehemaligen, nun schmucken Bahnhof Goyatz vorbei, in dem heute die Touristeninfo untergebracht ist, und an der **L 442** nach rechts bis zur Kreuzung mit der **B 320;** beide heißen **Am Bahnhof.** Wir kreuzen die B 320 und gehen in die geschotterte Gasse **Am Hang.** Dies ist zugleich der **❶ Natterpfad.** Es geht vorbei an ein paar Häusern auf der rechten Seite, während sich links Weiden erstrecken, auf denen sich mit etwas Glück ein paar flauschige Galloways tummeln. An Infotafeln ist hier wahrlich kein Mangel, denn wir befinden uns zugleich auf einem Naturlehrpfad zur heimischen Flora und Fauna, der uns noch im Dorfbereich über **❷ einheimische Holzarten** aufklärt.

*Der Überblick über acht **einheimische Holzarten** präsentiert Stammschnitte, an denen man die Rinde sowie im Aufschnitt die Holzmaserung erkunden kann. Wer kann schon Rotbuche und Hainbuche unterscheiden oder würde einen Faulbaum erkennen?*

Nach den letzten Häusern tritt die Schotterpiste als Pfad in den Wald ein. Etwa 200 Meter weiter in einer Linkskurve erreichen wir den **❸ Rehpfad** und folgen ihm nach rechts. Bald passieren wir auf teils schmalem Pfad ein linker Hand liegendes Feucht- und Moorgebiet. Wieder im Wald, der größere Kiefernbestände aufweist, die zunehmend mit Laubbäumen, vor allem Birken, durchsetzt sind, wandern wir auf einem breiteren, weichen Waldweg. Der Rehpfad ist, wie die anderen Tierpfade, meistens gut markiert. Ganz selten muss man an Gabelungen nach einem Richtungsschild suchen oder gar mal 50 Meter weit verschiedene Pfade ausprobieren, bis man das nächste Schild findet. So werden wir

**Kilometer:** 13
**Höhenmeter:** 12
**Stunden:** 3,5
**RUNDWEG**

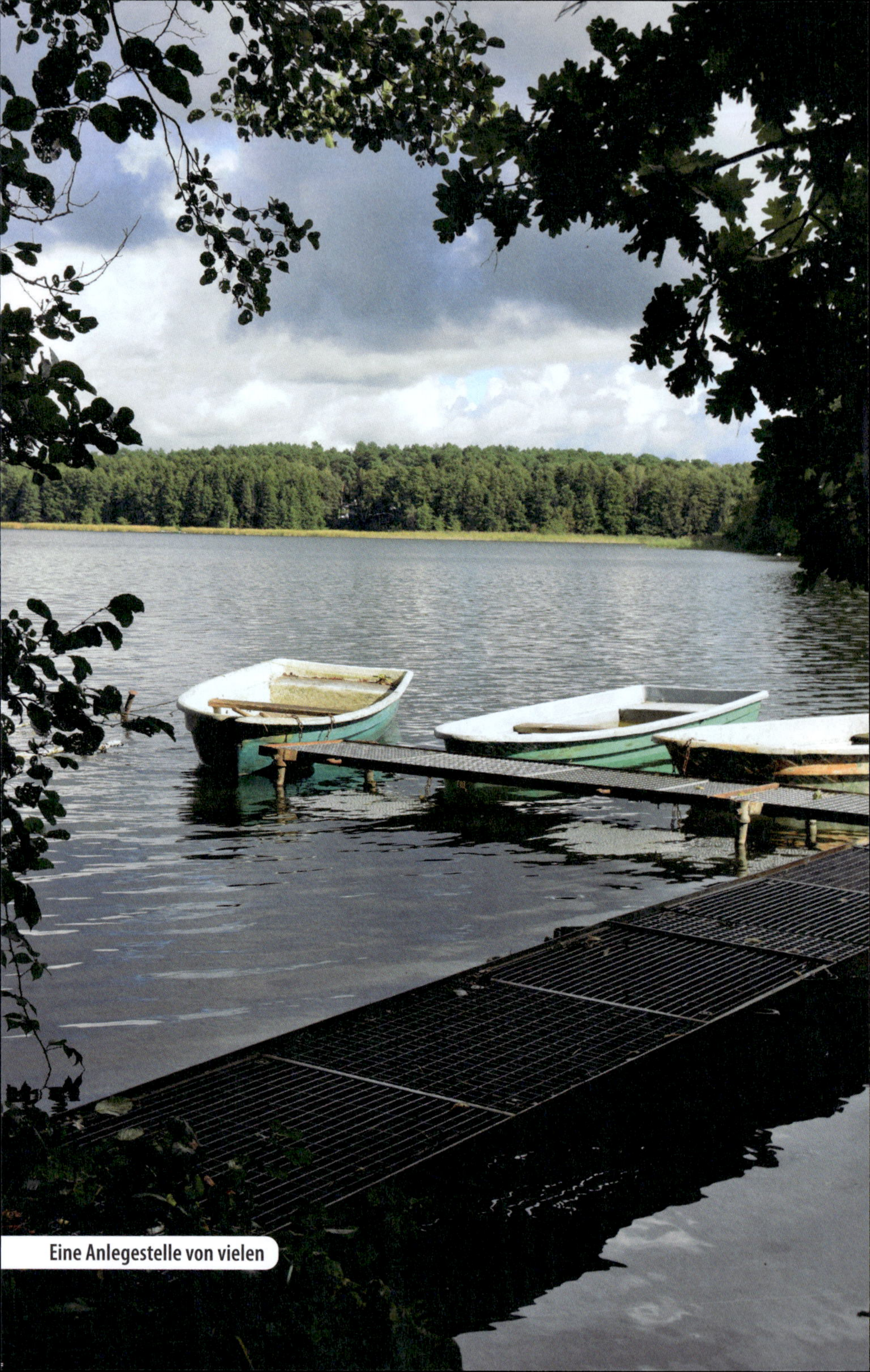

Eine Anlegestelle von vielen

mal links, mal rechts durch lichte Kiefern- und Birkenhaine geführt und treffen nach einiger Zeit auf eine geschotterte Forstpiste, die uns nach rechts Richtung **Leichhardt-Hütte** leitet. Auch Infotafeln des **Naturlehr- und Erlebnispfades Ludwig Leichhardt** begegnen wir. Nach 250 Metern stehen wir vor der **4 Ludwig-Leichhardt-Hütte** mit dem Rastplatz.

Wir gehen geradeaus an ihr vorbei und befinden uns nunmehr auf dem **5 Otterpfad,** der im Wesentlichen identisch mit dem Rundwanderweg **Großer Mochowsee** ist. Wir können uns nun also für den größten Teil der Tour am Otter und dem gelben Punkt orientieren. Nach einer weiteren Strecke durch Wald öffnet sich der Blick nach links über Wiesen, und wir stoßen auf einen gepflasterten Feldweg, auf dem es wenige Meter nach links geht, bevor wir erneut nach links abzweigen und durch Felder auf den Waldsaum zugehen. Auf schmaler werdenden Pfaden kommen wir allmählich an den See, den wir nun auf dem Uferweg, immer mit dem Otter, fast ganz umrunden. Die meiste Zeit erfreut der **Große Mochow-**

**Für die Seele**

**Im Blick den See und die Rinden: mal gekräuselt, mal glatt, grün oder silbrig, mal schimmernd, mal matt.**

*Der aus dem nahen Sobrodt stammende Botaniker, Zoologe und Geologe **Ludwig Leichhardt** (1813–1848?) erkundete den Norden und das Outback Australiens. Seit einer Expedition 1848 blieb er auf der Suche nach einer Landverbindung nach Perth verschollen.*

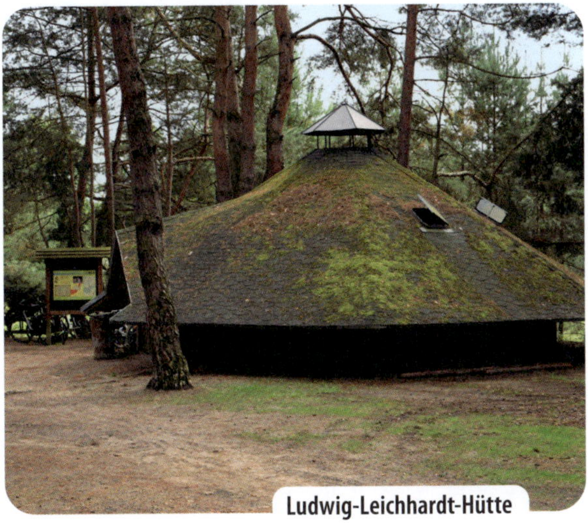
Ludwig-Leichhardt-Hütte

Der **Mochowsee** entstand nach der Weichseleiszeit durch Schmelzwasser, das sich in Rinnen aufstaute und das System der Schwielocher Rinnenseen bildete. Auch die Endmoränenhügel sind Folge dieser Eiszeit, die etwa von 115.000–10.000 v. Chr. dauerte.

**see** das Auge; nur selten leitet uns der Otterpfad so weit vom See weg, dass er kurzfristig dem Blick entschwindet.

So genießen wir einen Seeblick nach dem anderen, mal auf blaues, mal auf silbrig-graues, mal auf grünes Wasser, das Wechselspiel aus schimmernden, glitzernden, matten, spiegelnden Lichtspielen, mal halb verborgen durch den Waldessaum, dann gebrochen durch Eichenzweige oder mit etwas Abstand vom Ufer über Gras und Sand, durch Pompesel und Schilf; Schwäne kreuzen den Blick, ein paar Enten – und im Sommer sicherlich Urlauber.

Unterbrochen wird die Sinnenflut durch eine Vielzahl von Infotafeln. Wir passieren eine vom Blitz längs gespaltene Eiche, die Schutzhütte eines Anglervereins, ein paar Weiden, gegenüber einer Insel eine **6 Badestelle mit Rastplatz,** dann, schon am südlichen Zipfel des Sees, einen moorigen Zufluss, den wir über manch-

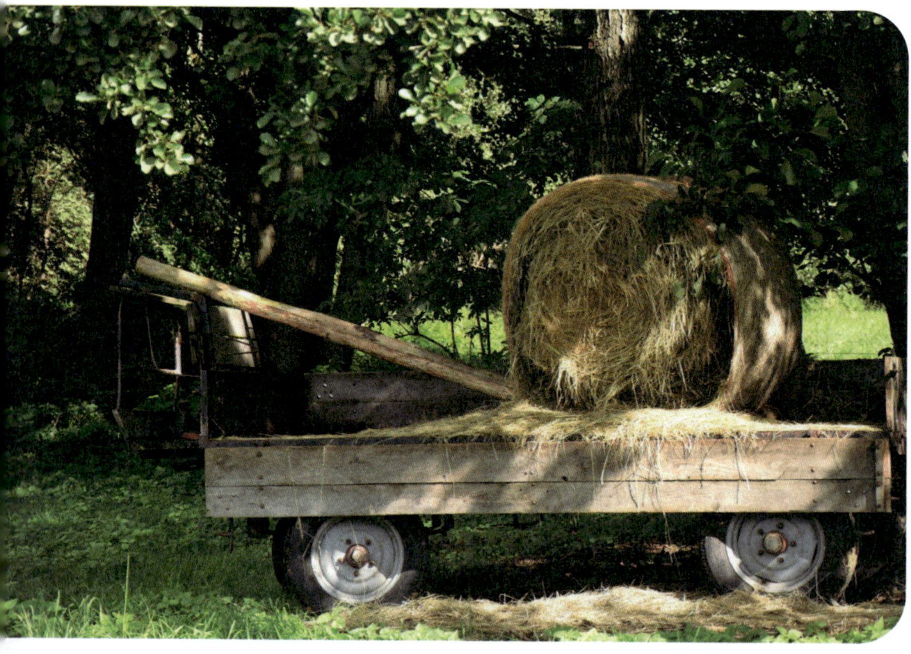

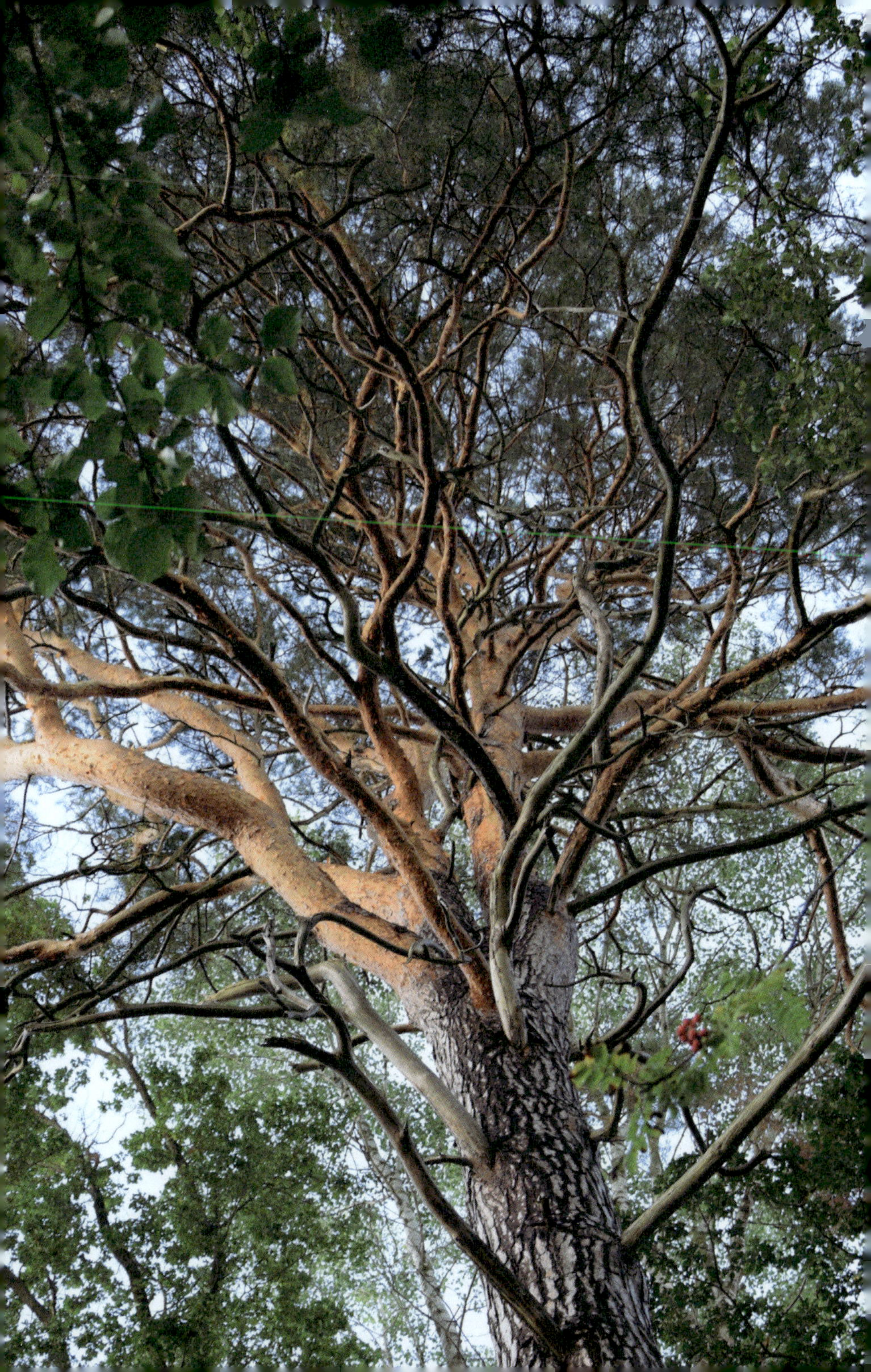

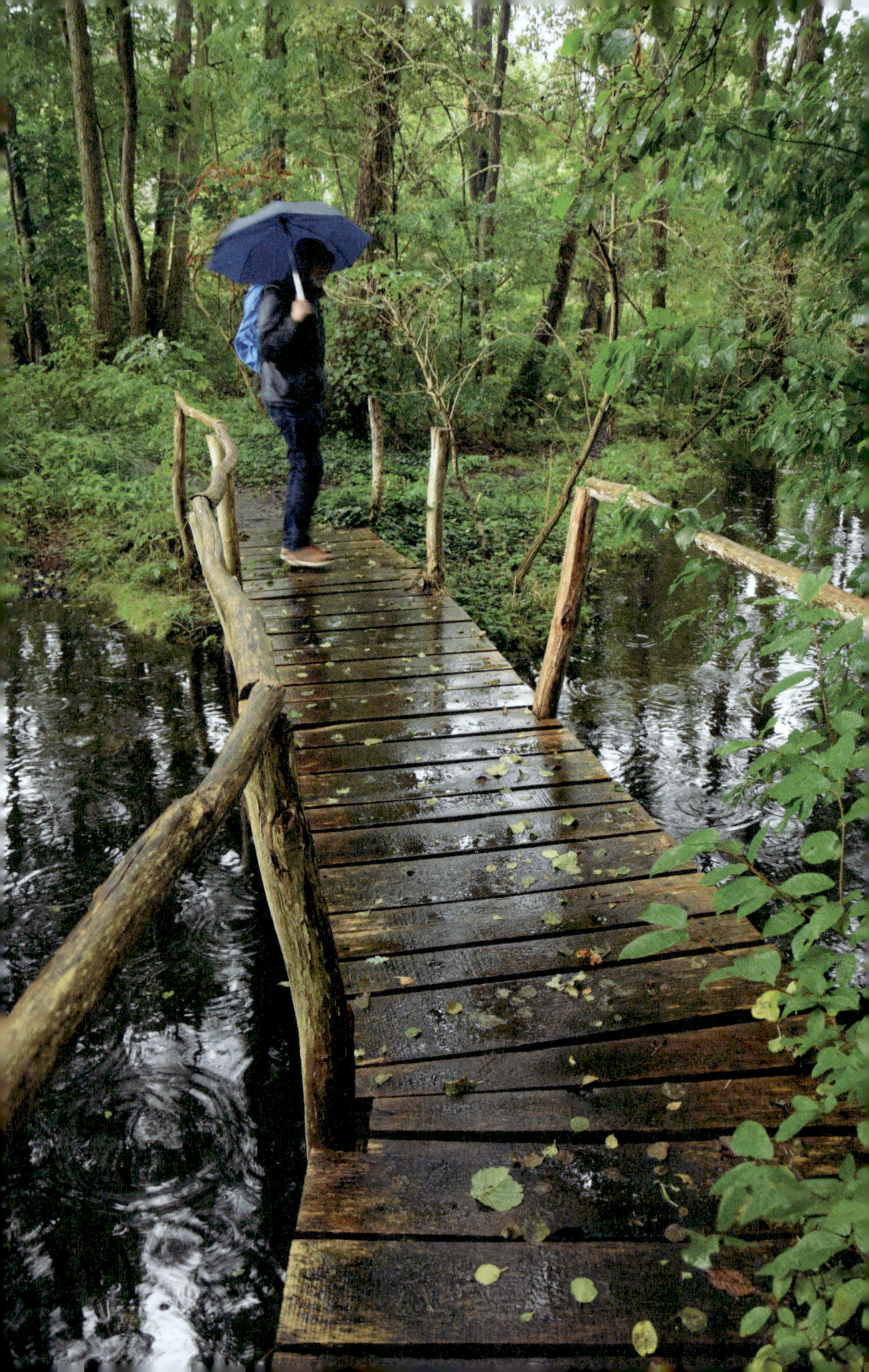

mal glitschige 7 **Holzstege** bewältigen. In dem **Moorstück** stoßen wir auf den **Kranichpfad,** der nur ein kurzes Stück parallel zum Otterpfad verläuft. Dann geht es an der Ostseite des Sees wieder nordwärts, und der Eindruck des Sees ändert sich mit dem veränderten Winkel zur Sonne. Auf der ganzen Ostseite liegt eine Reihe von privaten Edellauben, fast immer ausgestattet mit Bootsstegen, die aber meist privat sind. Bald erreichen wir den Campingplatz mit seiner Badestelle, den Bänken und knappe 80 Meter den Weg rechts hinauf das 8 **Bistro am Campingplatz,** das sich gut für eine Rast eignet, da wir bereits etwas mehr als die Hälfte der Strecke hinter uns haben.

Ausgeruht geht es den Otterpfad am Ufer entlang. Ein offensichtlich privat angelegter Baumlehrpfad fasziniert, der uns außer dem Namen des jeweiligen Baumes auch sein Alter verrät und dies in Beziehung setzt zu Erfindungen, zum Beispiel des Elektronenmikroskops oder des Kugelschreibers – manchmal verblüffend. Einmal streifen wir die B 320, dann eine größere Wiesenfläche mit Betontischtennisplatte. Dahinter empfängt uns wieder Kiefernwald, und der See gerät allmählich aus dem Blick. Etwa 400 Meter weiter stoßen wir auf eine T-Kreuzung, wo wir mit dem Otter nach links auf einen breiten Forstweg einbiegen, aber schon gute 10 Meter weiter einen nach rechts aufwärts abzweigenden Pfad nehmen, der nicht markiert ist. Keine 30 Meter weiter haben wir den Buckel auch schon erstiegen und passieren eine überdachte Rastbank. Nun geht es wieder abwärts zum 9 **Kleinen Mochowsee.** Unten folgen wir dem schmalen **Biberpfad** nach links. Seerosen zieren diesen See mit seiner wieder anderen Grünschattierung. In der Nähe eines Bootsstegs am westlichen Zipfel des Sees zweigt ein Pfad links ab, der uns nach knappen 50 Metern auf eine breite Forstpiste bringt. Leicht nach rechts versetzt finden wir wieder den Rehpfad, der hier allerdings gesperrt ist, da sich Biber angesiedelt haben, die ihre Ruhe wohlverdient haben. So wenden wir uns nach links und stoßen nach ca. 100 Metern auf das Hinweisschild zur **Leichhardt-Hütte,** das wir schon kennen. Wir biegen rechts ab und gehen auf dem Stück des Rehpfades zurück, das wir gekommen sind. Auf dem uns wohlbekannten Weg – indes: manches sieht sehr anders aus, wenn man entgegengesetzt geht – erreichen wir den **Natterpfad,** biegen nun links auf ihn ein und treffen bald auf die Gasse **Am Hang** und auf unseren Ausgangspunkt. Bevor wir Goyatz verlassen, können im **⑩ Restaurant Hafenterrasse** oder im **⑪ Café am See,** die beide etwa 250 Meter vom Parkplatz entfernt liegen, die verbrauchten Energien genüsslich aufgefüllt und die Eindrücke verdaut werden.

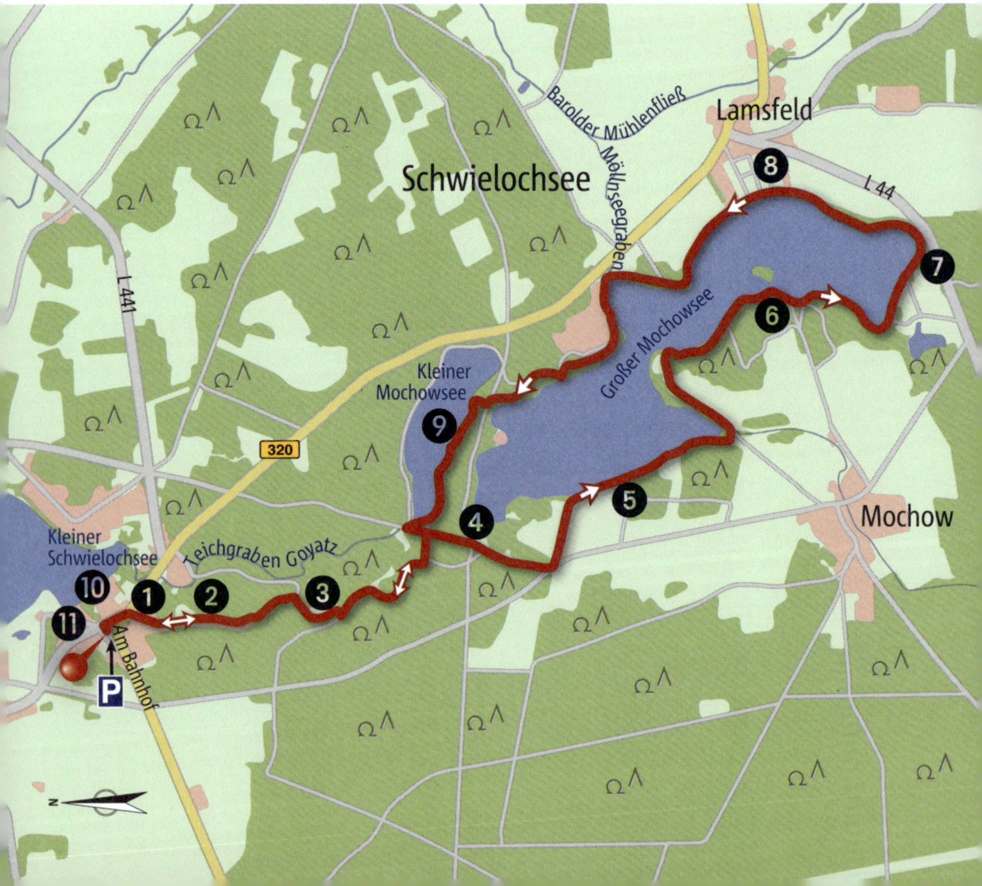

# ALLES AUF EINEN BLICK

**Entspannung** 5/5
**Abenteuer** 2/5
**Vielfalt** 3/5

## WIE & WANN

**Meist Pfade und Waldwege, kurze Stücke Forst- und Schotterpiste. Ganzjährig möglich.**

## HIN & WEG

**Auto:** Parkplatz an der Tourist-Information Goyatz, Am Bahnhof 27, 15913 Schwielochsee
**ÖPNV:** Keine direkte Anbindung an die Strecke

## ESSEN & ENTSPANNEN

8 **Bistro am Campingplatz Mochowsee,** Lamsfelder Dorfstraße 36 b, 15913 Schwielochsee/OT Lamsfeld, Tel. (03 54 78) 5 25 (April bis Oktober)
10 **Restaurant Hafenterrasse,** Am Bahnhof 31, 15913 Schwielochsee, Tel. (03 54 78) 18 19 07, www.gasthaus-hafenterrasse.de
11 **Café am See,** Am Bahnhof 37, 15913 Schwielochsee, Tel. (03 54 78) 4 41, www.cafe-assmann.de

## ENTDECKEN & ERLEBEN

1 **Natterpfad**
2 **Einheimische Holzarten**
3 **Rehpfad**
4 **Ludwig-Leichhardt-Hütte**
5 **Otterpfad**
6 **Rastplatz Badestelle**
7 **Moor mit Holzstegen**
9 **Kleiner Mochowsee und Biberpfad**

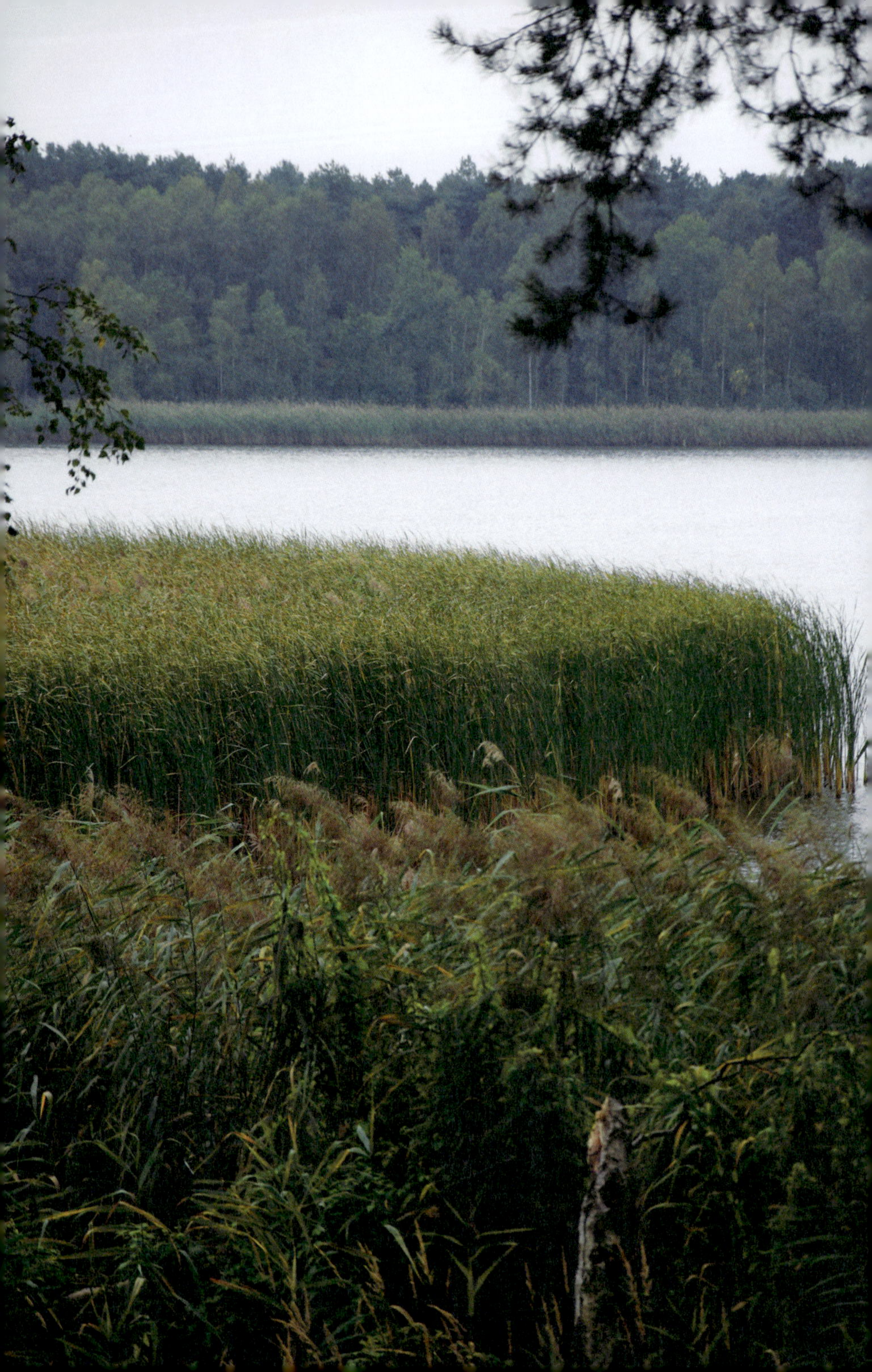

# Zwischenwelten

## Die Niederspreer Teichanlagen

Vom Parkplatz geht es zunächst die Asphaltstraße durch die Schranke weiter. In leichtem Linksbogen werden wir zum ❶ **Schloss Niederspree** geführt. Das Schloss hat bessere Tage gesehen, glänzt aber derzeit im Charme des Verfallenden, der insgesamt gut zur Wanderung passt und auf die Melancholie, die von den Teichen ausgeht, einstimmt.

Weiter geht es links am Schloss, vorbei an einer Reihe zurückgesetzter, getreulich von 0 bis 7 durchgezählter Garagen. Dahinter tauchen wir ein in ein Füllhorn aus Grüntönen – selbst im trockenen Sommer 2022 war es hier so feucht, dass das Laub der Buchen, Eichen und Birken grün schimmerte, die Sträucher und Farne sind grün und grünes Moos überzieht noch die letzten Betonquader. Bald gelangen wir an den ersten Teich, den **Großteich,** der sich bei bedecktem Himmel bleiern ausbreitet. Vor dem Teich biegen wir nach links ab, verlieren schnell den Blickkontakt zum Gewässer und wandern weiter durch die Harmonie in Grün, selbst das Braun der Kiefernwälder geht im Grün unter. Eine Reihe von Wegmarkierungen begleiten unsere Wanderung, die aber manchmal allzu inflationär auftauchen, vor allem der Haubentaucher, der häufig in mehrere Richtungen zugleich weist. Nach gut 700 Metern kommen wir wieder näher an den Teich, und bald zweigt rechts ein Weg ab, der auf einen Damm zwischen zwei Teichen führt. Wir lassen diesen Abzweig aus, ebenso wie den nächsten. Rechts öffnen sich nun Blicke auf den **Waldteich,** den wir halb umrunden

*Das **Gut Niederspree** ist seit Mitte des 16. Jhs. bezeugt und wurde 1919 in der heutigen Form neu erbaut. 1945 enteignet, diente es als Frauengefängnis, Forstschule, Pilotenunterkunft, Erholungsheim der Stasi und ab 1990 als Naturschutzstation.*

**Kilometer:** 9,0
**Höhenmeter:** 2
**Stunden:** 2,5
RUNDWEG

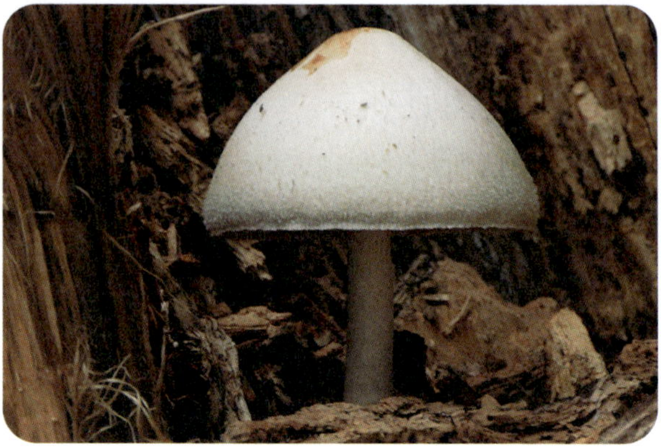

werden. An der nordwestlichen Ecke des Waldteiches zweigt ein schmaler, zunächst kaum sichtbarer **Uferpfad** rechts ab, der in kaum 10 Metern Entfernung vom Ufer zwischen einer Reihe Uferbirken und dem Kiefernwald auf der ❷ **Nordseite des Waldteiches** entlangführt. Bald wird er ein wenig deutlicher, dann wieder undeutlicher, entfernt sich aber nie mehr als 10 bis 15 Meter vom Ufer. Es lohnt, mit einem Ast vor sich auf und ab zu wedeln, um nicht in die zahlreichen Spinnennetze zwischen den Bäumen zu geraten. Auch wer Kreuzspinnen mag, möchte sie vielleicht nicht unbedingt im Gesicht sitzen haben. Wenige Meter vom Teich entfernt wird es trockener, und so stapfen wir abwechselnd durch nasses Gras und trockenere Heide. Ab hier ist im Grunde die ganze Wanderung ein langgestrecktes, fortwährendes Highlight. Rechts dräut bei bedecktem Himmel die graue Wasserfläche. Schwäne und Reiher starten, Flügel klatschen auf Wasser, rauschen in der Luft, Seerosen, Pompesel und Schilf schieben sich in den Blick. 1,2 Kilometer schlagen wir uns über diesen Uferpfad, bis wir an der Nordostecke des Teiches bei einer Rastbank auf den breiten Schotterweg stoßen, der etwas nördlich parallel verläuft und für diejenigen, die etwas weniger abenteuerlustig sind, als Ersatzroute dienen kann. Direkt im Norden schließt sich

*Das **NSG Niederspreer Teichgebiet und Kleine Heide Hähnichen** umfasst 2014 Hektar, teils als Totalreservat. Typisch ist hier der Wechsel zwischen Wald und Wasser mit Teichen, Verlandungszonen, Torfmooren, Feuchtwiesen, Heideflächen und Binnendünen.*

einer der größten aktiven Truppenübungsplätze der Lausitz an, worauf zahlreiche Hinweisschilder in Deutsch und Sorbisch aufmerksam machen.

Wir folgen dem Schotterweg keine 100 Meter und biegen noch vor dem nächsten Teich rechts ab auf einen Damm, der sich zwischen **Frauenteich** und zuerst **Waldteich**, dann **Jungfernteich** hinzieht, diesmal mit einer weiß-grün-weißen Markierung Richtung **Heinrichswalde.** Mehr als 3 Kilometer wandern wir nun zwischen den Teichen auf mal breiteren, mal schmaleren Dämmen dahin. Zunächst folgen wir einer längeren Rechtsbiegung, lassen eine Abzweigung nach links bei der Sitzgruppe **3 Paulin-Hof** aus und erreichen den **4 Kleinen Tiefzug** mit Hinweistafeln zu den Vögeln und dem Teichgebiet. Auf einer kleinen Bank lässt sich mitten im **Naturschutzgebiet** eine Rast einlegen.

**Für die Seele**

**Scheinwelten zwischen Wasser und Wald: Sphären aus Reiherruf, Froschgeflirte und Flügelgeflatter.**

Etwa 200 Meter weiter erreichen wir eine Abzweigung. Der Fahrradweg geht geradeaus weiter – Radfahrern begegnet man aber kaum –, ein schmalerer, mit

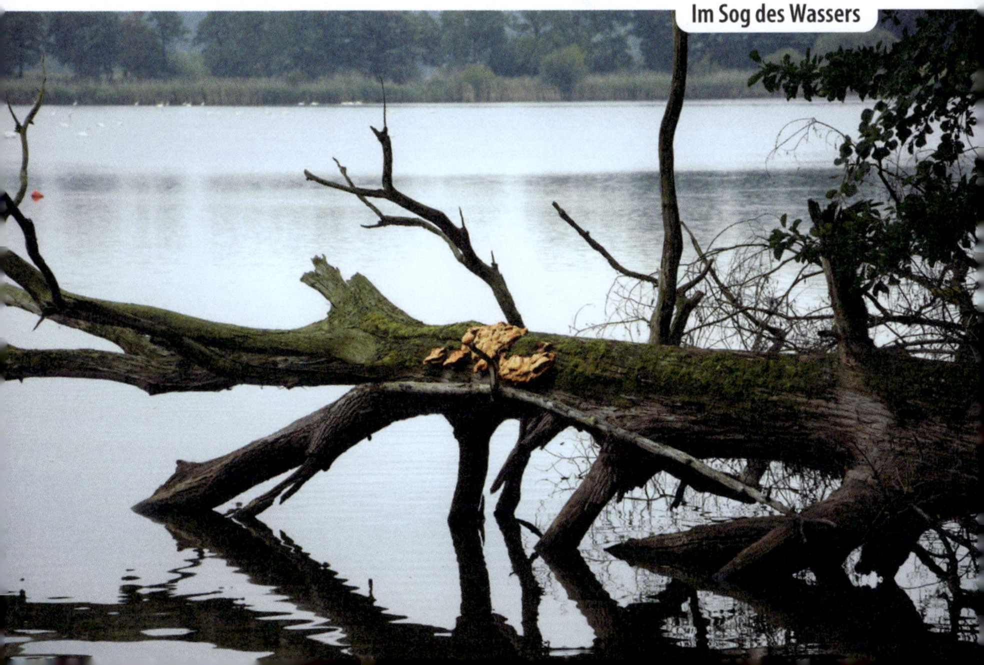

Im Sog des Wassers

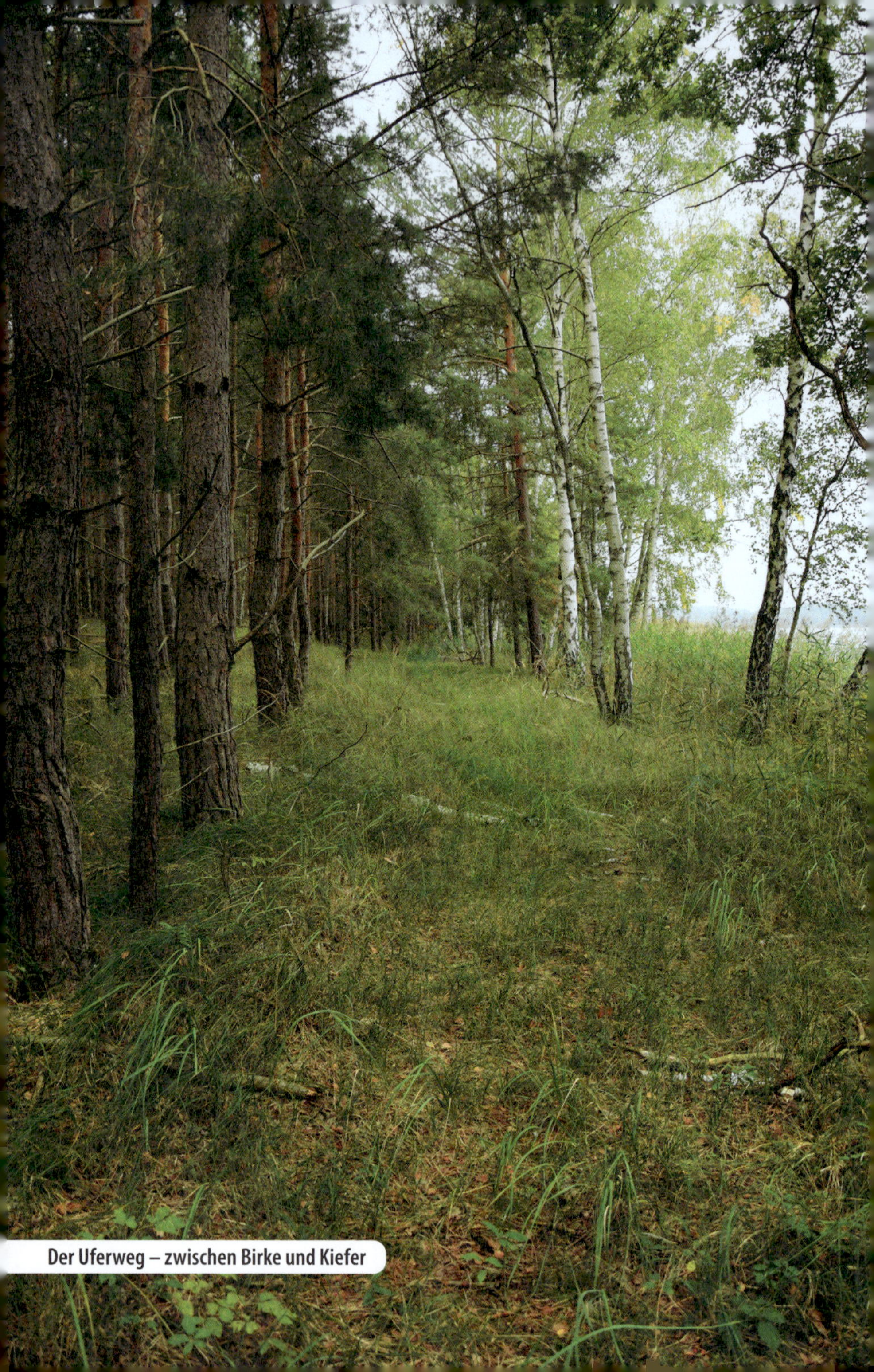

Der Uferweg – zwischen Birke und Kiefer

dem Haubentaucher markierter Weg geht links ab. Diesen nehmen wir und folgen etwa 400 Meter in etwas breiterem Gelände weiter dem deutlichen Rechtsknick, der uns nach 300 Metern wieder auf einen deutlich erkennbaren Damm bringt. Bald öffnen sich zu beiden Seiten die Wasserflächen des **Neuwiesenteichs** nach Norden und des **Neuteichs** nach Süden. Wir passieren eine Bank mit Hinweistafel zu den heimischen Großvögeln. Auch hier lässt sich gut rasten. Mitten in der Landschaft sitzt man – und doch wie am Ende der Welt und saugt Melancholie ein: die grünen Hohlwege unter Eichen, Buchen, Birken und manchmal Kiefern, die vermoosten Stämme und Steine, der grasige Grund, das Grau der Teiche, das Rufen der Reiher, Störche und Schwäne, das Glucksen und Platschen der Fische, das Quaken der Frösche, die abgestorbenen Eichen und Buchen, die ins Wasser staken, all das Werden und Vergehen, dieser Sog aus der Tiefe, die keine ist. So flach ist manchmal das Wasser, dass Rehe quer durch den Teich stieben, aufgescheucht von – nun: vermutlich uns. Und doch muss man sich irgendwann losreißen aus diesen ineinander verschwimmenden Welten.

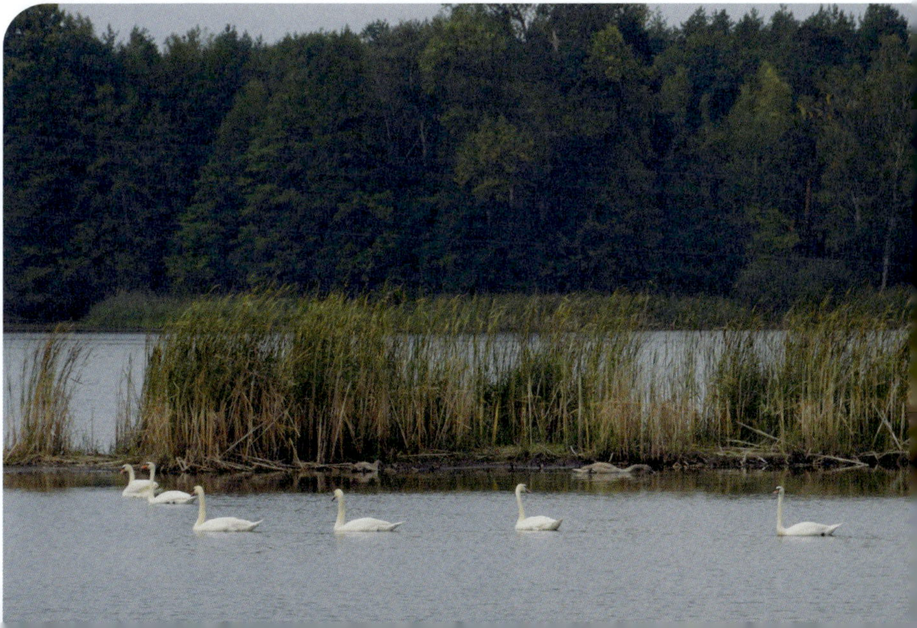

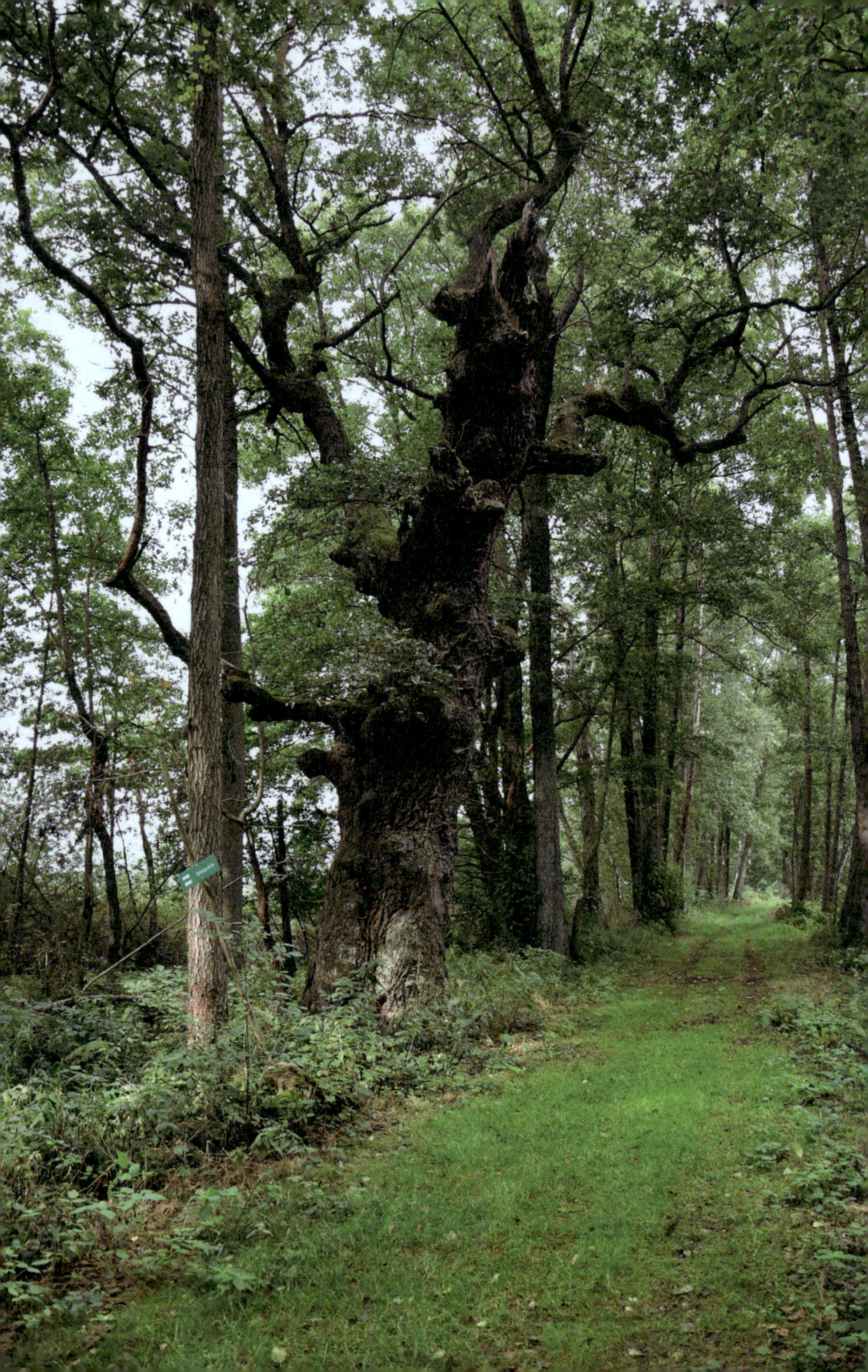

Bei der nächsten Abzweigung verlassen wir den Haubentaucherweg, biegen links nach Süden ab und gehen nun auf schmalem Damm zwischen **Neuteich** links und **Großteich** rechts weiter. Fast schon am Ende des Dammes passieren wir die imposante, knorrig verwachsene **5 Babajaga-Eiche.**

Bald kommen wir ans Ende des Dammes, queren einen Schutzgraben und wenden uns an der Kreuzung kurz dahinter nach rechts, mit einer grünen Diagonale. Links sehen wir das Schild mit dem Hinweis auf das Totalreservat. Die Teiche sind also ein Juwel zwischen Verbotszonen: Totalreservat hier, Truppenübungsplatz im Norden, eine geschaffene Abgeschiedenheit.

Nach einem halben Kilometer erreichen wir eine Rastbank mit Tisch. Hier zweigt ein Pfad nach rechts ab, der zur **6 Beobachtungsstelle am Großteich** führt. Nicht, dass man darin die vielen Vögel irgendwie besser beobachten könnte als die ganze Zeit vorher von der ein oder anderen Bank aus. Muße braucht man in jedem Fall. Einen Abstecher ist die Möchtegern-Trapperhütte aber dennoch wert. Wieder zurück, setzen wir den Weg fort und erreichen eine Siedlung, unter anderem mit der Kreba-Fisch Teichwirtschaft Niederspree. Das erinnert uns daran, dass der Eindruck der

*Die **Babajaga-Eiche** verweist auf die gleichnamige Figur aus der slawischen Mythenwelt. Zunächst eine Dreiheit aus Jungfrau, Mutter und altem Weib wurde mit dem Christentum die letztere Bedeutung immer stärker, sodass sie nun einer Hexengestalt ähnelt.*

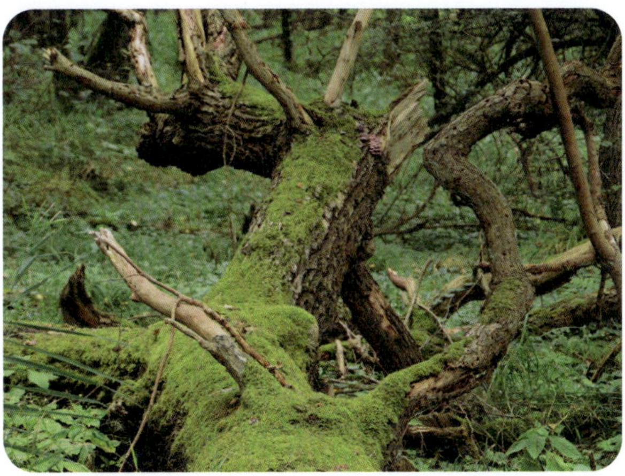

Verlorenheit täuscht: Viele der Teiche werden bewirtschaftet. Wir folgen der Auszeichnung **Schloss Niederspree** geradeaus und biegen etwa 200 Meter weiter und ca. 30 Meter vor einem Baum mit den Markierungen Fisch, Haus und grüne Diagonale wieder nach rechts ab auf einen schmaleren Weg, der erneut auf einen Damm führt, diesmal zwischen zwei **7 trockengelegten Teichen** hindurch. Nach ca. 400 Metern, am Ende des Dammes, stoßen wir auf einen Querweg und biegen nach links ab. Durch die Büsche kann man das Schloss ausmachen. Kurz darauf gelangen wir wieder auf den breiten Forstweg, der von der Siedlung herkommt, biegen nach rechts ab und stehen nach knappen 100 Metern wieder auf dem Parkplatz.

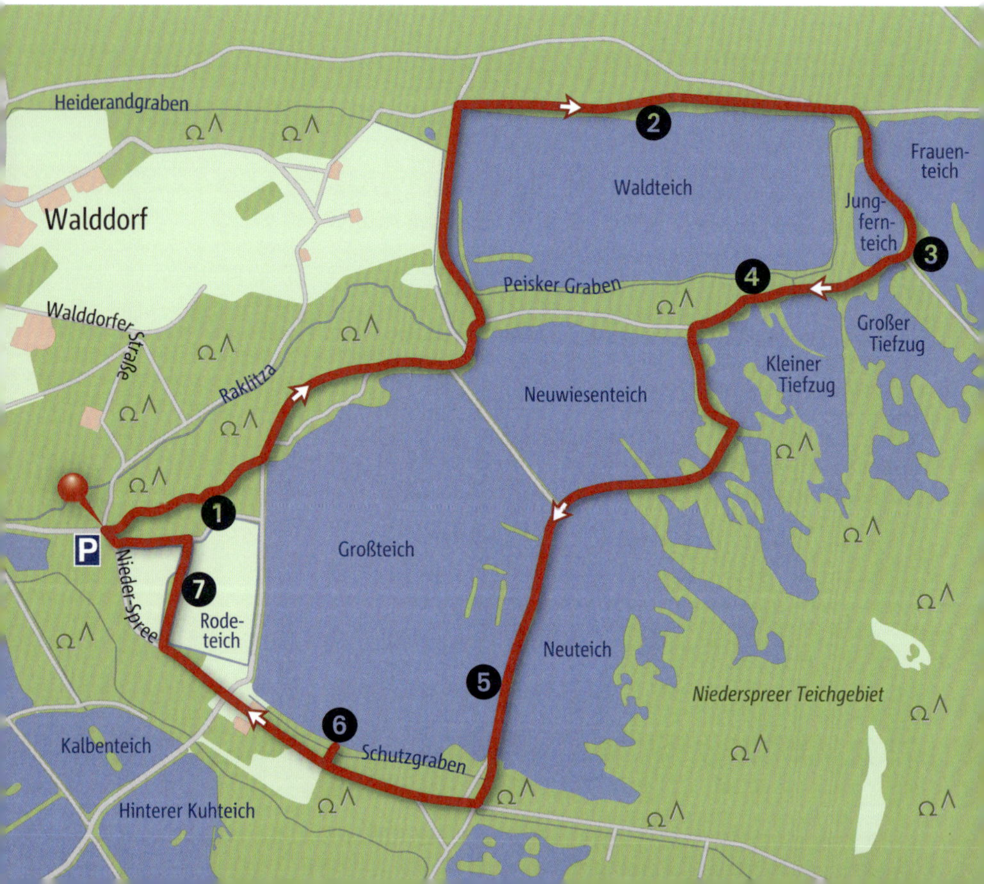

# ALLES AUF EINEN BLICK

Entspannung

Abenteuer

Vielfalt

## WIE & WANN

**Wald- und Forstwege, teils unscheinbare Pfade, kurze Abschnitte Schotter und Asphalt. Ganzjährig möglich.**

## HIN & WEG

**Auto:** Waldparkplatz, Nieder-Spree, 02956 Hähnichen (Zufahrt nur über Dobitz, Dorfstraße Richtung Forest Village Ranch, dann links in Nieder-Spree)
**ÖPNV:** Keine direkte Anbindung an die Strecke

## ESSEN & ENTSPANNEN

**Bitte an Rucksackverpflegung denken!**

## ENTDECKEN & ERLEBEN

1. Schloss Niederspree
2. Uferpfad an der Nordseite des Waldteiches
3. Paulin-Hof
4. Kleiner Tiefzug
5. Babajaga-Eiche
6. Beobachtungsstelle am Großteich
7. Trockengelegte Teiche

Die GPS-Daten zu jeder Tour gibt es auf
www.droste-verlag.de



**Konzeption/Satz:** Droste Verlag, Düsseldorf
**Einbandgestaltung:** Britta Rungwerth, Düsseldorf, unter Verwendung von Bildern von © Fotolia.com: Andrey Kuzmin, undrey, dabost, niroworld; © stock.adobe.com/Heiko Zahn
**Fotos:** Carsten Storm
**Textlektorat:** Brigitte Lotz, Essen
**Karten:** Thorsten David, Bochum
**Druck und Bindung:** LUC GmbH, Greven



ISBN 978-3-7700-2429-2
**www.droste-verlag.de**

MIX
Papier | Fördert gute Waldnutzung
FSC® C011279